suhrkamp nova

Kinder von Hoy ist ein dokumentarischer Roman. Er beruht auf persönlichen Erinnerungen, die literarisch stark verdichtet sind, sowie Interviewpassagen. Eine weitere Grundlage bilden unzählige Dokumente aus Privatarchiven. Neben offiziellen Druckerzeugnissen der Hoyerswerdaer Klubszene und Jugendkultur sowie Zeitungsartikeln handelt es sich dabei um informelle Artefakte wie Flyer und Manuskripte, Audio- und Videoaufzeichnungen, Fotos, Briefe und private Notizen.

Die Kinder von Hoy sind eine Gruppe von Freundinnen und Freunden um die Erzählerin. Das Buch beschreibt ihre gemeinsame Zeit in Hoyerswerda ab den späten sechziger Jahren. Die meisten von ihnen sind zwischen 1961 und 1972 geboren und in Hoyerswerda aufgewachsen. Die Bibliothekarin Beate sowie die Kulturarbeiter Micha und Pfeffi sind Anfang der Fünfziger geboren und haben die Kultur- und Kunstszene, in der sich die Gruppe bewegt hat und um die es hier auch geht, maßgeblich geprägt. Der Mosambikaner David, geboren 1959, lebte von 1979 bis 1991 in Hoyerswerda.

Die im Buch zitierten Interviews entstanden zwischen 2017 und 2021, sofern sie nicht anders gekennzeichnet sind. Die Zitate von David stammen zum Teil auch aus einem Interview, das Julia Oelkers mit ihm geführt und freundlicherweise zur Verfügung gestellt hat. Alle Zitate wurden gestrafft, bearbeitet und von den Interviewpartnerinnen und -partnern autorisiert. Diese erscheinen mit ihren wirklichen Vor- beziehungsweise Spitznamen. Bei Personen, die im Text erwähnt sind, wurden – sofern es sich nicht um lebende Personen mit öffentlicher Bekanntheit oder aus dem engen Umfeld der Hauptpersonen handelt – die Namen geändert. Gleiches gilt für die Figur *Torsten*.

Grit Lemke

KINDER VON HOY

Freiheit, Glück und Terror

Suhrkamp

2. Auflage 2021

Erste Auflage 2021
suhrkamp taschenbuch 5172
Originalausgabe

Umschlagfoto: Gilles Peress / Magnum Photos / Agentur Focus
Umschlaggestaltung: Rothfos & Gabler, Hamburg
Satz: Greiner & Reichel, Köln
Druck und Bindung: C. H. Beck, Nördlingen
Printed in Germany
ISBN 978-3-518-47172-2

KINDER VON HOY

Zwei Dinge erfüllen das Gemüt mit immer neuer und zunehmender Bewunderung und Ehrfurcht, je öfter und anhaltender sich das Nachdenken damit beschäftigt: der bestirnte Himmel über mir und das moralische Gesetz in mir.

Immanuel Kant, *Kritik der praktischen Vernunft*

Prolog

Nullte Stunde, Montagmorgen, Planetarium. Die haben sie extra für uns erfunden. Es gibt einfach zu viele Kinder in dieser Stadt. Man hat sie eigens für junge Arbeitskräfte errichtet, und wider Erwarten produzieren sie nicht nur *Kohle, Gas und Energie, Schwarze Pumpe liefert sie* im Akkord. Mit gleichem Fleiß machen sie Hoyerswerda zur kinderreichsten Stadt des Landes. So viele Schulen sie auch bauen – immer, wenn sie die nächste feierlich eröffnen, wird sie schon wieder zu klein sein. Die Zahl der Kinder steigt schneller, als sich die Kräne drehen. Ein ewiges Hase-und-Igel-Spiel. Da hilft nur List.

Für uns Kinder haben sie zuerst den Schichtunterricht erfunden. Kein Problem für Kinder von Bergarbeitern, leben doch auch wir im Rhythmus von Früh-, Spät- und Nachtschicht, die sich zur *rollenden Woche* vereinen. Schon bald gehen wir als Früh- oder Spätschicht zur Schule. So kehrt nur für wenige Stunden Ruhe in den Klassenräumen und auf den langen Schulfluren ein.

Selbst das aber scheint undenkbar an einem Ort, wo auch die Kohlebänder ohne Unterlass rollen. Und so hat man der Nacht noch ein Stück genommen und es an die Frühschicht rangepappt, die nun noch früher beginnt: nullte Stunde. *Um sieme* gilt hier als Ausschlafen, bringen doch die Schichtbusse der *ersten Welle* kurz vor fünf schon Arbeiter ins Gaskombinat, nach *Pumpe.*

Deshalb stehen wir jeden Montagmorgen müde im Planetarium. Gleich wird das Licht gnädig verlöschen, und Herr Scholze im blauen Kittel wird den knarrenden Mechanismus der Sternwarte in Bewegung setzen. Zuvor aber gilt es, den Tag mit einem Lied zu beginnen.

Weil wir in einer Stadt leben, wo man alles effektiviert, singen wir jeden Morgen dasselbe: *Freude schöner Götterfunken, Tochter aus Elysium, wir betreten feuertrunken, Himmlische, dein Heiligtum.* Unser Heiligtum, das Planetarium, wurde für uns Kinder errichtet – im sechsten *Wohnkomplex.* Jeder hier sagt dazu nur *Weka sechs* oder schreibt »WK VI«. Als würden die römischen Zahlen dem, was woanders »Stadtviertel« hieße, mehr Gewicht verleihen.

Zahlen sind hier wichtig, denn auf WK VI folgen schon bald Nummer VII und VIII. Erst bei X wird das stetige Wachstum der Stadt wider Erwarten ein jähes Ende finden. Aber das ahnen wir noch nicht, und es wäre uns auch egal an diesem Montagmorgen. Wir wollen uns nur setzen dürfen, zur *Stunde der toten Augen.* Denn dann öffnet sich der bestirnte Himmel über uns.

Die Sternwarte ist in den Sechzigern errichtet worden – für uns, die Kinder der neuen Stadt. Auf Bildern sieht man, wie die ersten Bewohner mit Fleiß und nach Feierabend bei der Sache sind. 680 Einwohner der Stadt errichten es in 24 000 Stunden, wird später in der Zeitung stehen. Die Frauen tragen Kopftuch. Die Kinder Baumwolltrainingshosen, deren Bund knapp über der Brust sitzt, weil man den stets ausgeleierten Gummi vorn raus- und über den Kopf ziehen muss (*so passt'se gut, nur untern Achseln drückt'se bissl*). Man sieht, wie sie Ziegel weiterreichen von Hand zu Hand und Mörteleimer auf das Gerüst schleppen. In karierten Hemden die Männer, verwegene Hüte auf den Köpfen. Wie sie die Kellen schwingen, wie das runde Gebäude Stück für Stück wächst. Ungeheuerlich in unserer sonst so quadratischen Stadt, die doch als erste der Welt aus vorgefertigten

Elementen montiert wird (»Wo ein Bauhaus ist, da lass dich ruhig nieder. Böse Menschen haben keine Quadrate«, werden wir viel später dichten). Ganz altmodisch, Stein für Stein von Hand gemauert, wuchs das Haus, das uns doch einmal in die Zukunft katapultieren sollte.

Auf der Suche nach Zukunft waren auch die, die in den Fünfzigern hierherkamen, um das neue Hoyerswerda zu bauen. Maurer und Zimmerleute, auch ungelernte Bauhelfer. Die einfach auf der Suche waren nach einer Arbeit und einem Dach überm Kopf. Viele von ihnen hatte man woanders rausgeschmissen, oder sie kamen aus dem Knast. Glücksucher und Goldgräber. Heimatlose, für die es sonst auf der Welt keinen Platz gab. Man hatte sie gerufen, um hier – mitten in der Kiefernheide – ein riesiges neues Werk und eine Stadt für die Arbeiter zu bauen. Eine »sozialistische Wohnstadt« sollte es werden.

Als die Erbauer ankamen, war Hoyerswerda noch eine verschlafene Kleinstadt inmitten sorbischer Dörfer. An ihrem Rand hatten sie eilig ein paar Baracken zusammengezimmert. Dort hausten sie zu mehreren in kleinen Räumen mit Doppelstockbetten, im ewigen Gedudel der Radios und im Lärm vom Gang durch die dünnen Bretterwände.

Von jetzt ab zählte alles in großen Einheiten: »1000-Mann-Lager« hieß ihre erste Unterkunft. Auch die war bald zu klein, und mitten im Wald entstand die nächste, »Wohnlager I«. Deren Name bald schon geändert wurde in: »Wohnstadt Frohe Zukunft«. Anfangs nicht mehr als ein Versprechen. Mit ihm beginnt unsere Geschichte.

Denn nichts weniger als eine frohe Zukunft verhieß das neu erbaute Gaskombinat »Schwarze Pumpe«, das alle schon bald nur *Pumpe* nannten. Arbeit sollte es hier geben und Wohnungen dazu. Den Bauarbeitern folgten jene Scharen junger Leute von überall aus dem ganzen kleinen Land, und sie schickten sich an, »Berg- und Energiearbeiter« zu werden. Massen ungelernter Arbeitskräfte, die generalstabsmäßig ausgebildet wurden zu Maschinisten, die man schon bald nur *Maschis* nannte. Sie würden hier Familien gründen oder ihre Kinder – die sie in ihren Dörfern zurückgelassen hatten – in die neue Stadt holen.

»31. August 1955« steht nun auf einem verwitterten Schild, das an die Grundsteinlegung der neuen Stadt erinnert. Dabei entstanden die ersten Häuser der neuen Stadt am Rand der alten, wie zur Probe. Die eigentliche Neustadt aber begann mit dem Bau von WK I – auf der anderen Seite des träge fließenden Flüsschens namens Schwarze Elster, das Hoyerswerda einst begrenzt hatte. Und das fortan Alt- und Neustadt nicht verbinden, sondern auf ewig trennen würde. Auf der einen Seite die Alteingesessenen, die seit Generationen in Hoyerswerda wohnten und oft kleine Handwerksbetriebe geführt hatten. Nie würden diese Alteingesessenen die Neustadt betreten. Auf der anderen Seite des Flüsschens: die Horden der Neuankömmlinge, die die Altstadt gern besuchen, aber nie als etwas Eigenes empfinden würden.

Die neue Stadt sollte schön werden, und so glich anfangs kein Gebäude in ihr dem anderen. Schmiedeeiserne Gitter zierten die Fensterbrüstungen der ersten Häuser, Sgraffitos oder Mosaike die Portale und Fassaden. Sie zeigten Blätter, Blumen und Ornamente, Vögel und Fische in filigranen Posen. Aber so schön die Häuser auch waren, dienten sie zu Beginn doch schnöde als Wohnheime. Denn das Kombinat wuchs schneller als die Stadt, und es brauchte Arbeitskräfte. Die teilten sich die ersten Wohnungen und warteten auf eigene. *Zwischenbelegung* hießen deshalb die ersten Häuser – ein Wort, das sich unauslöschlich und über Generationen ins Gedächtnis der Stadt einschreiben würde. Es bezeichnete nicht nur ein Ausweichquartier und eine Übergangslösung, sondern würde auf ewig mit dem Odem des Abenteuers verbunden sein. Der Sound der *Zwischenbelegung* – wie wir Nachgeborenen ihn uns vorstellten – war das Grölen der Besoffenen, wenn sie die Treppe vom Eingang des Bahnhofseck herabstolperten. *Sieben Stufen* würde die Kneipe noch Jahrzehnte später bei uns heißen. Und bis in unsere Kindheit würden die Erzählungen und Legenden aus der Zeit der *Zwischenbelegung* schwappen.

WK um WK war die neue Stadt gewachsen, von WK I bis WK X. Die ersten Erbauer, die wilden Habenichtse und Halsabschneider, waren irgendwann weitergezogen. Die, die gekommen waren, um in *Pumpe* zu arbeiten, waren geblieben: unsere Eltern. Sie wollten ihren Kindern alles geben. Die Wärme, die sie im Kraftwerk erzeugten. Die afrikanische Savanne, die sie in engen Tierparkgehegen in die Stadt holten. Und das Universum. Ihre Kinder sollten die Sterne sehen. Sie sollten nicht eines Tages *erste, zweete, dritte Welle* nach *Pumpe* fahren, sondern vom sowjetischen Sternenstädtchen Baikonur aus geradewegs zum Mond. Alles schien möglich zu sein: Strom aus Kohle machen, eine Stadt aus dem Heideboden stampfen und die Sterne in die Stadt holen.

Das Planetarium hatten sie direkt neben eine Schule gebaut. Wir, ihre Kinder, sollten nicht einfach lesen und schreiben lernen, addieren und subtrahieren, nicht nur wissen, wie Pantoffeltierchen sich vermehren, wie Wolken entstehen oder wie man auf Russisch *Nina Nina tam kartina* buchstabiert. Wir sollten die Mendel'schen Gesetze erkunden und lernen, warum ebenso gesetzmäßig der Sozialismus siegt. Und das Universum sollte vor Ort sein, stets griffbereit, uns zu Diensten: *nullte Stunde.*

Damit wir das nie vergessen, hatten sie die Straßen im Umkreis des Planetariums nach den Eroberern des Alls benannt: Ziolkowski, Lilienthal, Gagarin. Jeder Versuch allerdings, dem Volksmund die Bezeichnung »Kosmonautenviertel« statt WK VI aufzudrücken, war zum Scheitern verurteilt. Ebenso wie niemand die Namen »Musikerviertel« oder »Ärzteviertel« benutzte – vielleicht, weil das Viertel, in dem alle Straßen nach erschossenen Grenzsoldaten benannt waren, ja auch einfach »WK VIII« hieß.

Die Welt, in der wir an diesem Montagmorgen »Freude schöner Götterfunken« singen, ist schlüssig in Komplexe geordnet. In der Mitte von jedem Wohnkomplex befindet sich der *Nahversorgungskomplex*, mit Kaufhalle, Gaststätte und Dienstleistungen. Im WK VI gehört zur *Nahversorgung* der Intershop – direkt neben dem Planetarium; ein komplexer Blick in unsere Zukunft, die uns einerseits ins All führen soll, andererseits in den Kommunismus – wenn alle alles haben, wie es schon bald der Fall sein wird.

Vorerst brauchen wir noch *Westgeld*, um eine Runde durch den *Shop* zu drehen, in dem es gut riecht und alles immer gibt. Wenn wir uns mit Tintenkillern und Wrigley's Spearmint eingedeckt haben, befinden wir uns wieder in der Gegenwart und in Hoy. Die Tereschkowastraße ist noch da, so wie die Kaufhalle *Waren täglicher Bedarf* und die *Komplexannahmestelle* des VEB Schwanenweiß, wo die Wäsche des gesamten WK vom Volkseigenen Betrieb dreckig in Empfang genommen und eine Woche später *schwanenweiß* und in eckige Pakete verschnürt wieder ausgeteilt wird. Die Wohngebietsgaststätte Libelle sieht haargenau so aus wie alle anderen ihrer Art. In die Weinstube Csárdás führen die Kumpel am Wochenende ihre frisch ondulierten Frauen und spendieren eine Flasche Lindenblättrigen oder gar, falls vorhanden, Rosenthaler Kadarka. Die Sonnenuhr auf dem Platz davor, gefertigt von der »KPG Neue Form«, ist noch da, so wie die Springbrunnen und die Wand mit den Keramiktellern. Auf denen sind die gleichen Sternzeichen abgebildet wie am sich dahinter befindlichen Planetarium – obwohl wir an Sternzeichen natürlich nicht glauben.

Wir glauben daran, dass die Schichtbusse weiter nach *Pumpe* und zurück in die Stadt rollen. In einem ewigen Kreislauf, wie die Gestirne. *Erste, zweete, dritte Welle.* Mit etwas Glück werden wir eines Tages nicht darin sitzen.

I

Michel in den weißen Bergen

Kittelschürze. Mütter und Väter

Pfeffi Die ham uns alle beneidet, meinen Bruder und mich: Wo zieht ihr hin? Nach Hoyerswerda? Oooh, da möchten'ma ooch hin. Da gibt's ja nich'ma Schornsteine auf den Häusern!

Anfang der Siebziger stehen wir Kinder das erste Mal vor den neuen Häusern, die unsere Eltern bereits bezogen haben. An den Eingangstüren glänzen Klingelschilder voller Namen. Unzählige sind es bei den Hochhäusern, scheint uns. Wie Besucher stehen wir davor. Alles hier ist neu. Da, wo wir herkommen, sind neue Sachen – so wie die *gute Stube*, die nur sonntags und nie im Alltag benutzt wird – *für inne Stadt, für gut*. Deshalb hat man uns *angescheuselt*. Mit unseren *guten Sachen* stehen wir vor den Häusern, die schon bald nicht mehr *für gut* sein werden.

Denn es wird sich herausstellen, dass man in Hoy genauso ausgeleierte *Trenningshosen* trägt wie auf unserem Dorf in der *Heede*. Der *gute* Mantel, das *orntliche Hemde* und die weißen Strumpfhosen sind die Uniform, die die Hoyerswerdschen am Sonntagnachmittag anlegen, wenn sie in Familienformation – sehen und gesehen werden! – *eene Runde* durchs WK drehen. Und auch hier geht man *inne Stadt*, wie wir schon bald wissen werden.

Inne Stadt wird für uns immer die Altstadt von Hoy – wie Hoyerswerda irgendwann von allen genannt wird – meinen. Nie aber unsere Neubauten auf der anderen Seite des Flusses, in denen wir nun staunend ein ums andere Mal den Wasserhahn aufdrehen und die Klospülung ziehen. Bis wir uns daran gewöhnt haben, dass wir *off Klo* nicht mehr über den Hof müssen und dass warmes Wasser aus der Wand kommt. Das Messing der Klingelschilder ist bald schon stumpf, und ihre Oberfläche zerkratzt.

Die neue Stadt ist also nicht mehr *für gut*, und *inne Stadt* geht man in die Altstadt. Sie hat enge Gassen und Kopfsteinpflaster. In kleinen Bäcker- und Fleischerläden stehen Verkäuferinnen hinter hohen Tresen. Auf ihren toupierten Ponys thronen weiße Spitzenborten. Jede Ware holen sie einzeln aus dem Regal hinter sich – so, wie wir es vom Konsum auf unseren Heimatdörfern kennen.

In der Neustadt geht man in die *Koofhalle* – ein neues Wort! In jedem WK gibt es eine. Die Waren werden nicht mehr einzeln von einer Frau Drogan über die Theke gereicht. Nein, man spaziert entlang von Regalen voller Dinge, nach denen man nur zu greifen braucht! So sieht sie also aus, die neue Zeit.

Die Neustadt füllt sich erst nach und nach mit Kindern. Anfangs haben unsere Eltern uns in den Dörfern oder kleinen Orten zurückgelassen, aus deren Enge sie aufgebrochen waren. Nun laufen sie aber trotzdem täglich an spielenden Kindern vorbei, denn im gleichen Tempo wie die WKs gebaut werden, entstehen in der Neustadt Kunstwerke. Stetig werden es mehr Skulpturen, Reliefs und Wandbilder, und oft tanzen darauf Kinder im Reigen oder sitzen auf dem Schoß ihrer Mutter. Sie sind wie die Raketen, aus denen Kosmonauten winken, auf den Mosaiken: ein Versprechen.

Röhli Ich war bei meinen Großeltern. Das war zu der Zeit normal. Wo ich drei Jahre alt war, ham meine Eltern die erste Wohnung in Hoyerswerda gekriegt. Das war auch nich ideal, weil, dann kam ich inne Wochenkrippe und war nur am Wochenende zu Hause.

Yvonne Die Woche über war ich bei meiner Oma. Das war die »Mama«, und meine Mutter war die »Anna«. Ich kann mich sogar noch erinnern, als ich drei Jahre war und von dort wegmusste. Dass ich geheult hab. Weg von meiner Mama, zur Anna!

Hausi Meine Oma war die »Mama«. Meine Mutter war die »Mutti«. Aber die war halt viel unterwegs und arbeiten – dann war ich bei der Frau Kuhlee unter uns. Und dadurch, dass deren Kinder immer »Mami« gesagt haben, war das irgendwann für mich und meine Schwester die Mami – und das war'se bis zum Schluss. Also ich hatte drei Mütter: Mami, Mama und Mutti.

Irgendwann holen unsere Eltern uns alle nach. Und sobald wir angekommen sind, lernen wir: Hier gilt ein allumfassendes, gemeinsames Sorgerecht. Das Hochhaus ist jetzt unser Dorf. Zehn Stockwerke, drei Eingänge, davor ein Trafohäuschen mit Spielplatz und Äonen von Wäschestangen. Die Reihen der Wäscheleinen sind seit Generationen und auf ewig eingeteilt. Hunderte Augenpaare wachen darüber Tag und Nacht aus den Fenstern. In einer Stadt voller Schichtarbeiter ist immer jemand *heeme*.

Röhli Die Wäschestangen … Was'de aus denen alles gemacht hast! Es gab natürlich ewigen Streit, weil: Keener konnte dort seine Wäsche aufhängen! Die Wohngebiete waren ja voll mit Kindern. Es klingelte immer jemand: »Kommste runter?«

Yvonne Alle sind da gemeinsam hingezogen. Die Kinder waren alle ungefähr im gleichen Alter. Und auch im Haus – jeder kannte jeden. Ich hab in jeder Badewanne mal gebadet.

Allzu häufig sehen wir unsere Eltern nicht, denn sie arbeiten den ganzen Tag. Aber das Gute ist: In Hoy kann niemand verloren gehen. Gelegentlichen Fluchtversuchen begegnet die Hausgemeinschaft, indem sie gemeinsam WK für WK systematisch durchkämmt. Die Ausreißer werden triumphal in den Schoß des Kollektivs zurückgeführt. Wenn ein Kind am Abend nicht gefunden ist, verkünden grüne *Toniwagen* über scheppernde Lautsprecher die Botschaft. Daraufhin durchstreifen die Lichter der Taschenlampen die Wildnis, die sich vor jedem WK ausbreitet. Vom Fenster in der neunten Etage sieht es aus, als wären hunderte Glühwürmchen freigelassen worden. Die gesammelte Kraft spürt jeden Delinquenten auf. Von hier gibt es kein Entrinnen.

In den Häusern herrschen die Mütter – zumindest jene, die gerade nicht *off Orbeet* sind. Sie bevölkern auch das Elternaktiv, Hausgemeinschafts- und Betriebsgewerkschaftsleitungen, Plankommissionen, Festausschüsse und Wohngebietskomitees. Väter sind *Winterkämpfer* und *Kampfgruppenkommandeure*, vor allem aber: nicht anwesend. Ihr Lebensraum außerhalb des Betriebs ist die Garage. Am Rande jedes WKs haben sie sich zu Garagengemeinschaften zusammengeschlossen. Andere Städte haben Stadtmauern, bei uns begrenzen *Garagenkomplexe* die Stadt in alle Richtungen. Sie sind Bollwerke gegen den Autodieb, den Klassenfeind, die Frau. Ein Mann auf dem Klappfahrrad – wichtigstes Utensil! – ist unzweifelhaft unterwegs zur Garage, um das Auto zu besuchen.

Röhli Das Auto war für gut. Dafür war das Benzin zu teuer und das Auto zu wertvoll, als dass man Ausflüge macht und das nur für'n Spaß benutzt!

In den Garagen werden sie ausgehandelt: die legendären Tauschringe, die unsere Stadt überziehen wie ein unsichtbares Geflecht. Von der Zündkerze bis zur Wohnung gibt es hier alles. Was die Väter in der Garage tun, üben wir im Hausflur.

Röhli Traditionsgemäß wurde auf der Treppe gekaupelt, da hat man das Zeug ausgepackt – egal, ob Leute hoch- oder runterwollten. Mosaikhefte gegen Eisenautos. Das waren keene Matchbox, das waren Eisenautos! Eenmal hab ich zwölf Kaugummibilder gegen eins getauscht. Das hatte zwar keene Räder mehr, aber es war wirklich 'n Eisenauto. Und es kamen immer so Gerüchte auf: Es gibt jemanden in WK acht, der hat »Mosaik« Nummer fünf! Oh!

Wichtig beim *Kaupeln*: Nicht erwischen lassen von der Kittelschürze! Mit ihr haben unsere Mütter nicht unbedingt das bessere Statussymbol abbekommen. Aber sie müssen nicht jahrelang darauf warten, sondern können es jederzeit im CENTRUM-Warenhaus *koofen*. Man muss es nicht hegen und pflegen, und es ist egal, wer das schönste hat. Für derlei *Kokolores* fehlt den Müttern die Zeit. Früh schmieren sie Berge von Stullen, setzen Mützen auf, knoten Schals um Kinderhälse, verteilen Küsse und *eene hinter die Löffel*. Dann *pesen* sie zum Schichtbus, *dritte Welle*. Nachmittags *inne Koofhalle*, Küche, Wäsche, Hausaufgaben. *Ausziehn, Waschen, Bette*. Abends müssen die Erwachsenen lernen, wie das geht mit *Kohle Gas und Energie*. Auf den Wohnzimmertischen erscheinen Berge von Büchern, hinter denen unsere Eltern verschwinden.

Claudia Man hat die Eltern nich so viel gesehen. Meine Mutter ist früh ausm Haus gegangen, dann bin ich offgestanden.

Abends wurde vielleicht mal zusammen eingekauft. Abendbrot essen – und dann hat meine Mutter gearbeitet. Meine Eltern sind beide sehr intelligent, aber kamen aus ganz kleinen Verhältnissen. Und hatten eben die Chance, etwas zu werden. Deshalb waren sie der DDR extrem dankbar. Meine Mutter hat sich mit viel Fleiß wirklich hochgearbeitet. Am Ende war sie in der Brikettfabrik Direktor für Ökonomie. Sie hatte immer das Gefühl, sie muss doppelt so viel arbeiten wie ein Mann. Und die hatte nie viel Zeit. Das war eher so: Dreimal Sex gehabt – drei Kinder. Aber es wurde ooch nich gejammert, dass man die Kinder hatte. Wir waren halt da. Ich würde ooch nich sagen, dass wir gestört haben. Aber man musste sich schon manchmal einreden, dass'se eenen lieb haben.

Yvonne Meine Mutter hat immer gesagt: »Wenn's die Pille schon gegeben hätte, hätt'ich keene Kinder gekriegt.« Die kommen aus dem Weltkrieg. Das war'ne Angstgeneration, die waren froh, wenn'se sich durchgewurschtelt haben.

Schudi Dieses behütete Helikopter-Ding von heute war es mit Sicherheit nicht. Es war ein sehr viel weitläufigeres Behütet-Sein, mit vielen unterschiedlichen Menschen. Kinderkrippenerzieherinnen und Kindergärtnerinnen. Der Spielplatz. Die Nachbarn. Der Block, der Wohnkomplex, der Schulweg. Keine Sorge der Eltern, dass man über die Straße gehen muss. Sehr viel Vertrauen aller Erwachsenen in die Dinge, die da kommen – und in die Kinder. Ich bin schon zum Kindergarten alleine gegangen.

Das Vertrauen in die Welt beginnt mit der Kittelschürze. Die Uniform der Mütter ist dezent in sich gemustert, mit Karos oder Rosen, ärmellos und aus Dederon, das sich elektrisch auflädt und im Sommer knisternd am Körper klebt. Was egal ist, denn in Kittelschürze ist man unter sich. Das Wichtigste an der Kittelschürze sind die Taschen. Darin befindet sich alles, was der Mensch braucht: zerknüllte Taschentücher, Bleistiftstummel, halb vollgekritzelte Zettelchen, Konsummarken, verklebte *Bongse* und angelutschte Lollis, Wäscheklammern, Sicherheitsnadeln, Kleingeld. Was auch immer herumliegt, wandert in die unergründlichen Tiefen der Kittelschürzentasche. In Wahrheit ist sie es, und nicht die Hausgemeinschaftsleitung, die unsere Gemeinschaft vor Unordnung und Chaos bewahrt. Zudem kann die Kittelschürzenträgerin jederzeit schnell in die *Koofhalle* springen. In ihrer Tasche findet sie mit Sicherheit ein paar Markstücke und ein winziges, aber endlos dehnbares Silastik-Mininetz. Mit dem trägt sie geschwind fünf Kilo Kartoffeln nach Hause.

Eine Kittelschürze ist alle Kittelschürzen. Hat man etwas ausgefressen, geht man besser jeder aus dem Weg. Hat man ein aufgeschlagenes Knie oder eine Rotznase, kann man sich an jede wenden. Was meist nicht nötig ist, steht doch der Wäscheplatz unter permanenter Kittelschürzenüberwachung von der Fensterfront. Nähert sich eine Schürze persönlich, ist Gefahr im Verzug.

Normalerweise werden Kinder, sobald sie laufen können, der Obhut älterer Geschwister oder Nachbarskinder übergeben. Die Aufsichtsfunktion der Erziehungsberechtigten beschränkt sich auf ein markiges *Runta da!*, wenn man aufs Trafohäuschen klettert, oder ein freundschaftliches *Ich wer' dir Beene machen!* Nie kämen sie auf die Idee, sich zu uns in den Sandkasten zu hocken. Ihr *Ich mach glei' mit, Freundchen* ist rein rhetorisch. Ein schlechtes Gewissen, weil sie nicht da sind, kennen unsere Mütter nicht. Wenn sie wegmüssen, hängen sie die Schürze in den weißen Einbauschrank, der sich in allen Wohnungen gleich neben der Tür befindet, und fertig. Sie sind abwesend und doch da. Im Flurschrank riecht es nach unseren Müttern. Stets finden wir darin Taschentücher, Trost und Sicherheit.

Wer möchte nicht im Leben bleiben

Frau Kraatz hat den Text ihres Lieblingslieds fünfunddreißig Mal aufgeschrieben. Jedes Kind in unserer Klasse bekommt so ein Blatt. Darauf legen wir Transparentpapier. Mit wackliger Hand und klecksendem Füller ziehen wir die exakt geschwungenen Bögen ihrer Schönschrift nach:

Wer möchte nicht im Leben bleiben, / die Sonne und den Mond besehn, / mit Winden sich umherzutreiben / und an Wassern still zu stehn.

In Wahrheit stehen wir selten still – noch nicht einmal, wenn beim Fahnenappell der Befehl dazu ertönt. Nur für das Klassenfoto am ersten Schultag glückt es Frau Kraatz, dass wir für einen Moment alle in Richtung unserer versammelten Familien sehen. Am Morgen hat sich deren Strom aus den umliegenden Hauseingängen Richtung Schule ergossen. Schulanfang ist ein Festtag in Hoy, fast so wichtig wie der »Tag des Bergmanns«, der 1. Mai oder Weihnachten. Die Männer legen den guten Anzug an, die Frauen das großgeblümte Sonntagskleid mit Perlenkette. Uns Schulanfänger steckt man in kurze Hosen und frisch gebügelte Hemden oder kratzende Silastik-Kleidchen samt weißer Kniestrümpfe und Lackschuhe. Dabei verschwinden wir doch sowieso hinter den riesigen Zuckertüten, die wir kaum tragen können. Argwöhnisch begutachtet von den anderen Familien: *Hat eener 'ne größere wie wir?*

Es soll das einzige Mal bleiben, dass jemand uns zur Schule und zurück bringt. Unsere Stadt ist so gebaut, dass man förmlich aus jedem Hauseingang in die nächste Schule fällt. Kein Kind muss eine große Straße überqueren, sehr zum Leidwesen der Schülerlotsen mit den schneeweißen Käppis. Kein Auto, das sie stoppen müssten, um die Schulanfänger passieren zu lassen – hier fahren alle Bus, *mit'n Rod* oder *loofen*. Der allmorgendliche Strom von Kindern nimmt allerdings nie den vorgeschriebenen Weg um die Schule herum. Hunderte Füße trampeln den Maschendraht, der den Schulhof zu den Häusern hin abgrenzt, nieder. Jahr für Jahr wird der Hausmeister den Zaun in den Ferien aufrichten und flicken, Jahr für Jahr werden wir ihn wieder bezwingen. Vor Grenzen hat keinen Respekt, wer in Hoy zur Schule geht.

Nun aber schiebt uns Frau Kraatz – für den Schulanfang fein gemacht im Minikleid und mit hochtoupiertem Dutt – mit weit geöffneten Armen so weit zusammen, dass wir auf das Klassenfoto passen. Die meisten Kinder, zwischen denen wir hier stehen (während wir überprüfen, ob eins der Mädchen etwa größere Propellerschleifen an den Zöpfen hat), werden noch auf dem Abschlussbild der zehnten Klasse mit uns zu sehen sein. Dann werden wir nicht nur ihre Namen, sondern auch die ihrer Geschwister, Tanten und Onkels kennen. Wir werden wissen, von wo die Eltern nach Hoy gekommen sind, werden an den Familientischen gesessen, Geburtstage, Silvester und Urlaube zusammen gefeiert haben. Jetzt aber schiebt uns Frau Kraatz in den Klassenraum und wird uns gleich nachsprechen lassen:

Wir wollen lernen, / wir wollen studieren / das Einmaleins und das Buchstabieren. / Dann werden wir schlaue und fleißige Leute. / Wann fangen wir an? Morgen? / Nein, heute!

Gern würden wir heute anfangen, aber die Schulen werden erst morgen fertig gebaut sein. In unserer steigen wir anfangs über Bretter, der Beton riecht muffig feucht wie der in unseren gerade bezogenen Häusern, und auf dem Schulhof liegen zu unserer Freude vergessene Kieshaufen. Noch in der Nacht vor dem ersten Schultag haben die Lehrer Bänke und Stühle in die Räume getragen.

Auf den Schulkorridoren stapeln sich weitere Möbel, geliefert für Schulen, die noch gar nicht gebaut sind. Dummerweise wurden auch wir Kinder schon geliefert, und so quetschen sich in der ersten Schulstunde über vierzig von uns in den Raum. Wenn alle ganz still auf ihren Plätzen sitzen und vorschriftsmäßig beide Arme hinter die Stuhllehne klemmen, geht es.

Im Lauf der Jahre verschwinden die Möbel von den Gängen und die Klassen schrumpfen auf Normalgröße. Und irgendwann, wir haben bereits das Einmaleins und das Buchstabieren gelernt, ist Frau Kraatz verschwunden.

Jeden Morgen haben wir mit ihr gesungen: »Wer möchte nicht im Leben bleiben?« Sie selbst, stellt sich nun heraus. Dabei leben wir doch im ewigen Takt der Schichtbusse, der ein Ende nicht vorsieht.

Hatten wir den Tod nicht zurückgelassen, in den Dörfern? Dort gab es Friedhöfe mit verwitterten Steinen. Auf manchen standen die Namen unserer Familien. Anfangs waren unsere Eltern noch jedes Wochenende mit uns an diese Orte gefahren, die wir zunächst noch Zuhause nannten. Damals fragten wir uns auf den Schulfluren, deren Wände noch nicht bekritzelt waren, gegenseitig: *Wo kommt'n ihr her?* Die Antwort war noch nicht: Hoyerswerda. Damals waren wir samstags oder am letzten Schultag vor den Ferien noch direkt nach dem Unterricht in die Bautzner Straße gelaufen. Dort hatten wir auf die Busse gewartet, die uns zurück in unsere Dörfer brachten.

Schon bald aber standen wir seltener an den Haltestellen. Wir, unsere Familien, hatten *zu tune* – wie es bei uns statt *zu tun* heißt. Die Hausgemeinschaft veranstaltete am Samstag *Subbotnik*, bei dem wir die Rabatten harkten und abends *Wurscht* vom Grill aßen. Im Tierpark mussten Gräben ausgehoben werden. Die *Hasenbande*, mit der man neuerdings an den Bahngleisen umherstreifte, musste am Wochenende *Bude bauen*. Wir begannen, die Bushaltestelle zu vergessen.

Wenige Jahre später, als Frau Kraatz in ihrer kleinen Neubauküche den Gashahn aufdreht, kommen wir schon aus WK III, WK V E oder WK VIII. Und an der Bushaltestelle steigen nur noch alte Frauen aus den Bussen: unsere Großmütter, die wir immer noch »Mama« oder »Mutti« nennen. Fremd gehen sie durch die schnurgeraden Straßen. Sie verwechseln unsere Häuser, die in ihren Augen alle gleich aussehen. Weil sie *inne Stadt* gefahren sind, haben sie sich *angescheuselt*, die dünnen Haare in Wellen gelegt und mit einem fast unsichtbaren Haarnetz fixiert. In ihren riesigen Taschen tragen sie Äpfel aus dem Garten, eine Tüte *Bongse* aus dem Dorfkonsum und ein Kopftuch, das sie in der Stadt nicht mehr aufsetzen, aber immer mit sich führen.

Irgendwann kommen sie dann auch nicht mehr. Unsere Eltern begraben sie auf Friedhöfen, die nichts zu tun haben mit der Welt, in der wir jetzt leben. Die Geschichte beginnt mit uns.

Auch Hoyerswerda hat einen Friedhof; aber er liegt in der Altstadt. Der Weg zur Neustadt führt genau durch die Reihen der alten Grabsteine. Und irgendwann kommen Bagger und schieben sie beiseite, wie alles, das mit uns Neustadt-Bewohnern nichts zu tun hat.

Bevor die Fläche planiert und zu einem Park wird, suchen wir Kinder in der aufgerissenen Erde nach Resten von Knochen. Haben wir tatsächlich mit den Totenköpfen Fußball gespielt? Oder ist das eine jener Legenden, die sich schon bald um den Tod ranken; in unserer neuen Stadt, wo es ihn eigentlich nicht gibt?

Röhli Ich werd das nie vergessen, diese Horrorgeschichten, die man sich immer erzählt hat. Die Kreuze auf den Hochhausdächern im Stadtzentrum. Da soll immer, wenn jemand aus Depression oder Verzweiflung vom Dach gesprungen is, eins draufgesetzt worden sein. Ich hab mal sieben Kreuze gezählt dort oben.

Später wird es heißen, unsere Stadt sei nicht nur die kinderreichste des Landes, sondern auch die mit den meisten Selbstmorden. Wer hier nicht in der Grube umkommt, springt vom Dach oder dreht den Gashahn auf. Wer sollte in Hoy auch einfach so sterben?

Die Alten sind in den Dörfern geblieben. Bis auf die alte Frau Beer. Schnell hat sich rumgesprochen, dass in unserem WK eine echte Rentnerin wohnt. Das stimmt, wie sich herausstellt – aber sie sieht anders aus als unsere Großmütter, die immer eine Arbeitsschürze über dem weiten Rock tragen, nie ohne Kopftuch aus dem Haus gehen und schwielige Hände haben. Frau Beer ist stets sorgsam frisiert, trägt edle Kleider und ausgesuchten Schmuck. Niemand weiß, wie und warum sie bei uns gelandet ist.

Ihre Wohnung ist so geschnitten wie alle hier und erscheint uns doch unfassbar exotisch. Dort steht nicht an der rechten

Wand des Wohnzimmers die Schrankwand, davor die Couchgarnitur und links vor der Durchreiche der Esstisch mit vier Stühlen. Die *alte Frau Beer* – das *alte* wird stets mit genannt, wenn von ihr die Rede ist – ist ein Stück Vergangenheit in einer Welt, die doch nur aus Zukunft zu bestehen scheint. In dieser neuen Welt braucht man kein Altersheim. Zwar steht am Rand der Neustadt eines. Aber nur in der Altstadt gibt es Menschen jenseits der sechzig.

Also wird das Altersheim zur Geburtsklinik umfunktioniert. Die brauchen wir dringender. Hier wird alles täglich neu geboren. So wie Frau Kraatz es mit dem Füller auf weiße Blätter geschrieben und auf jeden Platz in unserer Klasse eins gelegt hatte, fünfunddreißig Mal: Wer möchte nicht im Leben bleiben?

Erster, zweeter, dritter Durchgang

Im Sommer meldet Hoy sich mehr oder weniger geschlossen ab. Es beginnt damit, dass die Dauercamper am Knappensee ihre Zelte aufschlagen. Der See, der vor unserer Zeit eine Grube war, ist eine halbe Fahrradstunde entfernt. Im Lauf der Jahre entsteht hier ein Mini-Hoyerswerda für den Sommer: Zeltplätze und Bungalows, so weit das Auge reicht, die *Betriebsgaststätte* Knappenhütte, Minigolf-Anlage, Eisstände und *Koofhalle*, Angelvereine und Bootsverleih, ja sogar die Betriebssportgemeinschaft Aktivist Schwarze Pumpe ist vor Ort mit der Sektion Rudern.

Die Hoyerswerdschen Camper schlagen ihre Zelte nicht irgendwo auf. Sie besetzen genau das Parzellenstück, dessen Grenzen die Familie – gefühlt seit Jahrzehnten!, mindestens aber seit letztem Jahr – durch eine Blumenrabatte liebevoll kennzeichnet.

Die Neustadt ist wenig älter als wir – aber ihre ungeschriebenen Regeln scheinen seit Menschengedenken zu existieren. Jeder weiß, was zu tun ist. Konzertierte Aktion. Hier zelten die, die immer hier zelten. Kein Fremder sollte sich einfallen lassen, Anspruch auf genau diese fünf Quadratmeter zu erheben. Sie werden in der Nacht vor der Parzellenvergabe Jahr für Jahr von der Familie besetzt. Nach Sonnenaufgang geht die Vertretung des Gesetzes mit dem Klemmbrett umher, vergibt Nummern, und *Ordnung Sicherheit Disziplin* sind gerettet. Der Sommer kann kommen.

Mit den ersten Sonnenstrahlen werden Campingmöbel und Fernseher an den See geschleppt, Kühlbehälter eingebuddelt und Luftmatratzen aufgeblasen. Wer kann, wird den ganzen Sommer über direkt von hier *erste, zweete, dritte Welle* nach *Pumpe* und zurück fahren.

Hinter dem Platz, wo sich Zelt an Zelt reiht, geht es steil hinab zum See. Wir wissen, dass er mal ein Tagebau war, und davor ein Dorf. Auf seinem Grund, heißt es, stehe noch der alte Kirchturm, dessen Glocke manchmal schlage. Nach der Schule treiben wir in Booten auf dem See und springen dort, wo wir seine Mitte vermuten, mit mulmigem Gefühl hinein: die Augen weit aufgerissen auf der Suche nach der Spuk-Kirche. Das Wasser aber bleibt schwarz, was nicht nur an der Tiefe liegt, sondern auch einer dünnen Schicht von Kohlestaub. Von der Brikettfabrik kommend, treibt sie auf der Oberfläche und wird allmorgendlich von den Rettungsschwimmern aus dem Badebereich auf den See geschoben.

Wer nicht campt, fährt *in' Gorten.* An sämtlichen Rändern der Stadt bricht sich der Gestaltungswille der Neustädter – deren Häuser nicht wie die der Altstädter von Gärtchen umgeben sind – Bahn. Gartensparten werden gegründet. »Neue Zeit«

heißt die erste, es folgen »Freizeit«, »Kuckucksruf«, »Am Betonwerk« und »An der Zentralküche«, »Sommerfreude«, »Frohe Zukunft« und »Glück auf«. Direkt hinter den Baracken des einstigen *1000-Mann-Lagers* entsteht eine Ansammlung von ihnen: Parzellen, so weit das Auge reicht, ein WK-gewordener Kleingärtnertraum. Von nun an werden in Hoy nicht nur *Kohle Gas und Energie* in Massen produziert, sondern auch Möhren, Kohlrabi und Radieschen.

Yvonne Wir ham'n Bungalow gebaut, weil man ja sonst nur in diesem Arbeiterschließfach im WK acht gehockt hat. Das war eigentlich meine frühe Kindheit – da wurde gebaut. Und mein Vater war ein Super-Gärtner. Kurz nach der Wende hatte ich in Berlin versucht, Gras zu züchten, mit null Ahnung. Meine Eltern kamen zu Besuch und mein Vater: »So geht das nich. Gib mir mal bisschen Samen mit.« Dann hat er halt gezüchtet, zuhause in kleinen Töpfchen, und ausgepflanzt. Den Nachbarn haben sie erzählt, das wäre Tee. Die haben alle noch gute Ratschläge gegeben. Ich bin so Ende September in den Garten gekommen – und man hat schon von weitem gesehen: drei Meter hohe Pflanzen. Mein Gott, es war kurz nach der Wende! Es war zwar verboten, aber wenn man'n guter Gärtner is … Na ja, mein Vater hat die Pflanzen später rausgerissen, aber die sind überall nachgewachsen. Das Zeug wuchs wie Unkraut aus den Fugen von den Häusern raus. Eine Kleingartenanlage voll Gras, in Hoyerswerda!

Noch aber ist »Gras« für uns das, was zwischen den Häusern *off'n* Wäscheplatz wächst. Im Sommer ist dort wieder Platz für Leinen – pro Wohnung zwei Reihen! Der ewige Krach der herumwuselnden Kinder und *bläkenden* Eltern, die immerwährende Geschäftigkeit im Karree zieht vor die Tore der Stadt, um im Herbst zurückzukehren.

Viel später, als wir weg sind, genau wie die Häuser und die Schulen, wird sich die Stille die Stadt zurückholen und ganzjährig dort wohnen.

Noch aber sind wir Kinder, es ist Sommer, und Hoy stülpt sich von innen nach außen. Wir tauschen unser Leben in WK I bis X gegen eines in Parzelle 1 bis 1000.

Rottl Wir ham im Sommer nur im Garten gewohnt. Mein Vater war Dispatcher in Pumpe. Deshalb hatten wir ooch schon Telefon. Ja, und wenn die von dort angerufen ham, hat meine Mutter 'n roten Eimer rausgehangen – es gab ja keene Handys. Der Balkon war zu sehen vom Garten aus, und mein Vater hat immer mit'n Fernglas geguckt: »Oh, jetzt hängt der Eimer.« Dann isser los.

Am See oder im Garten ist alles wie immer: Wir Kinder rennen, bis es dunkel wird, durch die Wildnis. An irgendeinem Tisch bekommen wir eine *Stulle*. Irgendwoher *bläkt* es: *Ich zieh dir glei' die Hammelbeene lang, Freundchen!* Abends leuchten die Lichter vom Hauptweg durch die Zeltwand, wie zuhause die Straßenlaternen vor dem Eingang. Es wird still am See. Und wir lauschen dem Plätschern des Wassers, aus dem ein begrabenes Dorf zu uns spricht.

Der Knappensee begrenzt unseren Radius zur einen Seite. In der anderen Richtung liegt *Pumpe*. Und dahinter die Welt. Ihr Name ist: Oppach. Zwar fahren wir auch mit unseren Eltern ins *Betriebsferienheim* – aber wirklich Ferien machen wir Kinder so, wie wir auch unsere Schulzeit verbringen: fröhlich und ohne Erwachsene. Zumindest fast, denn ein paar Gruppenleiter passen dann doch auf uns auf, wenn wir nach Oppach fahren. Regelmäßig in den Ferien windet sich im Morgengrauen eine endlose Schlange von Bussen aus der Stadt. Wir fahren ins *Betriebsferienlager*. Natürlich gestaffelt: *erster, zweeter, dritter Durchgang*. Bei Gesprächen erübrigt sich die Frage, ob das Gegenüber auch nach Oppach fährt. *Welchen Durchgang fährst'n?* reicht völlig aus.

Nicht nach Oppach fahren heißt: nicht dazugehören. Wirklich verdächtig ist, wer in ein *Pionierlager* fährt. Aus unerklärlichen Gründen ist im Fernsehen immer von einer *Pionierrepublik* die Rede. Doch obwohl wir alle mehr oder weniger fröhliche Pioniere sind, setzt kaum einer von uns jemals seinen Fuß in diese sagenumwobene Republik. So wenig wie unsere Eltern Urlaub auf der MS Völkerfreundschaft, dem vermeintlichen »Urlaubsschiff der Werktätigen«, machen. Nicht umsonst heißt es angesichts unerfüllbarer Wünsche: *Wir sind hier nich off der Völkerfreundschaft.* Wir sind in Oppach. Eine ganze Stunde Busfahrt entfernt.

Röhli Oppach! Ich hatte überhaupt keene Ahnung, wo das lag. Das war weit, weit weg. Das war'ne Weltreise. Oppach war'n andrer Kontinent. Obwohl ich ooch mal in zwee andern Ferienlagern war, aber da musstest'de vorher paarmal in Oppach gewesen sein. Du musstest dir das verdienen, die Beförderung!

Schudi Du warst die ersten zwee Tage immer unglücklich, in jedem Ferienlager. Mit den vielen anderen Karacho-Typen ... Die ersten Nächte. Einige Weicheier haben natürlich Heimweh und flennen, selbst die Jungs. Und irgendwann ist das Zuhause weit weg. Dann haste dich reingefunden, da war das wieder normales sozialistisches Lagerleben. Am Anfang

’n Appell und zum Schluss. Bisschen Lagerordnung, Disco, Wanderungen ohne Ende, Fußballturnier und dann Geländespiel, ooch Klasse. Zum Schluss die Zahnpasta off die Klinken schmieren. Jedes Jahr der gleiche Scheiß-Gag!

Röhli Einmal gab es einen Appell, da wurde vorgelesen, was einer Schlimmes nach Hause geschrieben hatte. Der Brief war abgefangen worden. Der arme Kerl wurde nach Hause geschickt, und das wurde öffentlich verkündet. Das hat sich bei mir eingebrannt.

Im Lager gibt es einen Wettbewerb um die beste Gruppe. Alles, was wir tun, wird bewertet – vom Moment an, da wir die Augen öffnen. Frühsport vor dem Bungalow, Antreten zum Essenfassen, Essen – *erster, zweeter, dritter Durchgang* –, Verhalten am Tisch, wer fertigt aus Naturmaterialien den schönsten Tisch-Schmuck?, Bettenmachen, *Bude* fegen, Volleyballturnier, Kulturwettstreit, abendlicher Zimmerdurchgang mit Waschtaschenkontrolle *(Zahnbürschte muss rauskucken!)* bis zur Nachtruhe, überwacht vom patrouillierenden diensthabenden Gruppenleiter. Das aber interessiert uns ungefähr so sehr wie der sozialistische Wettbewerb in *Pumpe* unsere Eltern. Wir sind Routiniers. Beim Geländespiel, das im Winter »Manöver Schneeflocke« heißt, laufen wir laut quatschend durch den Wald. Das militärisch wichtige Objekt, das wir aufspüren sollen, wird wie jedes Jahr hinter einem Busch liegen und aus einer Kiste mit Hansa-Keksen und Bambina-Schokolade bestehen. Auch diejenigen mit der Armbinde, auf die jemand mit Kugelschreiber »Kundschafter« geschrieben hat, quatschen mit. Was soll man auch auskundschaften zwischen Hügeln, die man schon hunderte Male hinabgerodelt ist? Nur wer verknackt worden ist, seine Schritte zu zählen, damit wir mit Marschrichtungszahl und Kompass den Weg bestimmen können, beschwert sich über unseren Krach. *Jetzt ha'ich mich wieda vazählt!*

Wenn es dunkel wird, verschwinden wir in unseren Hütten, aus denen nun das erbärmliche Quietschen der Metall-Doppelstockbetten zu hören ist. Einmal brechen in diesen Sound die ersten Takte der Filmmusik von »Hase und Wolf«, der russischen Trickfilm-Serie. Der *Pionierleiter* hat den Projektor, der vom Freiluftkino stehengeblieben ist, neu gestartet. Sekunden später fliegen die Bungalowtüren auf und hunderte kleiner Gestalten in Nachthemden und Schlafanzügen rennen quer über die Rabatten auf die große Lagerwiese. *Nu pogodi!* Irgendwann aber zieht Ruhe ein. Statt dem fernen Quietschen der Kohlewaggons hört man hier die Grillen zirpen, das Tuscheln aus dem Nachbarbungalow und vorn im Speisesaal die feiernden Gruppenleiter. Expeditionen starten, vom »Bungalow Erfurt« zum »Bungalow Cottbus«. Zettel werden durch Löcher, die Generationen vor uns ins Holz bohrten, geschoben, Antworten geflüstert, sich an Hinterwänden rumgedrückt.

Röhli In eener Nacht sind'wa zu den tschechischen Mädels. Da stand wirklich eene am Fenster – wir waren vielleicht sieben Jungs – und dann hat die jedem einen Kuss gegeben. Auf den Mund!

Kanimambo Frelimo. Die Mauer

Gegenüber von unserer Schule erstreckt sich endlos, über eine ganze Straßenlänge, die *Polenmauer*. Wenn man den Blick vom Klassenzimmer aus schweifen lässt, landet er auf einer Wand von hunderten Fenstern. Bei unseren eigenen Hochhäusern können wir auf zwei Kilometer Entfernung sofort erkennen, ob im heimischen Wohnzimmer oder bei Schulzes, zwei Eingänge weiter, das Licht brennt. Mit den Fenstern der *Polenmauer* aber verbinden sich kaum Namen, die wir kennen.

Claudia Als wir Anfang der Siebziger da eingezogen sind, gab es nur zwei Eingänge mit Deutschen. Der Rest waren Ungarn und Jugoslawen oder eben Polen, die alle in der Braunkohle gearbeitet haben, Vertragsarbeiter. Es gab ganz wenig deutsche Mitbewohner. Dann gab's ooch eine polnische Barackenkneipe, die hieß im Volksmund »Polonia«. Und die Alis haben da gewohnt, die Algerier. Da kenne ich noch solche Geschichten: Die werfen Kühlschränke ausm Fenster. Und irgendeiner von denen hat angeblich mal einem Busfahrer die Ohren abgeschnitten.

Zu Beginn der Achtziger säumen wir im Spalier dicht an dicht gedrängt die Straßen zum WK VIII. In Hoy haben wir selten hohen Besuch. Nicht umsonst sagt man bei uns, wir leben in *Randpolen* – in jedem Fall abseits der Route von Staatsoberhäuptern. Jetzt aber kommt eines zu uns – aus Afrika. Der Mann, dessen Ankunft wir aufgeregt erwarten, muss wichtig sein. Für ihn wurden alle Straßen geputzt und geschmückt, ja sogar die Wohngebietsgaststätte Treff 8 renoviert. Seit kurzem wohnen ein paar seiner Landsleute in Hoy.

David 1979 ging ich nachts in die siebente Klasse der Francisco Manhanga Secondary School in Maputo. Tagsüber habe ich meinem älteren Bruder beim Schweißen geholfen, für die Existenz. Dann habe ich erfahren, dass Mosambik einen Vertrag mit der DDR abgeschlossen hatte. Es wurde gesagt: Wer Interesse hat, kann sich melden. In Mosambik war Bürgerkrieg. Krieg zwischen Brüdern. Wir Jungen hatten Angst, dass jemand sagt: »Du musst zur Armee«. Jeder Junge weiß, dann hat er zwei Möglichkeiten: Kann in einer Sekunde erschossen werden, oder er muss in einer Sekunde andere erschießen. Also: Weg vom Krieg! Raus hier! Eine Ausbildung machen! Wenn wir zurückkommen, bauen wir alles, was kaputt ist, neu auf.

Europa kannten wir nicht. Ich hatte nie gehört, wo liegt denn die DDR. Wir wussten nicht, wie das Volk dort lebt. Man hat uns Filme gezeigt von der DDR: Schulen, Betriebe und so weiter. Sah alles schön aus.

Wir sind direkt nach Hoyerswerda gekommen, zehn Frauen und neunundachtzig Männer. Unsere ersten Schritte waren nicht so einfach: die deutsche Sprache, Europas Temperaturen, die Trennung von unseren Eltern, Geschwistern, Freunden. Wir bekamen ein Darlehen von vierhundert Mark für jeden Arbeiter, um Kleidung zu kaufen. Wir haben sechs Monate die deutsche Sprache gelernt, intensiv von 7.30 Uhr bis 17 Uhr. Schlosserlehre habe ich im BKW Welzow gemacht.

Ich war in der Werkstatt in Burghammer, nicht weit von Hoyerswerda. Andere Kollegen waren im Werk in Spreetal, als Schlosser oder LKW-Mechaniker, im Tagebau als Maschinist oder Baggerfahrer. In einer Brigade konnte einer aus Polen sein, zwei oder drei aus Vietnam, ein oder zwei von Mosambik und ein Meister. Das war ein internationales Kollektiv. Das hat Spaß gemacht in unserer Brigade dort. Unser Meister hat uns auch eingeladen. Die Tochter hatte Geburtstag oder seine Frau oder er selbst – dann haben wir Sonnabend eine große Feier gemacht, zusammen Spaß gehabt, und am Sonntag hat er uns in seinem Trabbi ins Wohnheim gebracht. Das gab es, aber nicht alle waren so.

Es gab eine Bank hinter unserem Wohnheim, wo man geschrieben hatte: »Nur für Deutsche«. Das war 1980, ich konnte noch nicht richtig die deutsche Sprache. Was heißt das? Dann habe ich mein Wörterbuch aufgemacht. Na ja: Sólo para alemanes.

Aber wir waren froh, zusammen mit den Weißen zu arbeiten und zu leben. Das war für uns eine große Revolution. Weil, bei uns in Mosambik hätten wir niemals zusammen mit Portugiesen … Das war streng verboten! Auf einmal kommen wir hierher, essen wir zusammen, feiern wir zusammen – das waren große Sachen für uns. Aber nach und nach hat man gemerkt, da stimmt was nicht.

In meiner Abteilung in Burghammer wir waren fünf Mosambikaner. Bei der Brigadefeier mussten wir an unserem Tisch allein sitzen. Die deutschen Kollegen haben sich auf die andere Seite gesetzt. Und es gab einige, die konnten nicht ›David‹ sagen. »Ej du Neger, komm her!« Ich bin sowieso Neger, das hat mich am Anfang nicht gestört. Aber dann hab ich versucht, mit ihnen zu reden: »Ich heiße David.« Aber die haben weiter gesagt: »Komm her, du Kohle.«

Jetzt aber hat sich die ganze Stadt vor dem Treff 8 versammelt. Wir haben schulfrei, schwenken Papierfähnchen und skandieren »Mo-sam-bik und D-D-R, nie-mand kann uns tren-nen mehr!«. Und vielleicht glauben wir das tatsächlich in diesem Moment, da uns der hohe Gast aus der Staatslimousine heraus anlacht. Statt schlecht sitzender Anzüge wie unsere *Bonzen* trägt er eine Kampfmontur, statt eines Honecker-Huts ein Käppi und eine große Sonnenbrille wie ein amerikanischer Filmstar. Wieder und wieder schmettern wir einen Singsang, den wir in der Schule einstudiert haben, in den blauen Spätsommerhimmel: *Kanimambo, kanimambo Frelimo. Kanimambo, kanimambo Frelimo. Kanimambo Frelimo.* Aber der Filmstar verschwindet im Treff 8.

Jahre später werden wir hören, dass er mit dem Hubschrauber abgestürzt und tödlich verunglückt ist – für uns so unwirklich und exotisch wie sein Auftauchen an einem Septembernachmittag im WK VIII. *Viva Presidente Samora Machela, kanimambo Frelimo.*

Buden bauen und Automaten

Wir leben in der Zukunft, immerzu. Auf dem Spielplatz klettern wir auf Raketen aus grob verschweißtem Stahlrohr und von Wandmosaiken lacht Juri Gagarin. Er ist mit uns in die Stadt gezogen.

Röhli Als ich klein war, in den sechziger Jahren, gab es in Hoyerswerda ein Automatenrestaurant. Das war die Zukunft, das war Utopie! Wenn man da Geld reingesteckt hat, ging die Klappe auf, und dann konnte man sich was rausnehmen. Aber weil ganz Hoyerswerda dort war – es gab ja nüscht weiter –, war immer alles leer. Da stand dann eben so'ne einzelne Flasche dahinter oder ein einziges belegtes Brötchen. Es war alles eklig – aber meistens war sowieso alles alle. Deshalb ham die das, noch bevor ich richtig denken konnte, wieder abgeschafft.

Hausi Ich hab noch Zeichnungen von mir aus der ersten Klasse: »Wie stelle ich mir das Leben im Jahr 2000 vor?« Da sind alle Autos geflogen.

Pfeffi Ich hab immer utopische Landschaften gezeichnet und Städte erfunden. Mit vielen Hochhäusern! Dann war mal'n Wettbewerb ausgeschrieben um die Gestaltung der Magistrale. Und da hab ich mich als Schüler beteiligt, obwohl das eigentlich für Erwachsene war. Alles Mögliche hatte ich mir ausgedacht: kleene Kioske und Springbrunnen und so was alles. Weil, da war ja nich viel.

Röhli Ich habe sogar mit meinem Vater im Zoo das Löwengehege mit aufgebaut. Ich weiß noch, dass ich ihn gefragt hab, warum wir am Samstag arbeiten gehen. »Das ist NAW.« Nationales Aufbauwerk, das hat sich bei mir festgesetzt. Da hat er die Fundamente mitbetoniert. Und ich immer dabei. So hat man das miterlebt, wie Hoyerswerda Stück für Stück aufgebaut wurde.

Gabi Wir sind eingezogen, zweiter Eingang von links – und am anderen Ende vom Haus stand noch der Kran, da wurde noch gebaut.

Das Jahr 2000 ist weit, aber schon bald wird Hoy eine richtige Stadt sein. So eine, wie wir sie immer auf den Bildern und Modellen sehen. Nicht alt und verwinkelt wie die Gassen und Häuschen der Altstadt, die zunehmend verfällt. Die neue Stadt – wenn sie denn erst erblüht ist – wird einen Kern urbaner Geschäftigkeit haben: Er heißt *das Stadtzentrum*. Der dafür vorgesehene Platz befindet sich genau in der Mitte der Neustadt. Dort wird es ein Kulturhaus geben mit einer großen Bühne, vor der wir in tiefen, weich gepolsterten Sesseln sitzen. Wir werden durch eine Ladenstraße spazieren, und unsere *guten* Kleider werden sich in den Schaufenstern spiegeln. Im Café werden wir Eis essen, und im Park, der sich durch die ganze Stadt zieht, auf der Wiese liegen. Einfach so. Es wird bei uns aussehen wie in den Städten, die wir aus dem Fernsehen kennen oder in die wir einmal im Jahr zum *Einkoofen* fahren: Dresden und Berlin. Auf den Straßen Menschen, die woanders hinwollen als in die *Koofhalle* oder zum Schichtbus.

Doch statt des Kulturhauses und Cafés wird im *Stadtzentrum* ein Hochhaus gebaut. Auf seinem Dach verkünden große Leuchtbuchstaben, worum es einzig und allein geht: *Kohle Energie Gas.* Davor erstreckt sich eine riesige Brache, die wir *Wüste Sahara* nennen. Wenn der Wind geht, wirbeln Staub und Sand durch die Luft. Nach jedem Regen verwandelt sich die Fläche in einen großen See, in dem wir baden und Piraten sind. Oder in eine wallende *Matschepampe.* Wir waten darin und bewerfen uns mit Schlammbomben. Für Erwachsene ist sie nur mit Gummistiefeln, die man stets dabeihaben sollte, zu durchqueren.

Nur dreimal im Jahr – zum 1. Mai, dem *Tag des Bergmanns* im Sommer und zum *Republikgeburtstag* im Herbst – herrscht Leben, wo einmal das Herz unserer Stadt schlagen soll. Genau die Stelle, die für das Kulturhaus vorgesehen ist, erwacht auf magische Art aus dem Schlaf: Der *Rummel* ist da. Im nächtlichen Schwarz der Neustadt suggerieren rhythmisch zuckende Leuchtreklamen großstädtische Vergnügungen. Die Sirenen der Fahrgeschäfte und die Schlagermusik der Buden dringen bis in den entferntesten Winkel jedes WKs. Sie sind die Einzigen, die das Gesetz brechen dürfen, das hier jeder kennt: Schichtarbeiter brauchen Ruhe! Für zwei Wochen ist Hoy schlaflos. Eine Art Broadway pulsiert an der *Magistrale*, der Hauptstraße der Neustadt, über die unbeirrt die Schichtbusse rollen. Wir drehen auf den Feuerwehren und Motorrädern der Kinderkarussells endlose Runden, sehen von der obersten Gondel des Riesenrads die ganze Welt bis WK IX und kommen dreckverkrustet nach Hause, weil der Sand der Brache auf dem zuckerwatteverschmierten Gesicht eine schleifpapierartige Schicht erzeugt. Nach ein paar Tagen aber rollt das großstädtische Flair in einem Zug von bunten Wagen Richtung Norden aus der Stadt. *Ordnung Sicherheit Disziplin* sind wiederhergestellt, und für die nächsten Monate wird wieder nur das Pfeifen der Sandstürme aus dem Stadtzentrum zu hören sein.

Ein Jahr wird vergehen, und wieder wird 1. Mai und *Rummel* sein. Wieder werden wir nicht an Schaufenstern flanieren. Die Zukunft rückt immer weiter in die Ferne – obwohl sie doch näher kommen müsste. Und unsere Eltern hören irgendwann auf, auf sie zu warten. Sie haben Besseres zu tun.

Schudi WK acht, Fünfgeschosser. Neulich haben wir mit meinen Eltern festgestellt, dass wir tatsächlich von allen zehn Wohnungen herbeten können, wer 1968 der Erstbezug war. Mit Kindern, wer da wann geboren ist, fehlerfrei durchexerziert. Wenn alle zur gleichen Zeit, innerhalb von wenigen Monaten, in so ein Haus einziehen – das ist ein gemeinsames Sich-Einrichten. Die waren alle een Alter, die waren mit'nander befreundet. Riesenpartys bei uns zuhause, jeder Geburtstag, alle ham geroocht, die ganze Bude … und die Kinder immer mittendrin. Dann wurde eine Hütte in Tschechien gemietet, und die ganze Hausgemeinschaft ist dahin gefahren. Was da für'ne Stimmung war, wie Klassenausflug! Die Erwachsenen noch alberner als die Kinder. So mit Feuermachen, Riesenschlafzimmer inner Baude … Das weiß man alles noch, mit 'ner Menge Details. Wer als Erster 'nen russischen Farbfernseher Raduga hatte: Familie Grasemann.

Röhli Man kannte sich notgedrungen, weil die Wände so dünn waren. Man wusste, dass bei Schulzes gegenüber die Frau immer rumbläkt: »Looothar!« Unter uns war Familie Fenn, sehr exotisch. Weil, die Frau ging nich arbeiten. Wenn ich nach Hause kam, hab ich bei Frau Fenn geklingelt, und sie hat mir's Essen warm gemacht.

Gabi Dadurch, dass alle Kinder im gleichen Alter waren, hatten wir einfach 'ne Menge Spielfreunde. Die Kinderzimmer waren ja alle an der gleichen Stelle, nach hinten raus, weil die Wohnungen alle den gleichen Schnitt hatten. Und wir hatten so selbstgebaute Telefone, mit Angelschnüren. Zumindest konnte man sich verständigen, und du wusstest: Ah, jetzt guckt oben eener raus. Also sind wir ooch ans Fenster, und dann wurde gequatscht. Musste man natürlich offpassen, dass man nich erwischt wird!

Yvonne Bei uns haben die Müllers im Haus gewohnt, und er war Leiter von der Stadtbibliothek. Deshalb gab's 'ne kleine Bibliothek im Gemeinschaftskeller. Da konntest'e Bücher ausleihen. Und dann hatten'se bei uns 'ne alte Tür hingestellt als Tischtennisplatte. Deshalb hab ich später beim Tischtennis immer gewonnen, obwohl meine Technik unmöglich war. Aber meine Bälle gingen immer noch rauf – weil ich auf'ner Tür gelernt hab, die kleiner war als'ne normale Platte. Manchmal wurde aus der Tischtennisplatte 'n großer Tisch gemacht, da gab's dann Hausgemeinschaftspartys. Und es gab große Hausordnung, zweimal im Jahr wurden gemeinsam die Grünanlagen gezupft.

Hausordnung ist heilig. Die *Kleene Hausordnung* wechselt zwischen den Nachbarn einer Etage. Manche haben kunstvolle Schilder gebastelt, die nach Erledigung an die nachbarliche

Türklinke gehängt werden. Wer *Kleene Hausordnung* hat, muss die Treppe bis zur nächstunteren Etage wischen. Vor allem muss er möglichst laut mit Kehrichtschippe und *Eemer* im Hausflur hantieren, damit es alle im Haus mitkriegen. Die *Große Hausordnung* erfordert den Einsatz der gesammelten hausgemeinschaftlichen Schlagkraft. An zwei Samstagen im Jahr erscheinen Punkt sieben die Männer des Hauses in Latzhosen vor dem Eingang und werfen die Maschinen an. Es wird Erde bewegt, geschaufelt, gespachtelt und gebohrt. Vor den Häusern weichen die Sandberge kleinen Vorgärten, die die Hausgemeinschaft mehr oder weniger liebevoll pflegt. Die Frauen müssen alle Fenster im Hausflur putzen, Kinder möglichst wenig Schaden anrichten beim Unkrautjäten und Gehwegfegen. Wir hassen es und wissen gleichzeitig: Der *Hausordnung* entgeht man nicht. Erst jenseits ihrer geharkten Rabatten beginnt das Reich der Freiheit, gleich hinter dem Haus. Dort herrschen die Kinder von Hoy.

Karsten Du bist vor die Tür gegangen und hast sofort Freunde getroffen. In den Weißen Bergen rumgestromert. Das war der Aushub von den Baugruben für die Häuser im Stadtzentrum, den'se aufgeschichtet hatten. Da sind wir im Winter sogar Ski runtergefahren. Oder hinten raus, Schwarze Elster, das war alles noch Wildnis, da stand nüscht zu dem Zeitpunkt. Von der Mutter die Stricknadeln geklaut und Pfeilspitzen draus gemacht. Versucht, Rebhühner zu jagen, alles so'n Quatsch …

Rottl Am Bahnhof Neustadt bei der Umgehungsstraße, die nie fertig gebaut wurde, war so'n kleenes Wäldchen. Da hab ich meine erste Zigarette geroocht. Und die Berge, in den Bergen! Da ham wir Buden gebaut, mit Baumaterial vom Stadtzentrum – Wahnsinn! Bunkermäßig ausgebaut, mit Couch da drinne. Dann ging das los, die ersten Küsse … Ich hatte nie das Gefühl, dass ich inner Stadt zuhause bin – für mich war das weites Land.

Schudi Unsere Lieblingsplätze waren die Garagen. Diese gigantischen im WK neun – die waren dreistöckig! Wo mein Vater erzählt hatte, dass der Verantwortliche das ganze Baumaterial verhökert hatte und im Gefängnis verschwand. Deswegen dauerte das so lange mit der Baustelle. Und das war spannend, zwischen diesen Betonbewehrungsstäben rumzurennen. Dann kam immer mal'n beflissener Bürger, der versucht hat, die Jugend zu belehren. Das war natürlich super, dass man den ärgern und dann abhauen konnte!

Röhli Die Bauvorbereitung hat ja immer so lange gedauert. Für mich war das Schönste, wo WK neun noch nich stand. Da war zwei Jahre lang Sand offgeschüttet. Was für Erwachsene nich so toll war, was vielleicht unwohnlich wirkt – für mich war's das Paradies. Ich bin in diesen Sandbergen rumgerannt … Da warn Pfützen dazwischen. Das waren für mich Landschaften, die ich selber gestalten konnte. Ich hab mindestens zweimal Dresche gekriegt, weil ich ni gemerkt hab, dass es dunkel wurde und dort ni aufhören konnte. Ich brauchte da niemanden und nichts, noch nichmal 'ne Schippe.

Maura Wir hatten unsre Plätze, wir hatten unsre Freiräume, und du konntest wirklich machen, was'de wolltest. Da gab's keene Zäune, wir konnten überallhin. Als das Stadtzentrum gebaut wurde, hatten ältere Jungs in so'm Berg 'ne Höhle gebaut. Da sind wir immer rein. Ooch mit den Leuten, die dann diese Nazis geworden sind – die se ja nich waren. Es wär' uns im Traum nich eingefallen, uns an Schwächeren zu vergreifen. Oder irgendwas zu machen, was jemandem weh tut. Wir ham einfach Scheiße gebaut. Wie bei Astrid Lindgren, Michel aus Lönneberga. Das war so offen, das war grenzenlos.

Die Reihen der Erwachsenen

Eben sind wir noch Junge Kosmonauten, Junge Biologen, Junge Naturforscher oder Junge Forscher von morgen gewesen, Junge Angler, Junge Soldaten, Junge Kakteen- und Sukkulentenzüchter, Junge Ornithologen und Junge Sportschützen, Junge Sanitäter, Junge Fotografen und Junge Förster. Wir haben in der AG Nadelarbeit, AG Instandhaltung oder AG Kochen, Backen und Servieren für den Ernst des Lebens geübt. Der war schon zum Schulanfang angekündigt worden, wider Erwarten aber bislang nicht eingetreten. In der achten Klasse, so heißt es, beginnt er wirklich: Wer jetzt in *Ordnung Fleiß Betragen Gesamtverhalten* gute Noten vorzuweisen hat, darf an die *Penne*. Dort kann er weiter davon träumen, Kosmonaut oder Naturforscher zu werden. Für uns andere – so wird langsam klar – führt der Weg wohl nach *Pumpe* statt Baikonur.

Erst einmal aber führt er in die *Jugendmode*. Denn nun werden wir in die *Reihen der Erwachsenen*, wie es heißt, aufgenommen. Wir brauchen Kleider und Anzüge. Samt eines Termins bei der »PGH Figaro« – die erste Kaltwelle. Sie macht uns Mädchen zumindest äußerlich zu echten Hoyerswerdschen Frauen und wird unsere Köpfe über Jahre hinaus beim kleinsten Regen in aufgeplatzte Sofakissen verwandeln. In der Schule dürfen wir jetzt *Ordnungsschüler* sein und mit strengem Blick auf dem Schulhof wachen. Aber wer will schon für *Ordnung Sicherheit Disziplin* sorgen, wenn er hinter der Mehrzweckbaracke, die mangels Unterrichtsräumen auf dem Schulhof errichtet worden war, *roochen* oder knutschen kann?

Mit unseren neuen Hackenschuhen und frischer Kaltwelle stolpern wir auf die Bühne einer Aula im WK IX. Wir bringen das Jugendweihe-Gelöbnis hinter uns, bekommen *Weltall Erde*

Mensch in Form eines Buches in die Hand gedrückt und sind – schwuppdiwupp – in die *Reihen der Erwachsenen* aufgenommen. Wie beim Schulanfang sind sämtliche Familien – sonntäglich *angescheuselt* – zusammengekommen. Weil sich eh alle kennen, hat die Klasse einen Saal für die Feier gemietet. Der erste *Ringelpiez mit Anfassen*, bei dem wir nicht rausgeschickt, sondern zum Mitmachen aufgefordert werden. »Bis früh um fünfe kleine Maus«, Polonaise, »Reise nach Jerusalem« und Luftballontanz, den Nakonzens gewinnen werden.

Wir Kinder, die wir ab heute keine mehr sind, haben uns in einem kleinen Raum hinter der Bar versammelt. Es ist uns unheimlich, auf einmal mit den Erwachsenen an einem Tisch zu feiern. Bis jetzt haben wir immer am Katzentisch gesessen. Nun sind wir in den getrennten Welten, die wie WKs unser Leben ordnen, eins aufgerückt – und wollen doch lieber noch im Zwischenraum bleiben. Hier, zwischen Getränkekisten und Biergläsern, die uns heute großzügig gefüllt werden, zieht jemand ein bac-Deo aus der Tasche. Geschenk vom Westbesuch. Alle wollen *ooch ma*, bis die Luft komplett zugedieselt ist. Die *Reihen der Erwachsenen* duften verheißungsvoll, fremd und ein bisschen muffig.

Jeden Abend treffen wir uns nun in den kleinen Parks vor den Kaufhallen, die aus wenig mehr als ein paar Büschen bestehen. Nur an den steinernen Skulpturen, die zu jedem von ihnen gehören, kann man sie auseinanderhalten. Jede Clique eine Bank. Die Reviere fein säuberlich aufgeteilt. Weil man nun erwachsen ist, begrüßt man sich mit Handschlag. Am nächsten Morgen wird man sich auf dem Schulhof erneut mit stummem Ernst die Hände schütteln, reihum fünfunddreißig Mal. Das gehört zum Erwachsen-Sein wie die *Zig'retten*, an denen wir hustend saugen, und die Tatsache, dass der Platz auf der Lehne der Bank den Coolen mit den *Westjeans* vorbehalten ist. Nur einmal in der Woche bleiben die Bänke für einen Abend leer. Dann ist Teenie-Disco im »Kosmos«. Und irgendwann denken wir bei dem Wort nicht mehr daran, dass wir eigentlich zum Mond fliegen wollten, sondern an eine Gaststätte mit Clubsesseln vor weiß gedeckten *Sprelacart*-Tischen und an Eugen, den *Schallplattenunterhalter*.

Die *Reihen der Erwachsenen* sind die Schlangen vor dem »Kosmos«, in denen wir Dienstag für Dienstag geduldig warten. Es sind die *Mädchenreihe* und die *Jungsreihe*, die sich in der Tanzschule Schulze vor dem nächsten Tango – Schritt, Schritt, Wiegeschritt! – gegenübersitzen. Es sind die Marschreihen des 1. Mai, die Wäschereihen zwischen unseren Häusern und die Reihen der Planquadrate auf dem Zeltplatz am Knappensee. Es sind die Schlangen, in denen sich unsere Mütter einreihen, wenn es Bananen in der *Koofi* gibt. Es sind die Reihen der Aktentaschen frühmorgens an den Haltestellen der Schichtbusse. Und es sind die Reihen derer, die klatschen werden, als David und die anderen Jungs aus Mosambik die Stadt verlassen müssen.

Jetzt aber haben wir es gerade geschafft, in den »Kosmos« zu gelangen. Eugen spielt »Yes Sir, I Can Boogie«, und wir tanzen. Den ersten *eins zwei tipp* unseres Lebens.

II

Country Roads, Take Me Home

Wir heißen alle Torsten. Schichtbrot

Jeden Abend öffnet sich Fenster für Fenster im Karree, und es schallt über den Platz: *Tooorsten!* Wir heißen alle Torsten. Oder Thomas. Wir heißen Steffen, Maik, Jens, Uwe oder Andreas. Conny, Ute, Claudia, Petra, Sabine, Andrea, Katrin oder Grit. Niemand hat seinen Namen nur für sich. Hier wird alles geteilt. Wenn jemand anders *heeßt*, ist er höchstwahrscheinlich *keener von uns*. So wie Tatjana im Nachbarhaus, deren Eltern aus dem Westen nach Hoy gekommen sind. Jeder hier kennt Westkinder mit komischen Namen. Dass es in Hoy so viele davon gibt, finden wir logisch: Im Westen ist schließlich Kapitalismus. Und warum sollte man nicht nach Hoy kommen? Unsere Eltern hatten es ja auch nicht anders gemacht. Wenn jemand schon unbedingt in die DDR wollte: Mehr davon als bei uns gibt es woanders nicht …

Später wird es uns merkwürdig erscheinen, wenn Berliner behaupten, sie hätten in der DDR gelebt. Das wissen wir nun wirklich besser. In Berlin konnten die Menschen Maria, Charlotte, Leander oder Jacob heißen. Wer Alexander hieß oder Jan Josef, Bernadette, Saskia oder Carolin, würde Kunst oder Schauspiel oder Film studieren. Wenn man Torsten hieß wie wir, war klar, dass man eines Tages den Bus nach *Pumpe* besteigen würde.

Röhli Da willst du nie hin, nach Pumpe! Das hat gestunken. Die Schichtbusse, du hast das ganze Elend ja gesehen. War keen Traumberuf für mich, Brikettierer. Am ersten Tag in Pumpe war das so'n schlimmer Moment. Doch dort gelandet zu sein. Aber wie wolltest'n du aus dieser Welt ausbrechen? Du kanntest keene andre Stadt. Du kanntest keene andren Möglichkeiten. Kultur, Theater – das waren andre Schichten, die das gemacht ham. Die ham andre Gene!

Schudi Ich wollte immer Lokführer werden, aber das ging nich. Dann war Berufsberatung inner Schule: Beruf mit Abi, es gab 'ne Zuweisung – da wurde nich groß gefragt.

Rottl Fernfahrer wollte ich werden, ich wollte immer wegfahren. Durfte ich ni, wegen der Brille. Na ja – Schwarze Pumpe. Maschinist für Wärmekraftanlagen, schöner Klassiker.

Uwe Ich wollte immer was mit Kultur arbeiten, aber man musste ja eine Lehre machen. Ich dachte, Elektriker wäre gut, kann man im Klubhaus gebrauchen. Aber beim BKK Glückauf haben die sich wahrscheinlich gesagt: »Wir nehmen den mal in die Maschinistenklasse, damit wir da wenigstens eenen mit 'nem Durchschnitt unter vier haben.« Und das war natürlich 'ne Kiki-Lehre. Im Unterricht hab ich nich zugehört, sondern immer irgendwelche Bücher gelesen. War aber ooch'ne interessante Zeit: in den Tagebau runter, auf'n Bagger.

Yvonne Elektriker. Wenn es möglich gewesen wäre, hätte ich die Lehre abgebrochen. Ging ja nich. Aber ich hatte ganz viel Narrenfreiheit, konnte machen, was ich wollte. Meistens hab ich gelesen. 5.40 Uhr ging der Bus. Und weil ich den nie gekriegt hab, standen immer schon alle auf dem Schulhof und haben gewartet, ob ich's noch schaffe. Irgendwie hab ich's immer hingekriegt: mit'm Zug, mit der Polizei, einmal mit so'ner Draisine und einmal sogar mit'm Leichenwagen.

Hausi Ich wollte eigentlich zur See fahren. Da hatte ich 'ne Ablehnung gekriegt. Und mein Vater kam ja ausm Tagebau, da bin ich also ooch dahin, als Schlosser. 3.30 Uhr offgestanden,

4.30 Uhr fuhr der Zug. In Ruhland raus, da war's kurz nach fünf. Dann mussten'wa off'n Marktplatz loofen, und dort ham'wa 'ne Stunde gewartet, bis die Schichtbusse kamen, in' Tagebau. Totaler Mist. Im Winter, weeßte. Aber was willste machen?

Gabi Ich wäre gerne Porzellanmalerin geworden, hab immer viel gemalt. Ich war ooch im Zeichenzirkel, da war der Zirkelleiter so'ne verkappte Künstlerexistenz aus Dresden. Der hat uns immer Storys erzählt, wie's an der Kunsthochschule drunter und drüber ging. Übelste Partys, alles sehr freizügig – oh! Künstlerleben! Aber es wurden nur alle zwei Jahre Lehrlinge dafür angenommen und in meinem Jahr halt nich. Forstwirtschaft hat sich dann ergeben, weil ich tatsächlich so'ne Naturverbundenheit hatte. Aber ich hatte sehr romantische Vorstellungen: Also, ich laufe mit Gewehr und Dackel durch'n Wald. So wurde es nicht. Aber ich hab's nicht bereut, dass ich 'ne Lehre gemacht habe. Das ist mir immer noch wichtig: dass man sein Werkzeug pflegt und es so wegräumt, dass man es am nächsten Tag gleich benutzen kann. Dass man den Arbeitsplatz so verlässt, dass der Nächste ihn übernehmen kann. Eben eine bestimmte Arbeitshaltung und die handwerkliche Basis.

Maura Großartig Auswahl hatt'ich nich mit meinem Zeugnis. Die ham mich da im Betonwerk genommen, und im Nachhinein isses ooch okay so. Obwohl ich damals nie gedacht oder gesagt hätte, ich möchte Maurer werden. Ich hatte irgendwie garnüscht gedacht.

4.50 Uhr rollt die *erste Welle* nach *Pumpe* aus der Stadt. Der Rhythmus der Schichtbusse ist ihr Puls. Wir kennen ihn noch aus der Zeit, als wir im Bummi-Bus zum Kindergarten gefahren sind. Bummi hieß der Teddy, nach dem unsere Kinderzeitschrift benannt war. In jeder Ausgabe unternahm er neue, spannende Reisen: nach Afrika, an den Nordpol oder ins ferne Berlin, wo es einen Fernsehturm geben sollte. Der Bummi-Bus aber fuhr ins WK I oder VIII. In ihm saßen jene Glücklichen unter uns Kindern, deren Kindergärten weiter als ein Steinwurf von der eigenen Haustür entfernt waren. Stolz liefen wir im Morgengrauen an den Händen unserer Mütter zur Haltestelle der Arbeiterbusse. In der Kolonne der Schichtbusse, die weiterrollten nach *Pumpe*, fühlten wir uns als wichtiger Teil des Ganzen: ein Schichtarbeiter mit Brottasche um den Hals.

Erst als wir selbst nach *Pumpe* fahren, stellen wir fest, dass der Bummi-Bus kein echter Schichtbus war, denn in ihm hatte jeder einen Sitzplatz. Im Schichtbus hingegen bekommen Sitzplätze nur jene, die im Morgengrauen an der Haltstelle ihre Aktentasche abgestellt oder einen Schlüsselbund hingelegt haben und dann nochmal *heeme gemacht* sind. Jeden Morgen die gleichen Aktentaschen an der gleichen Stelle, auch der Busfahrer wird der gleiche sein. Er wird fünf Minuten warten, wenn ein Stamm-Fahrgast fehlt. Wer nicht zu den Glücklichen mit Sitzplatz gehört, muss die zwanzig Minuten bis *Pumpe* im Mittelgang stehen. Wichtig: den Blick in Fahrtrichtung! Indem alle, ohne Ausnahme, strikt hintereinander, Brust an Rücken stehen, lässt sich die Kapazität eines Busses beträchtlich erhöhen. Der echte *Pumpsche* verfügt über die Fähigkeit, ein angeregtes Gespräch mit einem Hinterkopf zu führen.

Im Schichtbus lernt er auch, im Stehen und überhaupt in jeder Lebenslage zu schlafen. Dies geschieht, indem sich der Kopf wie bei einem Knickmechanismus nach vorn auf die Brust senkt. Kein Sich-an-den-Nachbarn-Lehnen, kein Hals-Verrenken, kein gefährliches Sich-Fallenlassen. Diese kontrollierte Art von Schlaf kann in Sekundenschnelle begonnen und beendet werden und ist an jedem Arbeitsplatz und Ort dieser Welt anwendbar.

Wir aber fahren nicht in die Welt, sondern nach *Pumpe*, in einen Tagebau, eine Werkstatt oder auf eine Baustelle. Die, die ihr Leben damit verbringen, heißen bei uns: *Schichtbrote*. Ehe wir es uns versehen haben, sind wir selber welche.

Druckbetankung

Die Woche über sitzen wir nach der Schicht in unseren Kinderzimmern oder Lehrlingswohnheimen. Am Wochenende zieht es uns in Scharen hinaus. *Dorfbums*. Für *Mädels* gilt: *Mit zwee Mark hin, mit fünf zurück*. An der Theke heißt es, sich entscheiden: gelb, weiß oder grün. Weinbrand, Klarer, Pfeffi. Bier ist nur zum Runterspülen, Wein zu teuer und etwas für den Blauen Salon. Dort, in einem kleinen Raum der Wohngebietsgaststätte Olympia, trifft sich neuerdings die *technische Intelligenz* der Stadt – eine andere gibt es hier nicht –, um Jazz zu hören und über Kunst zu diskutieren. Wir aber stehen in Klitten oder Lohsa an der Theke und diskutieren, wer die nächste Lage holt.

Schudi Luke off, Trommeln raus, Discjockey, New Order und der ganze Quatsch. Und dann eins zwei tipp, rumzappeln und los. Halb elf oder so ging der letzte Zug. Da war man eh hackedicht. Bei den Discos gab es viel Klopperei immer, wegen der Mädels und so was. Und ooch in den Zügen. Also meist nicht lebensgefährlich, aber es war schon besser, wenn man inner Truppe war und nich alleene da rumsaß. Wie das früher schon war, Barackenlager, Zwischenbelegung. Da wurde ja immer drüber geredet. Meine Mutter hat erzählt, für so'n junges, anständiges Mädel, am Sonnabend auf'n Saal zu gehen … Völlig tabu, absolut No-Go! Sodom und Gomorrha. Druckbetankung, ist ja klar. Nach dem anstrengenden Job am Wochenende endlich die Sau rauslassen. Spätestens um neun, halb zehne gingen die ersten Prügeleien los. Wegen irgendwelcher Weiber oder irgendwas, oder aber wegen garnüscht. Und dann sowohl im Saal als auch davor: Messer raus!

Hausi Es gab ständig Prügeleien. Wir hatten das Revier Lohsa, Weißkollm. Da war klar: Du kommst hin, und es gibt Stress. Nich nur wir gegen die Dörfer, ooch die Hoyerswerdschen unter'nander. Wir waren die Truppe WK zwei. Dann gab's die Rocker-Truppe ausm WK sieben. Wenn die abends ooch dorte offschlugen, hattest'de vier Gegner: WK sieben, dann die aus Uhyst, Weißkollm und die Lohseraner. Da flogen Stühle, richtig dolle. Allerdings – wenn'de gelegen hast, war gut. Die ham nich nachgetreten.

Röhli Es gab ja so Gangs. Zum Beispiel die Bande von Hamme, das waren ältere, mit Vollbart und so motorradmäßig. Dann gab's'ne Grenze zwischen Altstadt und Neustadt. Und Wuroba war der Anführer von der Altstadt-Bande. Der war ja'n Kopf kleener als die meisten Typen. Man hat gemunkelt, der hat'ne Boxausbildung. Wenn der wütend war, hat der rotgesehen. Da is der die Leute angesprungen, mit den Beinen um die Hüfte, damit er auf der gleichen Höhe war. Und dann mit einer unglaublichen Geschwindigkeit immer droff, bis der Typ unten war.

Hausi Die Elsterbande, die ham sich ständig geprügelt. Ich musste keene Angst haben, einer von denen hat bei uns im Eingang gewohnt. Aber die Eltern vom Andy hatten's echt schwer mit ihrem Sohn. Der kam einen Tag nach Hause, das ganze Gesicht blutig. »Nüscht passiert, ich hab'n Ast dagegengekriegt.« Dann schwoll seine Nase immer mehr an. Da sind'se doch zum Arzt, und der hat gesagt »Schwein gehabt«. Weil, da war'ne Bleikugel drinne. Das waren verrückte Typen! Aber die waren eene Generation vor uns. Wo ich dann in dem Alter war, saßen die alle schon im Knast.

Gabi Disco Kastanienhof – Kasten. Wo Rust immer die Leute angeschnorrt hast: »Haste mal 'ne Mark?« Und zum Schluss stand er da wie Graf Koks: »Ich hab hier Sekt.« Da war er gerade mal draußen ausm Knast, aber er kam bald wieder rein. Das war'n Typ!

Die wahren Helden unserer Stadt sind nicht die, deren lächerlich ernste Gesichter uns von der »Straße der Besten« entgegenstarren. Klar ist, dass man dort auf keinen Fall landen sollte. Wer wirklich zur Legende wird, bestimmt auch in den Achtzigern noch das Erbe der Vorväter aus *1000-Mann-Lager* und *Zwischenbelegung*. Die Reviere sind aufgeteilt. Jeder weiß, wo er hingehört: welche Schule, Parzelle, Früh- oder Spätschicht, welche Gang oder Bande, WK drei oder acht, die Polen im *Polonia* und die Algerier in der *Kühnichter Heide*. Lohsa oder Weißkollm, *Kosmos* oder *Kasten* ... Gefährlich ist nur, wenn man nirgendwo dazugehört.

David Wir waren kleine Jungs, neunzehn Jahre – wir wollten nach der Arbeit auch ein bisschen mitmachen. In einige Gaststätten konnten wir rein. Aber es gab auch welche, in die wir nicht konnten, zum Beispiel das Jugendklubhaus. Die Jungs dort haben gesungen: »Es ist zu dunkel hier«. So laut, dass wir rausmussten, weil, wir hatten Angst. Die waren viel zu viele.

In die Altstadt sind wir auch nicht so gern gegangen. Weil, das war ein bisschen weit von der Polizei. Da mussten wir mit vier oder sechs Leuten gehen, dann wurden wir nicht angegriffen. Wenn man in einer Gaststätte war und man wollte zur Toilette, konnte man nicht alleine gehen. Da drin passiert was. Müssen wir zu zweit oder dritt gehen. Das war unser tägliches Brot. Natürlich, wir waren jung. Wir waren nicht heilig. Wir haben auch manchmal ein paar Glas Bier getrunken, und dann gab es Provokation auch von unserer Seite. Ich kann nicht sagen, nur die Deutschen haben uns provoziert, das wäre nicht richtig. Aber die deutsche Seite hat nicht zugelassen, dass wir auch mittanzen oder mitmachen.

Unterwegs

Hinter dem Marktplatz in der Altstadt residiert in einem alten Bürgerhaus Foto Kahrig. Einmal im Jahr, wenn man neue Passbilder braucht, muss man sich in die Schlange einreihen. Sie windet sich durch das enge Treppenhaus bis nach unten in den Durchgang. Dort sind hinter Glasscheiben die Hochzeitsfotos der letzten Wochen zu besichtigen. Der Schaukasten von Foto Kahrig ist eine der Stationen im ewigen Kreislauf unserer Stadt. Je älter man wird, desto besser kennt man die Gesichter hinter den Scheiben. Erst die ganz Großen, die man von ganz fern auf den Schulhof sah und für uralt hielt. Dann die Großen, deren Namen man schon kannte und von denen beachtet zu werden man hoffte. Irgendwann blickt man in die Gesichter seiner Klassenkameraden: die Haare ordentlich frisiert, die Mädchen in Weiß, die Jungs in Anzügen aus dem CENTRUM-Warenhaus, die sie sicher am liebsten gleich wieder ausgezogen hätten. *Reingeborgt.*

Als Kinder hatten wir alle auf den bronzenen Ziegen im Tierpark posiert. Die Fotoalben unserer Stadt sind voll davon, jährlich ein *Ziegenfoto.* Darauf hatten wir gelacht. Auf den Hochzeitsfotos lacht keiner mehr. Hier, in dem schmalen Durchgang von Foto Kahrig, ist für jeden von uns der Platz auf einem vorgesehen. Und jedes Mal aufs Neue werden sich Kinder, von denen es *Ziegenfotos* gibt, an der Scheibe die Nasen platt drücken. Und sie werden wissen, dass auch sie bald dort zu sehen sein werden.

Erwachsensein heißt, verheiratet zu sein. Nur Verheiratete bekommen eine Wohnung. In gleicher Geschwindigkeit wie WK um WK entsteht, wird um uns herum geheiratet. Ausschweifende Polterabende und Hochzeiten werden gefeiert, bevor Paar um Paar von der Bildfläche verschwindet. Wir wissen, dass man von da ab nicht mehr auf die Dörfer fahren oder zur Disco gehen, sondern sich gesittet zum *Tanz für junge Eheleute* begeben wird. Man wird mit den anderen Paaren an weiß gedeckten Tischen sitzen. Darauf wird nicht, wie beim *Dorfbums,* nach fünf Minuten das erste Bier verschüttet sein und nach einer Stunde jemand schlafen. Mit Glück wird der vor Jahren bestellte *Trabbi* bald geliefert, die Garage hat man schon. Vielleicht wird man im Exquisit einen Lurex-Pullover und bei der »PGH Figaro« einen Friseurtermin ergattern. Auch das wäre als Glück zu betrachten.

Rottl So spaßlos kann's doch ni zugehn auf der Welt, das geht doch ni! Wenn alles so komisch gleichgeschaltet is … Man hat das als einengend empfunden. Und dann nimmt man alles wahr, wo's anders zugeht. Das findet sich dann, so Andersdenkende. 87 hab ich zum ersten Mal »Freygang« gesehen, und vorher schon paar andere Bluesbands. Abenteuer. »Kunden-Schule« ham'se dazu gesagt, weil'se dir da das Trinken beibringen und so. Lange Haare, Nickelbrille, Hirschbeutel. Inner Lehre dann Shell-Parka gekooft für vierhundert Ostmark. Ich hab ja gut verdient als Maschi, Schichtarbeit. Schöne Uniform besorgt, Hirschbeutel umgeschnallt, und dann war man unterwegs. Man war gespritzt vom Blues. Das Anders-Sein, das war's. Das hat sich ja alles überschnitten, Punk, Blues-Szene ... Da war ich mittendrin. Das fetzt!

Schudi Auf den Blues-Sälen war üblich, dass jeder seinen Kalender dabeihatte. Dann standen alle in der Ecke rum, um Termine abzugleichen. Ohne Handy! Es gab welche, die haben sich die Mühe gemacht, kleene Werbezettel zu schreiben, da standen alle Termine drauf. »Drei Monate später, Sangerhausen« stand da, und welche Band – das waren wirklich die einzigen Informationen, die man hatte. Weswegen man an dem Wochenende nach Sangerhausen getrampt ist. Diese beinharten Blueser, die jedes Wochenende auf'n Saal gefahren sind, die waren für die Menschheit eigentlich verloren.

Gabi Man konnte hervorragende Sex-Affären haben. Zum Schluss hat man immer bei irgendwelchen Leuten gepennt. Inner Einraumwohnung zu zehnt, da haben sich alle irgendwo verteilt und sind am nächsten Tag auseinandergerannt, das hat irgendwie funktioniert.

Yvonne Seit ich sechzehn war, bin ich jedes Jahr im Sommer mit irgend'ner Freundin getrampt. Quer durch Osteuropa. Bis Bulgarien, weiter ging's nich. Ein Muss war Budapest. Ins Kino, da haste entweder »Hair« oder »Jesus Christ Superstar« angeguckt. Und dieser Zeltplatz: Da sind die durch die Stadt gefahren mit LKWs und haben Leute auf der Margareteninsel oder auf'm Bahnhof eingesammelt. Dann wurdest du dort hingekarrt, das war stacheldrahtumsäumt. Das Zelten war umsonst, aber du musstest deinen Ausweis abgeben und durftest nich rein vor 17 Uhr. Und früh halb acht haben die mit Polizeisirene alle geweckt, dann musst'de wieder verschwinden. Oder wir ham im Getreidefeld geschlafen. Normalen Campingplatz konnten wir uns nich leisten. Da sind'wa über'n Zaun geklettert und ham mal geduscht. Wenn'de dir überlegst – wir waren sechzehn, als wir losgetrampt sind. Und unsere Eltern wussten nich, wo wir sind, niemals. Keen Telefon und ooch sinnlos, 'ne Karte zu schreiben, die wäre später angekommen als wir.

Schudi Nach Polen durfte man ja ab 1980/81 nur mit Einladung fahren. Auf dem Antrag musste man eine Adresse angeben, wen man besucht. Da ham'wa einfach von so'nem Hortex-Glas – Rote Bete von der polnischen Firma Hortex – die Adresse abgeschrieben und auf den Antrag. Paar Tage später haben wir das unterschrieben wiedergekriegt! Und sind nach Kraków gefahren, mit'n Fahrrad. Legendenumwoben: Die Kette sprang schon nach fünfzig Metern ab – und alle Nachbarn am Fenster! Da hab ich zu Röhli gesagt: »Wir dürfen uns jetzt keene Blöße geben! Wir müssen um die Ecke noch rollen, bis'se uns nicht mehr sehen.« Die haben sich natürlich schon'n halben Tag beömmelt, wie wir die zwanzig Kilo Brot und Büchsen – man musste ja alles mitnehmen –, Rucksäcke, Schlafsäcke und Zelt auf das Tandem hinten raufgeschnallt haben. Schwitzend, mit Ledergürteln – diese Gummiseile gab's noch nicht. Jedenfalls, mit diesem unfassbaren Gepäck sind wir dann gerade mal so Kreuzung Widerastraße um die Ecke gekommen. Aber dann: leichte Reparatur und ab. Wir kamen in Kraków an, und dort war'n Straßentheater-Festival.

Krass – wo doch die Straße im Osten eigentlich ein kulturloser Raum war, außer Mai-Demonstrationen fand da nüscht statt. Und dort Straßenmusik, Bühnen, Theater und Leute aus Frankreich, von sonst wo her, international. Ej, kneif mich mal!

David Für Mosambikaner war es verboten, die DDR zu verlassen. Unsere Pässe hat der Betrieb genommen. Alle weg. Wir haben diesen Vorläufigen Personalausweis gekriegt. Der Betrieb hat immer so Versammlungen gemacht: Warum dürfen wir nicht in die Bundesrepublik fahren, oder nach Frankreich? Aber unser Staat hat uns gar nicht getraut, wir sind auch nicht in die Sowjetunion gegangen oder Rumänien oder so was. Ob sozialistisch oder kapitalistisch war egal, es war strengstens verboten! Du musst sogar melden, wenn du nach Dresden möchtest. Der Pförtner muss schreiben: Herr Macau ist nach Dresden gefahren. Und er sagt dir: »Du kommst morgen zurück.« Oder heute Abend. Eine Woche vorher musste man das melden. Und die Namen und Adressen von den Freunden musste ich sagen. Das hat der Pförtner aufgeschrieben. Und dann rufen sie dort an: »Ist er angekommen?« So war das. Wie mit einem Gefangenen.

Kraniche

Schon bei der ersten Fahrt ins Ferienlager stellen wir staunend fest, dass die Welt außerhalb von Hoy offensichtlich nicht aus klaffenden Riesenlöchern und sandigen Abraumhalden besteht. Wir zweifeln nie daran, dass sie so sein muss, wie sie ist.

Kohle Gas und Energie. Doch wir beginnen uns zu fragen, wie die Landschaft vor den Löchern aussah. Unweit der Stadtgrenze entdecken wir ein verwunschenes Moor, wo man abseits der Wege im grünen Modder versinkt. Mit abgestorbenen Bäumen und jungen Birken, einer verfallenen Mühle und Orchideenwiesen. An einer Stelle, behauptet ein Schild, habe ein Räuberschloss gestanden, bevor es für immer verschwand. Auch das Moor soll verschwinden, denn darunter liegt Kohle. *Der Republik zum Wohle.* Das haben wir immer richtig gefunden – bis wir im Moor das erste Mal einen Sonnentau über einer Fliege zuklappen sehen und die Kraniche schreien hören. Wenn unsere Eltern »Natur« sagen, meinen sie den *Gorten.* Und sie verstehen nicht, was wir im Moor *zu suchen ham.* Geht's uns nicht allen gut mit der Kohle?

Yvonne Mit meinen Eltern war ich nie im Moor gewesen. Aber mit den Öko-Cracks vom King-Haus hab ich das ganz doll erlebt. Ganz wichtig. Wir ham Fahrradtouren gemacht, jedes Wochenende da raus. Die hatten so'ne Kampagne »Rettet das Dubringer Moor!« und ham Vorträge gehalten über die Pflanzen dort. Dann ham wir auf'm Markt in Spremberg selbstgemachten Löwenzahnhonig verkauft. 1984 rum war das. Das war ganz intensiv in der Zeit, das alles zu erfahren. Die Kraniche und die Seidenreiher – alles das, was es nur bei uns so gibt.

Röhli Ich hab den ersten Hieb gekriegt so mit sechzehn, wo mir inner Scholz-Halle 'n Jugendpfarrer über'n Weg geloofen is. Und ich in meiner jugendlichen Arroganz ihm erklären wollte, wie naiv das is, an so'n weißbärtigen Gott im Himmel zu glooben. Der hat mich bloß angelächelt und gesagt: »Ich gloob nich an'n Weißbärtigen.« Da hab ich gemerkt, wie klein und doof ich bin, und hab angefangen zu zweifeln. Das war mein intellektuelles Coming-Out. Dann hab ich angefangen, den Koran zu lesen und die Bibel. Das gab's ja komischerweise alles zu DDR-Zeiten. Wo ich gemerkt hab, die Welt is nich nur das kleene WK acht oder Hoyerswerda, sondern irgendwas passiert noch dahinter.

Das King-Haus ist das, was vom alten Kirchhof, der dem Stadtzentrum weichen musste, übrig geblieben ist. Kirche gehört in die Altstadt und hat mit uns, dem Neuen, nichts zu tun. Das kleine Gemeindehaus steht jahrelang fast unbeachtet zwischen den Hochhäusern. Ein paar Versprengte gehen hier zur Christenlehre. Solange man seine *Hausordnung* macht und im Schichtbus nicht falsch rum steht, kann hier jeder *glooben*, was er will.

Jetzt aber gehen auf einmal Leute wie wir ins King-Haus, wo es mittlerweile einen Arbeitskreis für Umwelt und Frieden gibt. Es kursiert eine auf *Ormig* schlecht kopierte, zusammengeheftete Blättersammlung, die »Grubenkante«. Sie berichtet über den geplanten Abriss von Dörfern und Naturschutzgebieten – von denen wir vorher nie gehört haben. Wir lesen sie heimlich in unseren Kinderzimmern und wissen nicht mehr, was wir glauben sollen.

Yvonne Das war spannend im King-Haus, das war so'ne Art Oppositionsbewegung. Der Pfarrrer war'n cooler Typ. Wenn du angezählt wurdest von einem Lehrer oder vom Direktor, weil du irgendwas politisch nich korrekt gesagt hattest, dann ist der dorthin gegangen und hat denen was erzählt. Der war super belesen, kannte sämtliche Marx-Texte. Theologie im Osten – da haste das alles gelernt! Da war ich sechzehn, und ich fand das so toll, dass ich jeden Tag dort beschäftigt war. Montag war Mitarbeiterkreis, Dienstag Junge Gemeinde, Mittwoch – ich wollte mich dann sofort taufen und konfirmieren lassen – Vorbereitungskreis, Donnerstag Theaterkreis. Freitag bin ich ins Wochenende nach Rothenburg gefahren, da war der Martinshof von der Diakonie. Als ich getauft wurde, war ich schon in der Kirchenband und hab bei meiner eigenen Taufe gespielt. Und hinterher, am gleichen Tag, konfirmiert.

Rottl Man hat es garni so in die politische Richtung gedacht. Das war's aber, die wollten was verändern. Durch den Freundeskreis warste plötzlich in dieser Oppositionsgeschichte drinne, alternative Szene in Berlin und so was. Ich war ja früher Agitator inner Schule. Und hab da schon gemerkt, es läuft eben doch ni alles so richtig. Und dann denkste: Man muss was tun. »Grubenkante«, dann hab ich ooch mit Gundi was organisiert für die Tschernobyl-Tage. Da hat der gespielt, im King-Haus. Wir ham die »Verheizte Lausitz« rausgebracht, 'ne Broschüre. Und dann nochmal die »Atomkante«. Es war politisch, ja, aber nie wirklich bewusst. Ooch Lust am Abenteuer. Waren alle een Alter. Das is' ja 'n großes Lebensglück.

The Place I Belong

Unsere Cliquen haben sich neu sortiert. Es ist nun egal, ob man aus WK III oder VII, Neu- oder Altstadt kommt. Wichtig ist, langhaarig zu sein, *Fleescherhemde*, Jesuslatschen und *Klettis* zu tragen. Einen Großteil unserer Zeit verbringen wir damit, uns diese zu besorgen. Nur Blachi hat nichts davon, noch nicht mal lange Haare. Sein Kopf ist kahl, das Gesicht eingefallen und die Augen hinter der eckigen Brille stehen hervor wie *Achtzjer Kesselnieten.* Wenn er sich jemandem vorstellt, sagt er: »Ich bin Blachi und sterbe bald.« Wie sich herausstellt, stimmt das. Blachi hat Schilddrüsenkrebs. Es ist das erste Mal, dass einer von uns schon gehen muss – wo doch die Zukunft noch gar nicht angefangen hat.

Immer wieder werden wir in den nächsten Jahren an Gräbern stehen, auf denen unsere Geburtsjahre stehen. Unsere Eltern hatten den Tod aus der neuen Stadt verbannt. Es ist nun, als würde er sich rächen, indem er sich von Zeit zu Zeit eines ihrer Kinder holt.

Blachi ist ein Altstadtkind und bewohnt als solches allein ein ganzes Haus. Sein Handwerker-Vater hat es ihm überlassen. Schon die Bezeichnung »Einfamilienhaus« ist uns Neustadtkindern suspekt: Ein Haus für eine Familie – *echt jetze?* Bei Blachi ist immer geöffnet, denn Blachi ist Rentner – abgefahren, in unserem Alter! Wenn wir darüber reden, dass die Jungs bald *zur Fahne* müssen und Angst haben, dass es sie an die Grenze verschlägt, wenn wir uns wieder und wieder ausmalen, wie es wäre, eine eigene Wohnung zu haben, wenn wir am Ende wissen, dass wir nichts davon beeinflussen können, sitzt Blachi nur daneben und lacht. Seine großen Augen sehen in eine Zukunft, die im Gegensatz zu der unseren schon bald da sein wird und real ist. Manchmal nimmt Blachi dann die Gitarre und wir singen lauthals sein Lieblingslied in die Totenstille einer Nacht, durch die gleich die ersten Schichtbusse rollen werden:

Country roads / Take me home / To the place I belong

III

Die Avantgarde ergibt sich, aber sie stirbt nicht

Hinter'n Vorhang

Micha Wir haben mit Jugendkonzerten angefangen. Alle angesagten Bands waren da. Dann ist das Chaos ausgebrochen. Alle wollten dorthin.

Pfeffi Vor den zehnten Weltfestspielen gab es so'ne große Kampagne: Überall sollen Jugendklubs entstehen, dass die Jugend vonner Straße weg is.

Wie ein Menetekel des Fortschritts erhebt sich seit ein paar Jahren da, wo wir als Kinder Karussell fuhren, ein riesiger Betonblock aus der Sandwüste des Stadtzentrums. Der *Rummel* baut jetzt ein paar hundert Meter weiter seine Buden auf – Brache haben wir hier immer noch genug. Und wir haben nun immerhin schon das Bühnenhaus unseres künftigen Kulturpalastes. Das haben wir *dem Alten* zu verdanken. So – oder auch einfach *GD* – nennen hier alle Generaldirektor Richter, den Chef von *Pumpe*. In einem seiner Handstreiche, die bis heute als Legenden erzählt werden, hat er *die in Berlin* überlistet. In einen Parteibeschluss auf höchster Ebene schummelte er den Satz, dass in Hoyerswerda ein Kulturhaus zu bauen sei. Wohl wissend, dass *keene Sau* sich so genau durchliest, wofür am Ende alle das rote Parteibuch in die Höhe halten. Nun musste das Haus also tatsächlich gebaut werden, freute man sich bei uns. Doch weiter wehte der Sand über die Fläche, denn guter Baustahl landet nicht bei uns in der Provinz, und jeder Quadratzentimeter Beton fließt hier in Platten für mehr WKs.

Später wird erzählt, *der Alte* habe bei einem Saufgelage eine

Gruppe frustrierter Betonbauer getroffen. Eigentlich sollten sie Kühltürme für ein Kraftwerk errichten, bekamen aber keine Baufreigabe. Kurzerhand wurden Stahl, Beton und Arbeiter in unsere klaffende Baugrube umgeleitet. Die Bauakademie protestierte: Ein Haus der Kunst kann nicht in Gleitbau wie ein schnöder Kraftwerksturm hochgezogen werden! Da kannten sie die Hoyerswerdschen nicht. Das Bühnenhaus wurde errichtet, und unser Kulturhaus wird im Herzen ein Kraftwerker sein. Wenn es denn eines Tages gebaut wird.

Unsere Eltern warten nun seit zwanzig Jahren darauf. Genau so lange wie wir auf der Welt sind.

Inzwischen, schreibt die Zeitung, gibt es hier zehntausend Jugendliche – ein Siebtel der Einwohnerschaft. Den Betonblock im Stadtzentrum, der dort sieben lange Jahre den Stürmen trotzen wird, nehmen wir kaum noch wahr. Wir können nicht warten, bis er sich in ein Kulturhaus verwandeln wird. Wir müssen das nehmen, was eigentlich nur als Provisorium und für die ersten Erbauer gebaut worden war: die Kultur- und Sporthalle Alfred Scholz, die alle nur *Scholz-Halle* nennen. Ein grauer, schmuckloser Kasten am Rand der Altstadt.

Direkt daneben stehen noch die letzten Baracken des *1000-Mann-Lagers*. Die wilden Erbauer und Glücksritter hatten es nicht weit gehabt, um sich am Wochenende zu amüsieren. Dann flogen hier die Stühle. Ein bisschen weht der Geist der Erbauer noch durch den hohen Raum mit dem Charme einer Turnhalle. Wenn am Wochenende *Jugendtanz* ist, muss Haustechniker Nabrotzki hinterher immer noch Stühle leimen. Er gehörte zu jener Handvoll Wismut-Kumpel aus dem Erzgebirge, die man in den ersten Jahren der neuen Stadt hierherbeordert hatte. Denn wo sie herkamen, gab es, woran es der zusammengewürfelten Truppe Zugezogener mit frisch erworbenem Maschinisten-Zeugnis mangelte: *Bergmannskultur*. Dort, wo die Männer seit Jahrhunderten in den Schacht einfuhren, grüßten die Menschen sich mit »Glück auf« und verbanden damit den ehrlichen Wunsch, dass die Hinabgefahrenen heil wieder auftauchen würden.

Bei uns aber war man nicht Bergmann in dritter Generation. Man fuhr nicht mit dem Aufzug unter Tage, sondern mit dem Mannschaftswagen in den Tagebau oder mit dem Schichtbus nach *Pumpe*. Dennoch sollten wir eine Bergmannsstadt sein, und »Glück auf« unser Gruß. Daran sollten Nabrotzki und seine Kollegen von der Wismut mitwirken.

Aber statt im Kulturpalast prunkvolle Bergmannsparaden auszustatten, kämpft er nun seit Jahrzehnten allabendlich in der *Scholz-Halle* um den Erhalt von *Ordnung Sicherheit Disziplin*. Wir kämpfen auf der Gegenseite.

Pfeffi Ich war im Jugendclub inner Scholz-Halle. Dort sind ja wirklich Stars aufgetreten. Renft, Manfred Krug, Nina Hagen. Mit der ham wir mal zusammengesessen, was getrunken, die hat Autogramme gegeben. Dann waren die Autogrammkarten alle, und es kam eener und wollte noch eene haben. Da hat die die weiße Decke vom Tisch genommen und groß mit dem Filzstift ihr Autogramm draufgeschrieben. »Da haste, kannste mitnehmen!« Stories hab ich dort erlebt!

Micha Ich hatte erst in der Bibliothek in Pumpe gearbeitet, aber dann kam ich in die Scholz-Halle und sollte dort Jugendveranstaltungen organisieren. Wir konnten bei Konzerten sechshundert Leute auf Stühlen reinnehmen, da war vorne noch'n bisschen Platz. Die es gar nicht auf den Stühlen gehalten hat, konnten vorgehen. Da haben wir den Vorschlag gemacht, die Bestuhlung rauszunehmen. Mit dem Argument: »Wir lesen immer in der ›Melodie & Rhythmus‹, dass in Ungarn bei Konzerten die Leute sogar auf den Treppen stehen. Das ist doch auch'n sozialistisches Land, wieso dürfen wir das nicht?« Nein, wir durften nicht die Stühle rausnehmen, das ist immer an Sicherheitsbedenken gescheitert. Aber es hat eben alles, was Rang und Namen hatte, in der Scholz-Halle gespielt. Geld war immer da, das war nicht das Problem. War auch erfolgreich. Nicht unbedingt beliebt bei den Mitarbeitern. Nach den ersten Konzerten hat mir Gerhard Nabrotzki etwas auf den Schreibtisch gestellt: Rauchen war ja verboten – er hatte im Saal einen Karton voll Kippen eingesammelt.

Röhli Die Scholz-Halle hat interessante Sachen gemacht, vor allem die Filmreihen. Für mich war das immer furchtbar aufregend. Dass die »King Kong« ranorganisiert haben! Den alten aus den Dreißigerjahren. Und dann fühlten wir uns so rebellisch – dass wir'n berühmten Westfilm gucken! Ooch, wenn keener zugeben wollte, dass er zum Schluss viehisch gelangweilt war. Und inner Scholz-Halle, da kam halt viel von diesen West-Klassikern. Das war'n Vorhang, hinter den man sonst nich gucken konnte.

Micha Damals konnte man Archivfilme einfach so bestellen. Die kamen in einer Holzkiste vom Bahnhof, Originalrollen! »Sieben Samurai« und so was, das kriegte man alles. Und dann Gerhard Nabrotzki, mit dem berühmten Projektor TK 35 … Also, es war viel Enthusiasmus da.

Pfeffi Ich bin dann zum Studium gegangen, und die im Jugendklub ham nur noch gesoffen. Ich meene, man kann sich ooch dem Alkohol ergeben und trotzdem was machen! Aber die Kreativität war weg, und da ist der Klub irgendwann eingegangen. Ähnlich isses mit dem »Krabat-Klub« gewesen. Die hatten sich ooch um die Weltfestspielzeit gegründet.

Das war in den Siebzigern der führende Klub, da waren alle wichtigen Leute von der Jugend drin, Gundi und einfach alle. So Ende der Siebziger ham die das dann aber ooch schleifen lassen, sich in ihren Keller zurückgezogen, keene großen Sachen mehr gemacht. Wir waren alle unzufrieden, es fehlte was richtig Kreatives.

Hippie-Brigade

Im WK VIII hatten sich die Stadtplaner angesichts der Kinderflut einen besonderen Coup einfallen lassen: Drei Schulen bilden ein Karree und teilen sich einen Schulhof. Ein *Schulkomplex*. Von der Kellertreppe bis zum Fenstergriff gleicht ein Gebäude dem anderen. Nur durch die Farben ihrer Fassaden kann man sie unterscheiden: die *rote, blaue* oder *schwarze Schule*, wie sie schon bald nur genannt werden. Hunderte von Kindern stürmen allmorgendlich aus den umliegenden Hochhäusern und Fünfgeschossern und schlängeln sich als riesiger Lindwurm um das Karree Richtung Eingang. Hier, in diesem Lernkombinat, geht etwas vor sich, das unsere Stadt verändern wird. Es beginnt in der *blauen Schule* mit einer energischen Frau, die unter den Mädchen auf dem Schulhof kaum aufragt, aber schon bald Legendenstatus haben wird.

Schudi Die berühmte Frau Söhnel. Die war eine bunte Gesamterscheinung, mit geblümtem Sommerkleid, wallender blonder Mähne, High Heels … Da habe ich das erste Mal in meinem Leben Pfennigabsätze gesehen. Und die hat'n Singeklub aus der Taufe gehoben und kam dann mit so'm Spulentonband an. Wo tonnenweise Aufnahmen drauf waren von irgendwelchen Liederwerkstätten. Ich hab ihr zu verdanken, dass ich angefangen habe, Gitarre zu spielen. Später kam sie auf'n Geschmack, das Ganze zu elektrifizieren, mit Bass. Die hatte das Ohr so bissl am Land und wusste, Pop und Rock, das wollte sie mit'm Singeklub ooch machen.

Einer ihrer Schüler ist ein schmächtiger Junge mit strähnig-dünnen blonden Haaren und einem Brillenmodell, das wegen der dicken Gläser *Mitropa-Aschenbecher* genannt wird. Seine Eltern sind aus Thüringen gekommen, aber wie alle hier spricht er schon bald den abgeschliffenen Hoywoy-Slang mit *ooch* und *gorni*. Er wird ihn nie wieder ablegen. Auch nicht am Ende, wenn er ein berühmter Sänger sein wird und arbeitsloser Baggerfahrer dazu. Dann werden ihn auch außerhalb von Hoy alle *Gundi* nennen und das mit dem Bagger sehr cool finden. Uns wird das komisch vorkommen – Baggerfahrer sind schließlich nichts Besonderes! So wenig, wie es bei uns etwas Besonderes ist, bei Frau Söhnel Gitarre zu lernen und mit dem Schulsingeklub aufzutreten.

Irgendwann reicht Frau Söhnel den ihrer Schule entwachsenen Gundi und seine Freunde weiter an die ebenfalls stadtberühmte Dora Gebauer. Die wacht an der *Penne* streng über den städtischen Singeklub und seinen glasklaren Satzgesang. Es wird erzählt, dass es beim ersten Vorsingen der Gruppe hieß: »Alle außer Gundermann.« Woraufhin die Freunde geantwortet hätten: »Alle oder keiner.« Viel später wird Gundi diese Zeile auf großen Bühnen singen, und nur wir werden wissen, dass es das Prinzip der *Maschinistenfarm* ist.

Zunächst wird er ans Schlagzeug verfrachtet. Doch schon bald rückt er nach vorn. Die Gruppe trägt nun den prosaischen

Namen »Singeklub Hoyerswerda«, erlangt mit ihrem sauberen, Söhnel-und-Gebauer-geschulten Gesang nationale Bekanntheit und wird gern auch in den Westen geschickt. Neben *Kohle Gas und Energie* exportieren wir nun auch FDJ-Lieder.

Die Singeklub-Mitglieder werden älter, arbeiten im Tagebau, in *Pumpe* oder sind Lehrer. Die Lieder, die sie singen, passen nicht mehr zum Leben in der Stadt, die immer noch auf die Zukunft wartet. Dort wird sie angekündigt, als würde es sie wirklich geben. Und so fangen die Freunde um Gundi an, neue Lieder zu schreiben. Als echte Hoyerswerdsche haben sie eins gelernt: Auf die Zukunft wartet man hier besser nicht. So wie auch Theater zu den Dingen gehört, die sie besser selber machen. Sie ziehen das FDJ-Hemd aus und fangen an, auf der Bühne zu spielen. Statt Singeklub nennen sie sich nun »Brigade Feuerstein«.

Unsere Eltern arbeiten in *Pumpe* in Brigaden. So nennt man bei uns die *Arbeitskollektive*. Sie heißen »Brigade Völkerfreundschaft« oder »Brigade 7. Oktober« oder aber einfach nur nach dem Brigadier: »Brigade Kossack«. Bei uns in der Schule gibt es *Brigade A* und *Brigade B* – denn auch wir haben uns seit dem ersten Schultag in Brigadeformation bewegt: Alle hintereinander sitzenden Kinder bilden eine solche und sammeln rote oder blaue Punkte im Brigadewettbewerb.

Ein Vertreter der Patenbrigade – jede Klasse hat eine – taucht von der ersten bis zur zehnten Klasse zu allen Klassenfeiern auf. Wir besuchen die Paten mehrfach bei ihrer Arbeit. Glück hat die Klasse, deren Patenbrigade bei der Städtischen Bäckerei Hoback arbeitet und die bei der Gelegenheit in den Genuss frischer Backwaren kommt. Es soll sogar Glückspilze mit einer Patenbrigade im Tierpark geben. Die meisten aber landen beim Besuch der Paten in *Pumpe* oder im Tagebau. In diesem Fall wird man am letzten Schultag sein Zeugnisheft stets aus der schwieligen

Hand des Gleisarbeiters Skorna überreicht bekommen. Und ehe man es sich versieht, findet man sich selbst wieder in der Welt von Brigadier, Brigadefeier und Brigadetagebuch.

Staunend registrieren wir, was für eine Art Brigade es auf einmal mit Gundi und den *Feuersteinen* bei uns gibt: ein schriller Haufen von Leuten, die wenig älter sind als wir. Sie haben viele Kinder und einen bunt bemalten Robur-Bus. Der steht lieber, als dass er fährt, und schon bald werden sich um ihn so viele Legenden ranken wie um die *Feuersteine* selbst. Viel später wird jemand sagen, sie seien »die ersten Hippies der DDR« gewesen. Aber sie wohnen im WK wie wir. Früh rennen sie erst zum Kindergarten und dann zum Schichtbus, kommen nachmittags müde zurück und rennen wieder zum Kindergarten. Dann auf Probe ins *Klubhaus*, nach Hause, *Stullen* schmieren für die Kinder, *ausziehen waschen Bette*. Sie lernen nachts Texte für das nächste Stück, fallen ins Bett und treten wenige Stunden später an zur nächsten Runde, die bei uns *erste Welle* heißt.

Die *Feuersteine* spielen im Jugendklubhaus und manchmal auf dem großen, leeren Platz davor – der dann auf einmal voller Menschen ist. Das Klubhaus ist so alt wie die Scholz-Halle. Offiziell trägt es den Namen »Nikolai Ostrowski« – ein sowjetischer Schriftsteller, der den Roman »Wie der Stahl gehärtet wurde« geschrieben hatte. Sehr zu unserem Leidwesen, denn auch wir sollen gehärtet werden und in der Schule erklären, warum der Hauptheld Pawel Kortschagin unser Vorbild sei: Einer, der im Kampf für den Sozialismus jung stirbt und, wie zum Hohn, zuvor behauptet hatte, das Leben sei das Wertvollste, was der Mensch besitzt. Wir haben nichts dagegen, dem Sozialismus zu dienen. Noch viel lieber aber möchten wir im Leben bleiben – das hätte sicher auch Frau Kraatz mit ihren fünfunddreißig Blättern nicht anders gewollt.

Nun finden wir ein Vorbild, das uns besser gefällt: Tränchen Traurig. Eine Figur, die Gundi spielt. Schmächtig und verletzlich, im schwarzen Sportpulli und weißen Handschuhen. Ins blassgeschminkte Gesicht eine Träne gemalt, denn immer ist er der Unterlegene im Kampf gegen die Großen. Die spucken ihm auf den Kopf. Die Dicken essen den Pudding, während der Dünne keinen Löffel hat. Zum ersten Mal wird in unserer Stadt einer verhauen und ist trotzdem der Held. Einer, der schwach ist und sich trotzdem traut zu widersprechen. Für den es keine roten Punkte in die Brigadeschachtel gibt. Einer wie Gundi. Der Offizier werden wollte, um endlich und möglichst schnell Nicaragua zu befreien, der aus der Armee geschmissen wurde und im Tagebau anfing. Der in die Partei ging und rausgeschmissen wurde. Schon bald kennen alle seine Geschichte. Dass er auch in die Stasi ging, um die Welt zu retten, und auch dort rausgeschmissen wurde, werden wir viel später erfahren und nicht erschüttert sein. Jetzt aber steht er auf der Bühne vor dem Jugendklubhaus, das den Namen eines Vorzeige-Komsomolzen trägt. Er singt *Dann muss ich weinen, weinen, weinen*. Und Hoy steht davor und klatscht. Etwas hat sich verändert.

Claudia Es wurde viel erzählt über ihn in der Stadt. Natürlich diese Geschichten, dass er da'n Geigenkasten als Brotbüchse mitgenommen hatte in' Tagebau. Der soll da wirklich seine Butterbrote dringehabt haben! Und ich weeß noch, dass es bei uns zuhause ständig Diskussionen gab. Der Gundi war so'n bisschen als Klassenfeind verschrien.

Schudi Ich bin als Schüler da schon hingerannt, zu den Feuersteinen. Und schon 79 haben die da diesen Irrsinn gemacht, dem Publikum einen kompletten Revue-Abend zu präsentieren. Unter dem Motto: Mit der ganzen politischen Bildung, das ist ja alles gut und schön, aber wir müssen das unterhaltend rüberbringen. Und zum Schluss immer Tanz, Beatles-Runde. Echt sensationell!

Wir müssen jetzt nicht mehr jedes Wochenende auf die Landstraße, um auf weit entfernten Sälen den Blues zu finden. Wir müssen auch nicht mehr an den Rand des *1000-Mann-Lagers*. Wir gehen jetzt ins *Klubhaus* zum »Spectaculum« oder in die »Powerfabrik«. So nennen die *Feuersteine* ihre Endlos-Programme. Die Plakate dafür sind selbstgeklebte Collagen. Wir entdecken, was man mit den Schlagzeilen der ewigen Erfolge *unserer Werktätigen* und deren heldenhaften Porträts aus dem *Lügen-Rudi* – wie die »Lausitzer Rundschau« nur genannt wird – auch machen kann. Jetzt tauchen sie neben dem Kopf von Brecht auf. Darunter eine technische Zeichnung und ein Lehrplan der Arbeiter-Bildungs-Schule von 1906, das Titelblatt der *Internationale*, die Namen Rosa Luxemburg und Franz Mehring und Fetzen von Losungen aus dem *Zentralorgan*. »Mach mit – Taten der Bürger zu ihrem eigenen Wohl« steht da und macht zum ersten Mal Sinn. In der Mitte des Blatts reißt das Bild auf und gibt den Blick frei auf eine Mauer mit Löchern darin.

In den Programmen geht es immer um Gut und Böse. Kleiner Klaus und großer Klaus. Krabat und Wolf Reißenberg. Familie Ostphal und Familie Westphal. Tränchen Traurig und Alfazalfa. Wir kennen das: rote Punkte gegen blaue. Hier aber steht am Ende immer die Frage, ob es überhaupt ums Siegen geht. Am Ende dieser Abende schütteln wir alle Gedanken und die letzte Schicht aus uns raus.

Es war ein harter Tag, / ich hab geschuftet wie ein Hund. / Es war ein harter Tag, / und jetzt am Abend bin ich rund. / Doch nimmst du mich an der Hand / ins Feierabendland, / dann bin ich wieder fast gesund.

Underground im Kinderzimmer

Es gibt eine zweite Stadt, die Stadt der Kinder von Hoy. Sie lebt im Untergrund. Die WKs, die Baustellen mit den Turmdrehkränen, die *Magistrale* und sogar die Kulturhaus-Ruine sind nur Oberfläche. Unsere Stadt befindet sich darunter.

Claudia Als wir Kinder waren, ist ja das Stadtzentrum gebaut worden. Und als das unterkellert wurde, sind wir in den Tunneln immer spielen gegangen. Das war natürlich streng verboten, aber wir sind trotzdem immer da rein. Das waren unsere Mutproben.

Oben ist die Stadt der *sinnvollen Freizeitbeschäftigung* und des *frohen Jugendlebens,* wie es sich in den *Jugendveranstaltungen* im Jugendklubhaus entfaltet. Im monatlichen Info-Blatt lesen wir deren Ankündigungen:

Die NVA – eine moderne Armee
Die militärische Hochrüstung der USA im Weltraum
Schlager und Politik
Sexualwissen – Anliegen unserer Zeit
Österreich – ein Touristenland mit Problemen
Rauschgift – Geißel der Menschheit

Der Untergang der Stadt Pompeji
Alkohol – ja oder nein?

Wir interessieren uns sehr für Sexualwissen, Alkohol und Untergang. Dafür aber – das wissen wir – muss man nach unten. In einen Keller, hinter einer Tür am Anbau rechts vom *Klubhaus*. Manchmal stehen wir die ganze Nacht davor, denn das Tor öffnet sich nur Auserwählten.

Pfeffi Dann gab es die Idee mit dem FMP-Klub. Das war mal'n Bockwurst-Kiosk, den haben sich die Feuersteine als Probenraum ausgebaut. Und dann kamen wir irgendwann drauf, da'ne Kleinkunstbühne draus zu machen. Das war die Zeit, als Liedermacher und Folkbands aufgekommen sind, aus der Singeszene raus. Das mit dem Namen »FMP« is entstanden, nachdem wir uns dort Schallplatten von der Firma »Free Music Production« angehört hatten – FMP. Aber dann: »Das geht nich – wenn die uns fragen, was das bedeuten soll!« Na ja, da haben'wa halt 'ne andre Erklärung dafür gefunden. »F« is Feuerstein, »M« Musik und »P« Palast. Und so is FMP entstanden, 1980. Das war eine große Umwälzung in Hoyerswerda, also eine ganz neue Qualität.

Röhli Bei mir war's wirklich bis zur zehnten Klasse, dass ich in Watte gepackt durch die Gegend geloofen bin. Die ersten Kontakte zu dieser andern Welt hatte ich über'n Singeklub, dann hat man im FMP Leute getroffen. Und dadurch, dass es so'n kleener Kreis war, is man schnell hängengeblieben und hat wieder neue Leute kennengelernt. Man hat die ja bewundert, man hat zu denen aufgeblickt, oh …

Pfeffi Es war immer gerammelt voll. Das is klar, der Klub war ja sehr klein, sechzig Plätze. Und irgendwann ham Plötze und

Kossi am Eingang dann Gesichtskontrolle gemacht. Wen'se kannten, der kam rein, und wen'se nich kannten, halt nich.

Dicht an dicht stehen wir um die winzige Bar im FMP. Hier gibt es kein Gelb-Weiß-Grün. Hier wird Cola-Wodka getrunken oder gar Rotwein – ein Geschmack von Dekadenz. Aus der Welt der Schichtbusse stammen nur die ledernen Halteschlaufen, die um die Bar herum oben an einer Leiste angebracht sind. Instinktiv finden unsere Hände den Halt. Endlos kann man so stehen, trinken und dabei sanft schwanken wie auf der Fahrt nach *Pumpe*. Derart effektiv in der Senkrechten getaktet, finden über hundert Platz, wo sechzig erlaubt sind.

Musik ist in Hoy so unentrinnbar wie der Schichtbus. Gitarre bei Frau Söhnel, Satzgesang bei Frau Gebauer, jede Schule und fast jeder Bereich in *Pumpe* hat einen eigenen Chor. Man spielt Geige im Sinfonischen Orchester, Trompete im Betriebsblasorchester oder Schalmei im Fanfarenzug. Im FMP, eng gedrängt auf grob zusammengezimmerten Podesten, entdecken wir staunend eine andere Musik. Die nicht *scheen* sein will, kann und darf. Musiker malträtieren ihre Instrumente, Saxofone krächzen, Gitarren quietschen, Pianisten bearbeiten die Saiten statt der Tasten, Sängerinnen kreischen. Wir entdecken eine Spezies namens *Liedermacher*. Sie kommen aus Berlin und tragen Schlabberpullover. Ihre Gitarre nennen sie *Klampfe*, und ihre Musik ist im Gegensatz zum anarchistischen Jazz-Krach immer irgendwie zu leise. Und immer geht es darum, dass jemand anders sein will. Das wollen wir auch und starren gebannt auf die traurigen Gestalten. Sie singen vom Aussteigen. Ja, genau das müsste man, einfach nur aussteigen! Es stellt sich aber heraus, dass die Liedermacher lieber einsteigen: am nächsten Morgen in die *Sorbenschleuder*, den Zug nach Berlin. Wir steigen in den Bus nach *Pumpe*.

Unsere Zeit teilt sich nun in die Tage vor und nach FMP, das alle zwei Wochen freitags die Pforte in die Unterwelt öffnet. In der Zwischenzeit raunt man sich zu, was Pfeffi, der das Programm organisiert, wieder irgendwo ausgegraben hat: *Verboten! Verschärft!*

Röhli Dann war Folk das Ding. In Leipzig machen Musiker 'ne Folk-Oper! »Die Boten des Todes«, ursprünglich ein Grimms-Märchen: Der Lehrer und der Kulturfunktionär waren die Boten des Todes, und in der Kneipe wurde Musik ooch verboten … Total verschärft! Das wurde nur einmal aufgeführt in Leipzig, intern. Pfeffi durfte hinter'ner Säule zugucken. Dann saß die Bewertungskommission im Saal und meinte: »Das geht nicht mehr über die Bühne.« Das war gestorben, verboten. Aber Pfeffi hat sich den ganzen Scheiß geschnappt und nach Hoyerswerda geholt. Und dann haben wir das hier gemacht. Wir haben aus dem Singeklub heraus extra eine Folkgruppe gegründet, »Nieswurz«. Mit rudimentären Instrumentalkenntnissen haben wir die Musik da eingespielt. »Wenn die Bettelleute tanzen …« Da war ich achtzehn. Ich hab die Dimension damals gar nich begriffen. Aber ich hab gemerkt, dass mich diese ganzen schrägen Sachen fasziniert haben. Irgendwo is noch was hinter dieser Wand, da gibt's noch'ne andere Welt!

Der Tod tanzt also in einem kleinen Keller unter dem Asphalt. Er erscheint in hohlwangigen Gestalten, zahnlos, mit riesigen Augenhöhlen in bleich geschminkten Gesichtern. Wir tanzen mit dem Hässlichen. Das Schöne war uns versprochen worden, aber es schläft in einem Betonblock auf einer Brache. Alles hier ist Fratze. Wir erschrecken nicht vor ihr. Wir erschrecken, weil wir spüren, dass sie mehr mit uns zu tun hat als Pawel Kortschagin und sogar als Tränchen Traurig.

Pfeffi Das waren natürlich extreme Veranstaltungen, die wir da gemacht haben. Wir haben das manchmal einfach Fasching genannt, damit's nich so auffällt. Horrorfasching, zum Beispiel »Im Krug zum blutigen Ranzen«. Die Wessis werden das gar nich glauben: So was in der DDR! Dass das durchgegangen is, dass da keener was gesagt hat, wundert mich nach wie vor. »Die Boten des Todes« haben wir im FMP dreimal aufgeführt, es gab sogar einen Flyer dazu. Offensichtlich wusste niemand in Hoyerswerda, dass das Ding eigentlich verboten war. Genauso eine Band aus Leipzig, die nie eine Spielerlaubnis bekommen hat. Die sind jedes Jahr im FMP aufgetreten – und hatten jedes Mal'n andern Namen! Wenn die verboten wurden, haben die sich einfach 'n neuen Namen gegeben. Das hat in Hoyerswerda keener mitgekriegt. Bei den Künstlern hieß es irgendwann: »In Hoyerswerda musste gewesen sein.« Da sind ooch immer welche aus Berlin gekommen zu unseren Veranstaltungen. Es gab ja diesen Spruch: »Zwischen Oder und Spree – Einigkeit durch FMP«.

Wir hüllen uns in wallende Gewänder, wenn wir zum FMP oder ins Klubhaus gehen. Wir bilden jetzt ein *Folk* im Volk. Der *Folkstanz* fegt die Volksmusik, die »Im Krug zum Grünen Kranze« über die Bildschirme der Neustadt flimmert, beiseite. »Folkskammer«, »Lumich«, »Schottenschulle«, »Horch«, »Notentritt«, »Wacholder«, »Hofgesindt«, »Spilwut«, »Folkländers Bierfiedler«, »Atemnot« und »Arbeiterfolk« heißen die Gruppen, die jetzt im Klubhaus aufspielen. Immer hatten wir uns angewidert abgewendet, wenn auf der Freilichtbühne beim »Tag der Berg- und Energiearbeiter« aufgeputzte Trachtengruppen zur Annemarie-Polka antraten. Jetzt rufen uns Plakate zu »Folkt«!

Wir singen *Herr Wirth, so lösch er unsre Brände*, und Kneiper Udo schiebt mürrisch die halben Liter über den *Sprelacart*-Tresen. Unsere *Jesuslatschen* oder *Klettis* stampfen auf das abgewetzte Parkett, über das eben noch die silbernen Absatzschuhe der Paradetänzer von Tanzschule Schulze grazil schwebten.

In Hoy gibt es niemanden, der nicht bei Schulze tanzen gelernt hätte: den Kopf stets aufrecht halten, den Rücken durchgedrückt, die Ellenbogen exakt abgewinkelt. Hübsch paarweise, der Herr fordert die Dame auf. Jetzt drehen wir uns im Reigen, greifen die Hände des nächsten Partners und des nächsten, hopsen wild durcheinander, juchzen und kreischen dabei. Irgendwann bilden wir zwei lange Reihen, die sich gegenüberstehen und mit den Händen eine Gasse bilden. Durch sie muss das letzte Paar und vorn wieder Aufstellung nehmen. Immer schneller spielen die *Musikanten* – ein Wort, das wir bisher nur von den streng gemiedenen »Tagen der Blasmusik« kannten. Die Fidel krächzt, die Drehleier glüht, die Paare rutschen nur noch über den Boden, getrieben von den nächsten, bis wir ein Haufen schwitzender Leiber jenseits jeder geordneten Formation sind. Die Röcke fliegen. Die Wolle unserer dicken Pullover dampft. Das Jugendklubhaus Nikolai Ostrowski bebt, und für einen Moment spüren wir hier, im WK I, wie sich die Erde dreht.

Wenn wir aus dem Klubhaus schwanken oder den schummrigen FMP-Katakomben entsteigen, hat die helle Welt der Betonquader uns wieder. Eine wirkliche Nacht gibt es hier nicht.

Irgendwer kommt immer gerade *von Schicht* oder bereitet sich darauf vor.

Eben noch haben wir im FMP mit Zigarette in der einen und Rotweinglas in der anderen Hand über Expressionismus debattiert. So muss es sich angefühlt haben: Paris, Dreißigerjahre, très bien. Wenn wir aus dem Keller wieder auftauchen, geht es zurück ins Kinderzimmer. Und nach *Pumpe.* In den Gesellen-Liedern wird am Montag blau gemacht. Wir aber werden wieder antreten, *erste zweete dritte Welle.*

Pfeffi Hoyerswerda war'ne Arbeiterstadt. Fast alle, die ich kannte, waren sogenannte Arbeiterkinder. Und ooch viele im FMP-Publikum sind ganz schlichte, einfache Arbeiter gewesen. Die nich studiert hatten. Das ist das Komische gewesen.

Röhli Es hatte was Verruchtes mit diesem Keller und Cola-Wodka. Und es war ja nich typisch für die DDR, dass'de die ganze Nacht durch die Gegend gestolpert bist. Wie oft wir früh um vier an den Schichtbussen vorbeigeloofen sind! Wenn die Arbeiter an der Haltestelle standen, und man kam dort vorbei … Das war immer 'ne ganz komische Stunde, wenn's so langsam hell wurde. Man fröstelte, wurde langsam wieder nüchtern. Und dann an dieser stummen Menge vorbeizulaufen und zu wissen, dass die Leute aggressiv wer'n, wenn man'se jetzt belatschert. Bizarr.

Drei Meter breit, zwei Meter hoch. Bücher

Röhli Die Woche war gegliedert in Wochenende mit Klubhaus, FMP und so was und dann die Wochentage. Die waren abends dem Lesen vorbehalten, bis um zwei in der Nacht. Jeder hat jede Woche bestimmt drei bis vier Bücher gelesen. Und alle die gleichen! Das war das Schöne, jeder konnte sich mit jedem darüber unterhalten.

Immerzu Lesen ist nichts Neues für uns. In jeder Schule befindet sich die Schulbibliothek unten im Keller, gleich neben dem Werkraum. Dort sitzt eine Schulbibliothekarin und muss Tag für Tag die Frage über sich ergehen lassen, wann »Bei der Feuerwehr wird der Kaffee kalt« denn nun auszuleihen wäre.

Als wir klein waren, trugen wir es stolz nach Hause und lasen darin, bis wir es auswendig konnten – denn wer wusste schon, wann einem das Glück wieder dermaßen hold sein und man einen solchen Schatz heben könnte! Schier aussichtslos war es damals gewesen, an »Das doppelte Lottchen« zu gelangen. Angeblich, so munkelte man, sollte es in der Kreisbibliothek ein Exemplar geben. Doch kein Sterblicher hatte es je in der Hand gehalten. Als Familie Skoddow es schließlich ergattert hatte, griff ein ausgeklügelter Plan: Alle fünf Kinder der Familie, einschließlich der des gesamten Freundeskreises, waren beteiligt: *Jeder eene Seite.* So wurde das Buch, Zeile für Zeile, von Kinderhand feinsäuberlich abgeschrieben. Fortan machte ein Exemplar die Runde, bei dem jede Seite anders gekrakelt und von Tintenklecksen verziert war.

Röhli Das war ja'n ganz komisches Ding in Hoyerswerda: Es gehörte zum guten Ton, eine tragbare kulturelle Bildung zu haben. Es gab diese Theaterabonnements, wo die busseweise nach Cottbus und Berlin gekarrt sind. Und es gab in jeder Wohnung bei uns im Haus, egal ob die Leute Schichtarbeiter waren oder Doktoren, das Bücherregal. Also ich kenn keene Wohnung ohne. Das musste man haben. Und man hat sich alles reingezogen, was da so rumstand. Ich hab angefangen mit »Der Streit um den Sergeanten Grischa«, danach Tolstoi. Dann stand dort Rainer Maria Rilke drinne und Hermann Hesse, ooch Leonardo da Vinci. Und Schnabel, das Aufklärungsbuch! Ich hab selbst den Opernführer gelesen. Ich meene, das Regal war drei Meter breit und zwei Meter hoch!

Claudia Meine Mutter hat in der Freizeit – die sie eigentlich nie hatte – wirklich nur gelesen. So viele Bücher … Da war selbst Heiner Müller, als der bei uns übernachtet hat, überrascht. Und die war auch im Kulturbund, ist mit der ganzen Blase immer ins Deutsche Theater nach Berlin gefahren. Sie hat sehr viel Wert auf Kultur gelegt. Also wir sind nach Dresden gefahren, waren in Ausstellungen, in Museen und solche Sachen. Das war eben normal bei uns.

Beate Ich hab ja in der Gewerkschaftsbibliothek in Pumpe gearbeitet und später als Bibliotheksleiter beim Wohnungsbaukombinat. Wir hatten Außenstellen in allen Betriebsteilen. Und es wurde viel gelesen. Die Leute konnten während der Arbeitszeit mal schnell in die Betriebsbibliothek huschen. Die Stadtbibliothek hat die Leute aufgefangen, die in Hoyerswerda gearbeitet haben. Da sind, hier bei uns, ganz viele avantgardistische Dinge passiert, in Deutschland einmalig. Weil wir eben einen guten Leiter hatten, den Horst Müller. Sämtliche Bibliotheken hatten eine zentrale Einarbeitung. Also, im Grunde genommen wurde uns die Arbeit erleichtert, so dass

wir in die Arbeitsgruppen, also Brigaden, gehen konnten, um dort Lesungen zu veranstalten.
Ich hab alleine so hundertzwanzig Veranstaltungen im Jahr gemacht. Am besten gingen Reisebeschreibungen, Krimis. Was mich sehr zum Nachdenken gebracht hat: Tiefste DDR, da kam eine Frau zu mir und sagte: »Ich hätte gern ein schönes Buch. Mit Liebe, es soll gut ausgehen, nichts von der Arbeit und kein Krieg.« Und da hab ich gedacht: »Mist, wieso haben wir nicht die Groschenromane?«
Ich hab dann bei Bestellungen immer geguckt, was es da so gibt, bei den Skandinaviern und so. Und was ganz wichtig ist – deshalb war der Zuspruch zu den Bibliotheken in der DDR auch so groß: Wir sind bevorzugt mit Literatur und Schallplatten beliefert worden. Wo der Bürger sich die Hacken wund gelaufen hat, das kriegten die Bibliotheken. Und gerade was die Betriebsbibliotheken betrifft: Wir hatten dort Narrenfreiheit. Wir konnten bestellen, was wir wollten. Es gab natürlich immer die »Kunstpreisdiskussion des Freien Deutschen Gewerkschaftsbundes« – da sollte man unbedingt ein bestimmtes Buch vorstellen, das sollten die Werktätigen dann diskutieren. Das haben wir nie gemacht. Weil mir das widerstrebte, ich fand das doof. Wir wussten nämlich, was die Leute gerne lesen. Wir hatten täglich mit ihnen zu tun.
Nach der Kunstpreisdiskussion hat nie einer gefragt, es ist keinem aufgefallen. Ich glaube, wir von der Kultur waren im Betrieb sowieso die bunten Vögel, die viereckige Eier legen. Man musste nur früh pünktlich im Betrieb sein. Das war ganz wichtig, alles andere war egal.

Micha Wir haben natürlich auch in Pumpe Schriftsteller eingeladen, ich bin noch mit Erich Loest durchs Kombinat. Über die Kultur- und Bildungspläne gab es gewisse Verpflichtungen, wenn die »Kollektiv der sozialistischen Arbeit« werden wollten – weil da'n bisschen was dranhing an Prämie. »Okay, da rufen wir mal in der Bibliothek an: Was habt ihr'n Schönes, Mädels?« Da kam der junge Bibliothekar mit seinen langen Haaren und hat ihnen die Kunst nähergebracht: Plattenspieler, Bücher, die Platten, dann mit'm Rad irgendwo ins Gaswerk. Und dann saßen die Kollegen schon da, Tasche neben dem Stuhl, Jacke hinten, die Busabfahrtszeit fest im Blick.

Hausi Ich hab das irgendwann von den andern mitgekriegt. Alleene wär ich doch nie off die Idee gekommen, mir so was durchzulesen! Aber dann dachte ich, wenn da so interessante Sachen drinnestehen, wie die immer sagen …

Yvonne In der Buchhandlung lag so'n Heft aus mit den Neuerscheinungen. Da konnte man sich eintragen, und die ersten fünf oder zehn haben das Buch dann gekriegt. Ansonsten gab's den Antiquariats-Büchertisch. Und dadurch dass immer die gleichen Bücher rausgekommen sind – du konntest in jedes Bücherregal gucken, alle hatten die gleichen Bücher. Und ham'se ooch gelesen!

Gabi Ich hatte eine ausgeprägte Hesse-Phase, die hatte ja jeder. Ich würde mal behaupten, dass ich damals nicht allzu viel verstanden habe von dem, was ich da gelesen habe.

Nachts liegen wir wach in unseren Kinderzimmern, auf deren Rhombentapeten noch die hellen Vierecke der alten, mühsam besorgten »Bravo«-Poster zu sehen sind. Durch das offene Fenster weht fein der Kohlestaub aus *Pumpe*. Die Stadt ist still, aber für uns donnert gerade die Hochbahn von New York vorbei. Ein schwarzer Kater streift durch Moskaus Hinterhöfe, in verruchten Pariser Kaschemmen werden wilde Partys gefeiert, und expressionistische Messen lassen uns erschauern. Dann löschen wir das Licht.

Noch aufregender aber ist ein Buch, das die Häuserschluchten vor unseren Kinderzimmerfernstern beschreibt. Die Frau, die es geschrieben hat, ist in der Schule nie erwähnt worden. Dabei hat sie doch hier, im WK I, gelebt. Jeder bei uns kennt Brigitte Reimann. Sie besitzt ähnlichen Legendenstatus wie die wilden Erbauer unserer Stadt. Jeder kennt auch ihren Roman »Franziska Linkerhand«, der von einer jungen Architektin handelt. Als die Verfilmung in unserem kleinen Altstadt-Kino läuft, bricht in der ersten Szene gemeinschaftliches Gelächter aus: Die Heldin kommt auf einem Bahnhof an, den wir in seiner unrenovierten Grauheit sofort als unseren identifizieren – und ein Taxi fährt vor. Das wiederum würde bei uns nie und nimmer passieren. Im wirklichen Leben – das können die DEFA-Leute aus Berlin nicht wissen – muss man *Stadtlinie* fahren oder *loofen*. Im Film wird Franziskas Entwurf für die Rekonstruktion der Altstadt zwar mit einem Preis gekürt, aber nicht verwirklicht. Stattdessen werden am Fließband weiter Wohnungen geklotzt. Spätestens da ist das Lachen im Kinosaal verstummt. Und ebenso still laufen wir hinterher durch die zunehmend verfallende Altstadt zurück in unsere WKs.

Die Reimann ist irgendwann weggezogen, in eine richtige Stadt. Sie hat es nicht mehr erlebt, dass es bei uns nun tatsächlich Klubs gibt. Das Kulturhaus, von dem sie so wie ihre Heldin geträumt hat, existiert immerhin schon als Betonruine. Im Klub der technischen Intelligenz hat sich ein Freundeskreis für Kunst und Literatur gegründet. Regelmäßig trifft man sich, um sich gegenseitig aus den Reimann-Werken vorzulesen. An Samstagen fährt ein Bus nach Berlin, wo man im Deutschen Theater hinter den Kulissen freudig empfangen wird. Hoyerswerdsche sind eine proletarische Attraktion.

Schudi Ich bin ja dann ooch in diese DT-Busreisegruppe reingeraten. Das war schon komisch, dass das Deutsche Theater seinen Kontakt zur Arbeiterklasse abhakt, indem die Schwarze-Pumpe-Intellektuellen, die Ingenieure und Ärzte, nach Berlin kommen. Was ja eigentlich ooch'n großes Missverständnis ist. Aber besser als gar nüscht, und beschweren würde ich mich auf keenen Fall. Weil wir dadurch natürlich die Crème de la Crème des Theaterwesens einfach so serviert bekommen haben. Was ich im DT alles gesehen habe!

Micha Zu DDR-Zeiten war das noch ein Argument, dass wir hier ein Zentrum der Arbeiterklasse sind. Damit konnte man Punkte machen. Natürlich musste man selbst aktiv werden, aber dann … Also, die Staatsoper, die kamen hier mit Sack und Pack an mit »Coppelia«. Dann hatten wir die Musikfesttage der Stadt, da gab es die Reihe: »Musik und Malerei« im Museum. Da wurde ein Kunsthistoriker eingeladen, der hat die Bilder besprochen, dann passende Musik dazu. Heute undenkbar, dass der Direktor der Galerie Neue Meister in Dresden einfach zwei Bilder aus der Galerie nimmt, hinten in sein Auto legt und damit nach Hoyerswerda fährt! Da wurde nicht nach Versicherung gefragt. Man hat einander vertraut.

Claudia Heiner Müller hat auch mal auf meiner Kinderzimmercouch geschlafen. Mein Bruder ist immer nach Berlin gefahren, seit er vierzehn war. Und Heiner Müller hatte für durchgeknallte Köppe aus der Provinz was übrig und hat sich tatsächlich um den gekümmert. Dann hatte er mal in Hoyerswerda beim Kulturbund eine Veranstaltung und hat eben bei uns übernachtet. Meine Eltern haben abends noch gesessen mit ihm, der durfte sogar bei uns rauchen. Ich hatte das einzige Zimmer, in dem nur ein einzelnes Bett drin war, in dem hat Heiner Müller dann geschlafen. Und früh ist der mit uns aufgestanden, wahrscheinlich war es einfach laut in der Wohnung. Ist aufgestanden, hat seinen Whiskey getrunken, seine Zigarre geraucht und tingelte so vor dem Bücherregal meiner Mutter, anerkennend. Und hat mich gefragt, was ich jetzt mache. »Ich muss zur Schule.« Und er: »Das tut mir leid.«

Blasse Blume

Irgendwann steht Gundi im FMP auf der winzigen Bühne und erzählt, er hätte ein Lied von einem gewissen Herbert Grönemeyer gehört. Ein Liebeslied an seine Heimatstadt Bochum. Gundi hat sich erkundigt, was das für ein Ort ist, dieses Bochum. Eine stinkende Industriestadt, »nüscht andres als Hoywoy!«, verkündet er.

Die Mitteilung, eine Stadt im Westen könne sein wie unsere, erfüllt uns mit Skepsis. Aber Gundi meint, man könne ja wohl mit gleichem Recht ein Lied auf Hoywoy schreiben. Und so hören wir zum ersten Mal von unserer Stadt als der *blassen Blume auf Sand.* Nun ist sie also Gedicht geworden – jenseits der *Flamme des Sozialismus*, die in den Anfangsjahren Schreibende Arbeiter besungen hatten. Auch jenseits der sehnsuchtsvollen Anklagen von Brigitte Reimann. Zwar hatten wir genau gespürt, was sie meinte, wenn sie von einer *seelenlosen Retortenstadt* schrieb. Aber sie war nicht wie wir durch deren Tunnel gekrochen und über die Baustellen gestromert.

Hier nun, eines Nachts in einem Keller unterm WK I, sind zum ersten Mal wirklich wir gemeint:

Nachts macht diese Stadt über uns die Luken dicht / und wer den Kopp zu weit oben hat, / der find' seine Ruhe nicht.

Staunend lauschen wir dem schmalen Typen, der am nächsten Morgen wieder auf den Bagger klettern wird:

Eine steigt aus ihrem Kleid / Bis uns morgens der Wecker schreit / Dann schwebt sie ab in ihren Bau / Und vorher macht sie noch den Himmel blau über / Hoywoy …

Irgendwann, eingehängt in die Lederschlaufen an der FMP-Bar, hatte Kasi einen Satz gesprochen, der legendär wurde, noch bevor er mit schwerer Zunge zu Ende formuliert war: »Wer sich vor früh um neune off der Straße blicken lässt, hat's im Leben zu nüscht gebracht.«

Wir dachten daran, wenn wir früh zum Bus trotteten. Und daran, dass wir ja immer noch weggehen könnten, irgendwann. Dann würden wir wie die Intellektuellen – wir nennen sie verächtlich *Intis* – im Prenzlauer Berg in Altbauwohnungen mit Stuckdecken wohnen. Darin würden Biedermeier-Anrichten stehen statt Schrankwänden mit Fernseher und Eierlikör-Fach. Wir würden den ganzen Abend Gedichte lesen und morgens ausschlafen.

Aber wir sind immer noch hier. Und jetzt wissen wir, warum.

Deine grauen Kinder werden groß / Werden grün oder blau oder gar rot / Eins mußte ins gelbe Elend einziehn / Eins sitzt oben im goldenen Berlin / Ham se uns überall rausgeschmissen / Ham wirs mit der ganzen Welt verschissen / Finden wir Schutz in deinem Beton / Und trainieren für die Revolution in / Hoywoy …

Kurz nachdem Gundi uns das Lied im FMP erstmals vorgesungen hat, fährt er zum Nationalen Chanson-Wettbewerb des Landes. Wer dort den Publikumspreis gewinnt, darf ein Album aufnehmen. Utopisch für einen aus Hoy. Wir trampen nach Frankfurt/Oder, belagern den Saal, bejubeln das Konzert und schmuggeln uns abends ins Hotel. Gundi und seine Band gewinnen und mit dem Album beginnt seine Solo-Karriere. Er wird Hoywoy treu bleiben, aber nicht den *Feuersteinen*. Für uns wird es sein, als ob Eltern sich scheiden lassen und man nicht weiß, bei wem man bleiben soll. Wenig später wird es die »Brigade Feuerstein« nicht mehr geben.

Das Lied von der *blassen Blume auf Sand* aber ist auf einmal nicht mehr nur unsere Hymne. 1987 begeht die Partei- und Staatsführung mit einem pompösen Umzug wieder einmal einen großen Jahrestag. Von der Ehrentribüne vor dem Palast der Republik winkt sie Transparenten zu, deren Losung die Wände im ganzen Land bepflastert: »750 Jahre Berlin – Hauptstadt der Deutschen Demokratischen Republik.« Im gleichen Jahr singt Gundi bei einem Konzert auf der Freilichtbühne Weißensee das Lied, in dem es heißt: *... finden wir Schutz in deinem Beton / und trainieren für die Revolution.* Und auf einmal singen tausende: *Hoywoy, dir sind wir treu.*

Bunte Rohre

Keiner hier hat noch an die Zukunft geglaubt, und doch rückt sie in der ersten Hälfte der Achtziger überraschend ein Stück näher. Es beginnt damit, dass wir *freigesprochen* werden. Wir sind jetzt Facharbeiter. Der Titel des nüchternen Akts, bei dem wir eine rote Mappe mit DDR-Emblem darauf und dem Zeugnis darin in die Hände gedrückt bekommen, ist ein Hohn. *Freisprechung*. Denn nun wird vollends klar, was man bis jetzt mehr oder weniger erfolgreich verdrängt hatte: Vor uns liegen hundert Jahre *Pumpe*.

Hausi Irgendwann hab ich gedacht, jetzt sollst du bis sechzig hier in der Grube arbeiten ... Nö, bloß nich! Ich bewerb mich off der Schauspielschule. Da ham'se mich natürlich durchfallen lassen, und ich hab's ooch keen zweetes Mal probiert.

Röhli Du kamst ja an ein Studium nich über Bewerbung, sondern über Delegierung. Zumindest in Hoyerswerda war das so üblich. Bin ich zum Rat des Kreises und hab gesagt, ich möchte gern Kulturwissenschaft studieren. Da sagt die Mitarbeiterin dort, die ham schon zweie davon. Die machen in der Stadt nur Ärger, weil die nur Flausen im Kopp ham. Sie könnte sich vorstellen, dass sie sich für mich einsetzt, aber unter zwei Bedingungen. Die erste is, dass ich Mitglied der SED werde. Und die zweite, dass ich mich verpflichte, zwei Jahre lang das Jugendklubhaus zu leiten. Und wenn ich mich dort bewähre und die Linie durchsetze, die vom Rat des Kreises und von der Partei vorgegeben wird, dann wäre sie bereit, mich zu unterstützen. Dass'se nich noch'n Dritten kriegen von den Typen! Da hab ich gesagt, nee, beide Bedingungen sind für mich nich akzeptabel. Und hab dann eben Verfahrenstechnik studiert. Weil mir nüscht andres einfiel, ich aber ooch nich in Pumpe arbeiten gehen wollte.

Claudia Eigentlich wollte ich Archäologie studieren, das hat mich am meisten interessiert. Aber da hätte man wohl vorher was arbeiten müssen mit Partei und so, das wollte ich nicht. Ich hab dann Arbeitsökonomie studiert, das hat mich nicht die Bohne interessiert.

Wie durch ein Wunder ist zur selben Zeit, Mitte der Achtziger, aus der Brache des Stadtzentrums ein Kulturpalast gewachsen. Magische sieben Jahre nachdem der Bühnenturm errichtet wurde, öffnet das dazugehörige Haus. »Siebenjähriger Krieg« wird es *der Alte* später nennen und wiederum Anteil an dessen glücklichem Ausgang haben. Es wird erzählt, er habe eine Horde Arbeitskräfte aus *Pumpe* direkt in das Werk geschickt, das Sessel für unseren Saal erst produziert und dann für Devisen nach England verkauft hatte. So sind auch die Stühle, aus deren Lehnen frische Luft in den Raum gepustet wird, im Grunde echte *Pumpsche*. Fast drei Jahrzehnte nach dem ersten Spatenstich für die neue Stadt wird ihr Kulturhaus eröffnet.

Als Miniaturausgabe von *Erichs Lampenladen*, wie der Berliner Palast der Republik nur genannt wird, thront es in der Pampa. Hinter der Glasfassade ein Meer von Kugellampen, die die Zeilen der nächtlichen Hochhauslichter neu beschriften. Im Foyer kann man mit einem Sektglas in der Hand – das hiermit Einzug in die Hoyerswerdsche Gastronomie hält – über breite Treppen auf zwei Ebenen *rumloofen*. Wie in einem echten Theater in einer richtigen Stadt führen verschiedene Aufgänge in den Saal, der sich in edlem Holz getäfelt auftut. Auf der riesigen Bühne – eine der größten des kleinen Landes – gibt es Theatergastspiele und Sinfoniekonzerte, Schlagerstars treten auf, Revues werden produziert und Fernsehsendungen aufgezeichnet. »Freude schöner Götterfunken« ertönt nun nicht mehr aus einer Handvoll Schülerkehlen im Stimmbruch, sondern zur Eröffnung des Hauses im professionellen Chorgesang.

Das Haus der Berg- und Energiearbeiter, das alle sofort nur HBE nennen, ist Teil des Kombinats. In jedem Büro gibt es einen Schrank, in dem die Bergmannsuniformen der Mitarbeiter hängen. Zu Feiertagen werden sie angelegt. Kultur ist ein Produktionsbereich wie andere auch, nur dass statt *Kohle Gas und Energie* eben Veranstaltungen produziert werden. Kunst gehört zum Bereich Arbeiterversorgung/Sozialökonomie. Wenn bei Kombinatskonferenzen die Betriebsteile verkünden, wie viele Tonnen Brikett oder Kubikmeter Gas sie produziert haben, reihen sich die Kulturarbeiter ein mit Besucherzahlen.

Micha Hundertfünfundzwanzig Leute waren wir im HBE, ohne Gastronomie. Die waren nochmal knapp fünfzig. Das war ja keine öffentliche Gaststätte. Aber wenn der Erste Sekretär der Kreisleitung von Pumpe am Nachmittag die bulgarische Delegation zum Kaffee führte, dann war die Mannschaft anwesend. Eine ganze Schicht hat dann nur die zwanzig Leute dort bewirtet. Dann vierzehn Pförtner, mit Springer und allem. Also, wirtschaftlich gesehen kannst du das gar nicht machen. Aber so hat's halt funktioniert. Wir waren ja eine produzierende Einrichtung, auch Mitglied der AG »Große Häuser« in der DDR. Und wir hatten alle Gewerke im Haus. Dekorateure, Theatermaler, Schlosser, Tischler, es wurden eigene Bühnenbilder gebaut. Wir hatten einen Klimaingenieur mit vier Klimawarten. Die sind vielleicht nicht alle an Überarbeitung gestorben, aber es hatte schon einen Sinn. Zwanzig ausverkaufte Frauentagsveranstaltungen mit je achthundert Plätzen – das war schon eine Hausnummer!

Die seitliche Fassade des HBE ziert ein Mosaik. Arbeiter mit Helmen auf den Köpfen stehen vor bunten Rohren. Diese führen aus einer Fabrik durch eine Tagebaulandschaft zu einem jungen Paar am oberen Bildrand. Hinter ihnen geht eine riesige Sonne auf, vor der sich die Schornsteine von *Pumpe* abzeichnen.

Pumpe, so haben wir schon in der Schule gelernt, ist der größte Kohle verarbeitende Industriekomplex der Welt. In den Achtzigern zieht die Stadt nach. Hier wird Kultur produziert, überall, Tag und Nacht. Ständig gründen sich neue Klubs. *Feuerstein* Bernd wird Stadtrat für Kultur. Im Kreiskabinett für Kulturarbeit sitzt Pfeffi und dirigiert, ganz offiziell als Verantwortlicher für Jugendklubarbeit, eine wachsende Szene. Keine Idee ist zu abstrus, um einen Klub daraus zu machen. Im Indianistik-Klub trifft man sich, um Ledertrachten zu nähen, und übt Bogenschießen im Gelände hinterm WK IX. Der Utopia-Klub fachsimpelt über die Zukunft im All – als würde das Warten auf unser Stadtzentrum nicht reichen.

Pfeffi Es gab 'ne Menge Klubs, die auf's Stadtgebiet verteilt waren. Aber was immer schwierig war in der Neustadt: Wo nun eigene Räume herkriegen? Es sind ja nur Wohnbauten da gewesen und Zweckbauten wie Kaufhallen, Schulen und so, da waren für Klubs keene Räume da. Deshalb haben wir immer gefordert, dass Jugendklubs gebaut werden. Das is dann erst seit 84 passiert. Laden, das war der erste Klub, den'se neu gebaut haben.

Uwe Durch die Feuersteine und FMP war ja ein hohes Grundniveau in der Stadt. Ich weeß noch, beim Gerhard-Schöne-Konzert hat der Plötze mich mal nich reingelassen, weil's wirklich überübervoll war. Da hab ich gesagt: »So, jetzt werde ich selber'n Klub gründen, fertig.« Und habe später mit Hugo den Laden quasi gegründet.

Der *Laden* ist unser neuer Klub, ein Würfel aus Betonfertigteilen in exakt demselben Grundriss wie alle anderen Klub-Typenbauten, die in allen Städten aus dem Boden schießen. Offiziell ist er ein *Jugendklub der FDJ*. Wir nennen ihn *Laden* nach der gleichnamigen Trilogie von Erwin Strittmatter, dem Schriftsteller aus der Nachbarstadt. Deren Held Esau Matt ist Bäcker in einem kleinen Lausitzer Dorf, und Poet – fernab der Welt der Kunst und Literatur. Alle Figuren sprechen so wie die Leute auf den Dörfern ringsum, und ein bisschen wie wir. Die zerlesenen Exemplare der Trilogie stehen in allen Bücherregalen unserer Stadt. Unser Klub wird auch noch *Laden* heißen, als er später den Namen »Konrad Wolf« offiziell *verliehen* bekommt. Wir finden, der Regisseur von »Mama, ich lebe« und »Solo Sunny« passt gut zu Esau Matt, und beide zu uns.

Schudi Anfangs haben wir das äußerst argwöhnisch beäugt, das Ding. Platte, alles neubaumäßig, keen bisschen muchtig und oll wie's FMP. Aber wir sind dann sehr schnell praktisch umgezogen, und FMP hat nicht mehr lange existiert.

Yvonne Die Freundeskreise haben sich ja überschnitten, FMP und King-Haus, Arbeitskreis für Umwelt und Frieden … Der Laden hat dann das King-Haus abgelöst. War ja auch logisch, wenn du interessiert warst – es sind am Ende alle dort gelandet.

Rottl Da bauen die im WK fünf E so'n Ding, wo ich als Blueser mir die Nase breit gedrückt hab am Fenster. Da waren Jazz-Konzerte mit dem Kropinski, Baby Sommer und Conny Bauer. Das kannte ich ja alles ni. Und ich dachte: Was is'n das für'n Unsinn? Was is'n das für komische Musik? Also man war ni kunstinteressiert, man war neugierig. Da gehste halt hin. Wenn ich die Oogen zumache, sehe ich, wie ich

Basketball gespielt hab in der Turnhalle nebenan und abends nach'm Training über'n Schulhof in' Laden. Da gab's was zu trinken, und irgendjemand war immer da. Schulhof, Laden, Bums.

Claudia Das hat mir vom ersten Tag an so gut gefallen, dass ich gleich mitgemacht habe. Am Anfang war ich oft beim Abwasch in der Küche, da ist man für nichts anderes rangekommen. Aber ich fand das nicht schlimm. Ich hab ganz viele Leute kennengelernt. Natürlich hatte ich mich auch sofort verknallt, in Pö. Also ich hab mich dort sofort wohl gefühlt. Zuhause. Vielleicht habe ich etwas, das mir in meiner Familie gefehlt hat, dort gekriegt. Herzenswärme. Und es war immer was los. Das Langweiligste war noch der Sonntag, da war Café und Kinderprogramm. Dienstag Filmclub, Donnerstag Jazzclub. Seit ich dort war, hatte ich vieles im Kopf, nur nich Schule. Das stand sogar mal bei mir im Zeugnis, dass das kein guter Einfluss ist. Bei mir hat der Laden auch bewirkt, die DDR – so, wie sie war – in Frage zu stellen.

Yvonne Du bist nicht nur zu Dingen gegangen, die du schon kennst. Da war alles, Querbeet … Wir ham 'ne ziemlich breite Kulturausbildung gehabt.

Irgendwann hängt vor dem *Laden* ein großes Transparent: »Avantgarde & Experiment«. Drinnen gibt es Aktionskunst, Performances, Pantomime und Puppentheater. »Jazzbühne«, »Jazz-Abend«, »Jazz-Nacht«, »Jazz-Session«, »Jazz-Rock«, »Jazz-Weekend«, »Jazz-Café«, »Jazz nach 8 …« Wir sehen Experimentalfilme und Animationsfilme, Dokumentarfilme, Stummfilme und Archivfilme. Miklós Jancsó, Krzysztof Zanussi, Ingmar Bergmann, Luis Buñuel, Frank Beyer, Peter Schamoni, Rainer Simon, Eldar Rjasanow, Margarethe von Trotta, Gleb Panfilow,

Roland Gräf, Akira Kurosawa, Ettore Scola, Konrad Wolf … Dienstagabends, wenn wir nach dem Filmclub heimwärts radeln, ist die Stadt menschenleer. Komplett leer. Aus den Fenstern erschallt die »Dallas«-Fanfare. Hoyerswerdallas. Jetzt müssen wir uns entscheiden, ob wir uns in unsere Kinderzimmer setzen und weiter Tarkowski in unseren Köpfen bewegen oder uns zur Familie vor den Fernseher begeben und J. R. Ewing das Feld überlassen.

Uwe Man hat es nichmal bewusst gemacht, dass man gesagt hätte: »Wir bilden jetzt hier eine Plattform, wo Leute über den Zustand der DDR reden.« Nee, das war einfach automatisch. Indem man eben Schriftsteller eingeladen hat oder die Filmemacher … Roland Gräf, Heiner Carow, Kohlhaase – die waren alle da. Einfach tolle Gespräche. Oder diese Gundi-Veranstaltung, die wir eingeführt haben: »Café D«. Da musste man ooch wieder anmarschieren: Warum wir das »Café Deutschland« nennen. »Nee, Café Donnerstag is das.« Klar haben wir's absichtlich gemacht, aber ich bin da naiv durchgegangen. Ohne bewusst zu provozieren – das hat sich einfach alles so ergeben. In der Auswahl der Filme, der Künstler, die aufgetreten sind … Wo man dann im Nachhinein sagt: Klar, das sind Plattformen gewesen, die ihren Beitrag geleistet haben, um diese Wende herbeizuführen. Von da aus sind die Leute mutig gewesen, von da aus sind selbständig denkende Köpfe gekommen – die kamen ja nicht aus der Teenie-Disco vom Ossi.

Distanzieren Sie sich von Dada!

Pfeffi Im FMP ging das mit Dada schon los. »Kunst ist Waffel«, das hatten wir mal als Transparent. Das Thema war schon länger in unsern Köpfen. Wir haben uns ja für Kunst interessiert, sind oft zu Ausstellungen gewesen in verschiedenen Städten. Dann hatten wir gelesen – es gab ja Bücher darüber –, was da 1916 passiert ist in Zürich. Ach, ist das großartig! Was die dort gemacht ham – so was machen'wa ooch in Hoyerswerda!

Anfang Februar 1986 hat unsere Stadt für ein paar Tage einen neuen Namen. Jemand hat auf dem Ortseingangsschild mit schwarzer Farbe und in leicht krakeliger Schrift – der man ansieht, dass es schnell gehen musste – eine Silbe hinzugefügt. Es verkündet nun:

HOYERSWERDADA.

Ehe es die Stadtoberen bemerken und entfernen lassen, vergeht *Zeitchen* – wie Strittmatter es genannt hätte. Er kannte unsere Gegend, in der eine Verzögerung immer schon eingebaut ist. *Zeitchen* gilt auch für Dada – die Ereignisse nehmen sehr langsam ihren Lauf.

Nachdem Pfeffi uns wochenlang erzählt hat, wie *verschärft* Dada ist, beginnen auch wir zu glauben, dass es genau hierher gehört. Genau genommen: Wohin denn sonst? Da waren also gewisse Herrschaften in Gehrock und mit Kneifer im Auge, im Charlestonkleid und mit Feder-Boa in ein »Cabaret Voltaire« gegangen, hatten Manifeste verfasst und Urlaute gebrüllt. In der Schule hatte man uns mit *sozialistischem Realismus* malträtiert, später hatten wir den Expressionismus entdeckt und waren, wann immer es ging, zu Kunstausstellungen gepilgert.

Auf der Suche nach einem Bild der Realität, das anders war als das, was man uns vorsetzte. Aber es hatte nichts an der Realität geändert. Dass dies jemals passieren wird – so viel wissen wir inzwischen –, ist so unwahrscheinlich wie das Eintreffen von Baumaterial für unser Stadtzentrum. Nun schließen wir uns den Kollegen Dadaisten an, die verkündet hatten, »mit allen Mitteln der Satire, des Bluffs, der Ironie, am Ende aber auch mit Gewalt gegen diese Kultur vorzugehen«. Und hatte der Club Dada nicht nach eigener Aussage »Mitglieder in allen Teilen der Erde, in Honolulu so gut wie in New Orleans und Meseritz«? Nun also auch im WK V E.

Ein Flyer ruft auf zu »70 jahRE daDA, zur DADA Soiree (Einlass präcis 19.16 Uhr) mit Aktionen, DaDa-maniFEST, Szenischer Musik, Toncollagen, deutscher Filmavantgarde und SimultaNISTISCHEn GeDICHten, zu Material-Aktionen, Pantomime, Bemalungen u. Allerley Nonsens …«

Ein Transparent verkündet: »Dada kämpft auf Seiten des revolutionären Proletariats.« Aus den umliegenden WKs strömt es herbei. Von außen ist der *Laden* wie immer ein *Jugendklub der FDJ*, Platte an Platte. Innen begeben wir uns in eine schummrige Höhle mit Plüsch, mysteriösen Utensilien, archaischen Masken, grotesk verrenkten und einzelner Gliedmaßen beraubter, kahlköpfigen Schaufensterpuppen sowie furchteinflößenden Tierköpfen an den Wänden. Eine Leiter steht mitten im Raum, später wird einer sie erklimmen und von oben durch ein Megafon das dadaistische Manifest verkünden.

Pfeffi Das ging das ganze Wochenende. Und am Sonntagvormittag eine Performance von Hans Scheuerecker aus Cottbus und zwei Saxofonisten. Die ham vorne ’ne weiße Leinwand aus Papier gespannt. Und dahinter stand ’ne Frau, die war mit weißer Farbe angemalt, die hat man nich gesehen. Dann fingen die Musiker an zu spielen, und Scheuerecker hat die weiße Leinwand mit schwarzer Farbe bemalt. Dann kam'n Arm durch, dann noch'n Arm und dann die Frau. Er hat angefangen, über sie drüberzumalen.

Schudi Und dann der Diesner mit seinem Saxofon: immer schriller, immer lauter, immer höher, immer weiter. Die Tänzerin schälte sich raus, zum Schluss kippte Scheuerecker die Farbe drüber, und das war's. Okay, das war dann der Skandal.

Pfeffi Danach war erst mal nüscht, vier Wochen lang gar nüscht. Und plötzlich hatte Wespe gehört: In der SED-Kreisleitung braut sich was zusammen wegen dieser Dada-Veranstaltung. Dann war inner »Lausitzer Rundschau« so'ne Art Leserbrief: Ob denn in einem sozialistischen Jugendklub so was überhaupt sein darf. Wir ham nur gelacht. Aber da wurde schon gemunkelt, es is was im Gange. Irgendwann musste ich zu meinem Chef, Rat des Kreises, Abteilung Kultur. »Man hat beschlossen, dass du für diese Dada-Veranstaltung im Laden mit die Verantwortung getragen hast und dass das so nicht geht. Du sollst versetzt werden.«

So, da war ich'n halbes Jahr im HBE, zur Bewährung. Dann kriegte ich wieder die Einladung zum Chef, und da meente er: »Du musst künftig bei solchen Veranstaltungen 'ne Konzeption vorlegen, was kulturpolitisch damit gemeint ist.« Die verantwortlichen Genossen haben nämlich nich gewusst, was Dadaismus ist.

Claudia Niemand, der das gesehen hat, wäre auf die Idee gekommen, dass da so was hinterherkommt. Das war keene Geheimveranstaltung. Die Stasis waren vorher da. Die wussten, was da passieren soll. Die kamen ja jeden Monat. Aber man weeß ni, ob die das überhaupt begriffen haben. Die fanden das ja eigentlich nich schlecht, was bei uns geloofen ist – aber wahrscheinlich haben'se nur die Hälfte verstanden.

Pfeffi Aber wie ist die SED-Kreisleitung überhaupt darauf gekommen? Der Fügert vonner Zeitung hat dort Fotos gemacht. Irgendwann kamen Leute in die Redaktion und haben ihn aufgefordert, diese Fotos herauszugeben. Jemand hatte die gesehen und rumerzählt, dass im Laden pornografische Exzesse stattfinden. Fügert hat die Abzüge rausgegeben, weil die Leute wohl von der Stasi waren. Und das landete dann bei Werner Walde von der Bezirksleitung.

Uwe Wir hatten uns das so zurechtgelegt: »Die Dadaisten haben gegen den Faschismus gekämpft, die waren gegen den Ersten Weltkrieg, das war'ne progressive Kunstrichtung.« Wir wären damit ooch durchgekommen, wenn nich diese blöden Fotos gewesen wären. Hugo war zu der Zeit der Chef vom Laden, der hat'n Parteiverfahren gekriegt. Mir konnten'se nüscht, ich war nur Mitarbeiter und nich in der Partei. Ich bin da völlig naiv durchgegangen. Aber klar: Es war subversiv!

Es war schon ein bewusstes Spiel mit dem Feuer. Dass man eben sagte, man rettet diese Kunstbewegung ins Heute rüber und nutzt es ooch als politischen Protest. Nur in diesem inneren Rahmen, ohne nach außen zu gehen. Aber dann wussten es doch wieder alle. Das hing mit den Künstlern zusammen, die kamen teilweise aus dieser Leipziger Künstlerszene. Das hatte dann so'ne Eigendynamik, weil alle dachten: Hoyerswerda is'n Ort, da kann man so was machen.

Röhli Ich war damals bei der Armee und wurde ranzitiert und gefragt, wie ich mich bei Dada engagiert hab und was ich darüber weiß. Ob ich Leute nennen kann und so was. Da hab ich denen erklärt, dass das 'ne Kulturveranstaltung war. Und dass Dada fortschrittlich is. Wenn'de denen das als Kunst erklärt hast, ham die abgeschaltet bei der Armee, da ham die gesagt: »Das geht uns nüscht an.«

Plattenhasche. Eh's verboten wird – weg!

Unsere Stadt funktioniert nach dem Prinzip der *Fahrstuhletage*. Schon als wir Kinder waren, hatte sie uns gelehrt, wie man mit Verboten umgeht. Sie war das Beste an den Hochhäusern. Der Keller war auch nicht schlecht, dort bogen sich die Regale unter der Last von Gläsern mit Eingewecktem, das unsere Mütter im Sommer quasi nebenbei im Akkord produzierten. In riesigen Rohren summte und rauschte es geheimnisvoll. Aber irgendwo war dort immer eine Wand, wo es nicht mehr weiterging.

Auf der *Fahrstuhletage* hingegen zog sich der Flur scheinbar kilometerweit über alle Eingänge des Hauses und verband sie im Inneren miteinander. Die Fahrstühle – falls sie fuhren, *das weeß man nie!* – hielten nur in der dritten, sechsten und neunten Etage. Aber einzig die sechste war Marktplatz, Freiheit und Zeichen in die Außenwelt: Nachts kündete sie als helle Zeile in der Landschaft von unserer Existenz. Wie alle Flure war sie schnöde tapeziert mit Rhombentapete in Beige. Die bedeckte auch unsere Kinderzimmerwände. Beige Rhomben, wohin das Auge blickte. Auch in Etage sechs – nur führten sie dort ins Weite, Endlose! Es hallte bis zu uns in Nummer 11, wenn ganz hinten, in der 13, etwas los war: Aufruhr im Treppenhaus, Verfolgungsjagden, Familienstreitigkeiten. Für uns Kinder hieß es dann: flinke Füße, um noch etwas mitzubekommen, bevor *Ordnung Sicherheit Disziplin* wiederhergestellt waren.

Die *Fahrstuhletage* war ein Zwischenraum – nicht mehr privat, noch nicht öffentlich. Jeden Dienstagnachmittag schleppten unsere Mütter Wäschepakete über den Flur. Punkt 15 Uhr öffnete neben dem Fahrstuhlschacht der VEB Schwanenweiß seine winzige Filiale. Die Wäsche-Annahmestellen in den Hochhäusern waren Teil einer kühnen Utopie: Der Haushalt sollte nicht mehr auf den Schultern der Frauen und Mütter lasten, sondern industriell und kollektiv ausgeführt werden. Und so brauchten sie zwar keine Bettwäsche waschen und bügeln, doch sah man selten einen Mann eines der zentnerschweren Pakete über den Flur schleppen. Für uns war Bettwäsche, die sich anfühlte wie ein Stück Pappe und deren zusammengepresste Lagen man beim Auseinanderfalten aufreißen musste, der Inbegriff von Sauberkeit. Obgleich es wahrscheinlich schneller gegangen wäre, sie von Hand zu waschen, denn so ein Gang über die *Fahrstuhletage* konnte sich hinziehen. Sie war ein Informationskanal in einer Welt ohne Telefon. Hier erfuhr man alles. Als Kind konnte man Haschen und Verstecken spielen, bis man erwischt wurde. Wer in der 11 an die Luft gesetzt wurde, kam in der 13 einfach wieder rein. Und alles ging von vorn los. Man musste nur die Wege kennen. Später würde das Spiel sogar einen Namen bekommen: *Plattenhasche.*

Uwe Einmal hatte ich so'n Erlebnis, dass jemand im Laden bei mir im Büro saß, wo sich dann rausstellte, das is eener vonner Stasi. Der erwartete irgendwie eine Zusammenarbeit. Richtig so'n Gespräch, wie ich das denn sehe, unsern Staat, und was halten Sie von Herrn Gundermann … Ich wie immer ganz normal gequatscht, ohne dran zu denken, dass mir das vielleicht gegen den Kopp knallen könnte. Ich bin wirklich unbefangen da rangegangen.

Pfeffi Der Bernd von den Feuersteinen hat sich später mal mit so'm Stasi-Typen unterhalten, der mit seinem Kumpel im FMP immer in der letzten Reihe gesessen hat. Und hat den gefragt, warum dem FMP nie was passiert ist. Da sind ja alle aufgetreten, Krawczyk, Bettina Wegener und alle möglichen Leute – aber der Klub ist nie geschlossen worden. Und da meente der: »Na ja, auf'm Heimweg ham wa uns immer unterhalten über das Programm. Sollen'wa das melden oder nich? Und dann ham wa gesagt, ach weeßte, wir melden's nich. Die ham doch Recht!«

Rottl Eigentlich konnte man in Hoyerswerda machen, was man wollte.

Pfeffi Mit dem Kultursekretär von der FDJ-Kreisleitung ham wir uns sehr gut verstanden beede. Der is bei fast allen Veranstaltungen im FMP gewesen und hat das sehr unterstützt. Das war'ne Type – und selten nüchtern!

Nach dem kam 'n anderer. Der is nich zu unseren Veranstaltungen gekommen, aber hat uns in Ruhe gelassen. Aber dann kam eener, der hat uns nüscht als Ärger gemacht. Hat uns dazwischengefunkt und gesagt, dass er das total scheiße findet hier – dieses ganze komische Zeug, Jazz und Liedermacher. Und die Arbeiterjugend will was anderes. Die Arbeiterjugend will Disco, und die würde sich für Mode interessieren und Fußball natürlich und Skatspielen – und nich so'n Zeug.

Schudi Dieses Horch und Guck, das war schon n' Thema. Der und der könnte da sein … Und über die Hoyerswerdaer Kirchen- und Umweltkreise, da hat man bisschen mitgekriegt, welche Repressalien es geben könnte. Aber jetzt liest man ja manchmal, dass diese ganze Künstlerszene dermaßen durchsetzt gewesen sein soll, dass angeblich jeder Zweete bei der Firma war. In allen Medienberichten ist das omnipräsent: Stasi, Stasi, Stasi. Aber ich wüsste nich, wer im Laden … Und gerade dort müssen die doch gewesen sein, das war doch mega subversiv! Es hat aber für uns gar keine Rolle gespielt. Überhaupt kein bisschen. Weder als Misstrauen noch als Angst.

Maura Ich war noch keene achtzehn, da war ich inner Zionskirche in Berlin auf'm Konzert, 'ne Band aus Ungarn. Da war paar Straßen weiter 'n Nazi-Aufmarsch und zwischendrin natürlich die Volkspolizei. Da ham'se mich angehalten. Meinen Ausweis wollten'se natürlich haben, und das ging dann ganz schnell. Alles andre hat ewig gedauert, wenn'de 'ne Brille brauchtest oder'n Passbild oder so. Aber das hat keene zwei Tage gedauert, da stand die Stasi bei uns anner Tür. Meine Mutter hat aufgemacht und wusste sofort, wer das is. Also wenn das m e i n Kind gewesen wäre und die hätten vor der Tür gestanden, hätte ich gesagt: »Lassen'se meinen Jungen in Ruhe!«

Die kamen dann öfter. Aber meine Mutter immer nur: »Da sind wieder diese Männer.« Ich musste dann mit runter. Da standen die mit so'm ollen grauen Wartburg, da musste ich mich mit reinsetzen. Und dann wollten'se was wissen über irgendwelche Leute. Ich sollte quasi IM werden. Und da gab's dann – die hab ich mir geholt später – schon'ne Vorverdichtungsakte mit'm Foto von meinem Ausweis drin. Ja, ich war erfasst.

Claudia Ich hab das im Laden als sehr offen empfunden. Wir ham uns nie eingeschränkt gefühlt. Selbst wenn wir dachten, da ist jemand von der Stasi. Da wurde trotzdem nicht hinter vorgehaltener Hand geredet.

Rottl Wir ham mit dem Arbeitskreis im März 89 'n Film gedreht, »Die unbewohnbare Republik«. Der is dann geloofen bei »Kennzeichen D«. Das ging alles über Westjournalisten.

Das erste Mal, dass man was wirklich Illegales gemacht hat. Bei mir ging das alles gut. Aber das kannst du ni verallgemeinern. Den Rolf ham'se in' Wald gefahren und ausgesetzt, so bisschen Angst gemacht. Aber wir ham uns schon gewundert, dass'se uns sonst in Frieden gelassen ham. Ich hatte ja die ganzen Umweltblätter, diese Underground-Magazine, zuhause. Und hab die immer zur Nachtschicht mitgenommen. Ich wollt'se halt lesen und hab mir keene Platte gemacht, ob das illegal is. Da hat der Meister mich mal zusammengefaltet. Aber ich hab keene Angst gehabt. Nein, niemals.

Micha Dass auch im HBE die Kollegen von Horch und Guck allgegenwärtig waren, war klar. Das war schon in der Scholz-Halle so, da kamen immer zwei junge Herren zu unserer Leiterin und haben sich ihre vier Karten für unsere Jugendkonzerte abgeholt, weil sie natürlich gucken mussten, wer da so … Aber wir wurden nicht reglementiert.

Pfeffi Das Einzige, wo ich immer Ärger gekriegt habe, war das Gedruckte. Die Info-Blätter der Jugendklubs wurden ja herausgegeben von der FDJ-Kreisleitung, und die ham dann einfach Sachen von mir, zum Beispiel übers Folkfest, überklebt. Da stand dann auf einmal: »Woche der Waffenbrüderschaft« oder »Aus dem Leben der FDJ«. Oder sie haben die Dinger eingezogen und eingestampft, die ganze Auflage. Aber ich hatte mir natürlich immer 'n ganzen Packen beiseitegelegt und verteilt. Ich hab die geholt aus der Druckerei, und das war das Erste: Eh's verboten wird – weg!

Über uns wachen ominöse *Kreisleitungen*, in *Pumpe* gar *Industrie-Kreisleitungen*. Deren Gebäude im Eingangsbereich des Kombinats wird von den *Pumpschen* nur *Faultierhaus* genannt. Regelmäßig dringen Verbotsbeschlüsse aus diesen Häusern nach außen. Irgendwas darf man wieder nicht – ähnlich den tausend Augen, die von der Hochhausfront das Geschehen an den Wäschestangen umfassend überwachten. Aber wir haben gelernt, uns im Ernstfall hinterm Trafo-Häuschen zu verstecken.

Als irgendwann, es ist Mitte der Achtziger, mal wieder eine Weisung von oben einen Auftritt von Gundi und den *Feuersteinen* unterbindet, erfinden wir die *Hoy-Schrecke*. Ein Preis, der einmalig verliehen werden soll. Ein Bonzen-Schreck. Um Material für die Skulptur zu kaufen, sammeln wir Geld, dessen Beträge Hausi sorgfältig mit Bleistift auf einem alten Einkaufszettel notiert. Gemeinschaftlich bauen wir ein kubistisches Werk, das wir den *Feuersteinen* bei einem Auftritt überfallmäßig, mit Spruchbändern und Megafon, überreichen werden. Auf einem goldenen Sockel sitzt eine Art Insekt aus Metall, bereit zum Sprung. Aus Gips formen wir viele kleine Exemplare der Urzelle des Schreckens: der kugelige *Feuerstein*-Bus. Verwaschene Schwarz-Weiß-Fotos zeigen uns dicht an dicht auf Hausis Balkonboden sitzend, Gipsklumpen und Pinsel in den Händen, farbverschmiert und mit ernsten Gesichtern. Das hier ist kein Spaß, nicht mehr. Von der gegenüberliegenden Straßenseite lacht die ewige Sonne des HBE-Wandbilds der glücklichen Arbeiter, über uns der gaswerksgeschwängerte Himmel von Hoy.

Im Winter verschwinden regelmäßig die hellen Zeilen der Fahrstuhletagen in der Dunkelheit. Stromausfall. Sobald die ersten Flocken fallen, ist unsere Stadt im *Winterkampf*. Dauernde Alarmbereitschaft. Wenn die Kohle und die Gleise in den Gruben einfrieren, kommen die Kumpel manchmal tagelang nicht nach Hause. Irgendwann müssen alle verfügbaren Kräfte in die Gruben, um Eis und Kohle von Förderbändern, Waggons und

Gleisen abzuhacken. Das Klacken der Bänder, das man nachts von fern leise hört, darf nicht verstummen!

Erste zweete dritte Welle zählen nun nicht mehr, der Rhythmus stockt, läuft wieder an. Jederzeit kann es jetzt rausgehen in die Gruben. Jederzeit können die müden Männer wieder in der Stadt auftauchen, mit Ringen unter den Augen und unrasiert. Die Armee wird geschickt. Betrunkene Soldaten, für die der Einsatz eine willkommene Abwechslung darstellt, bevölkern die Kneipen. Genau so, ahnen wir, muss es zur Zeit der *Zwischenbelegung* gewesen sein.

In der Schule wird jetzt der *Energieschüler* zur wichtigen Person. Im Klassenzimmer sitzt er direkt neben dem Lichtschalter und ist dafür zuständig, dass wir nur keine Energie verschwenden. *Denkt immer dranne, dass eure Eltern schwer dafür orbeeten* müssen! Der *Energieschüler* darf – ja muss! – im Unterricht aufspringen und auf den Schulflur laufen, um zu kontrollieren, ob dort kein Lichtlein sinnlos brennt und die Republik in Gefahr bringt. Alles andere wird jetzt entschuldigt. Keine Hausaufgaben, Zuspätkommen, *Hausordnung* nicht gemacht – *Winterkampf! Energie Gas Kohle, der Republik zum Wohle.* Berlin braucht Strom. Deshalb gehen im Winter bei uns die Lichter aus. Sobald es in den Wohnungen schlagartig dunkel wird, greifen alle seufzend zu den bereit liegenden Kerzen und Taschenlampen. Ansonsten geht alles weiter wie gehabt, *nützt ja nüscht.*

Als Kind aber musste man sich nun umgehend zur *Fahrstuhletage* begeben. Überall war es stockfinster, kein Fahrstuhllicht, keine Straßenbeleuchtung. Sämtliche Nachbarhäuser waren nur als dunkle Umrisse mit unstetig aufflackernden schwachen Lichtreflexen zu sehen. Eben war unsere Stadt noch da gewesen mit ihren geometrisch angeordneten Lichtreihen, die wir nach WKs genau zuordnen konnten. Jetzt war sie verschluckt worden von einem großen, schwarzen Loch. Wir befanden uns in einer Art riesiger Raumstation. Wie Gagarin, mitten im Nichts. Die Rohre rauschten bedrohlich. Jetzt hatten wir nur noch uns. Gespenstische Rufe erklangen von ganz fern, aus Nummer 13, wo es noch menschliche Lebensformen zu geben schien. Mit unseren Kerzen schickten wir Zeichen in die Unendlichkeit.

Der Tunnel: Stop. Making. Sense

In den späten Achtzigern wächst unsere Stadt unaufhörlich. Sie streckt ihre Betonfinger nun in den Wald, Richtung *Pumpe*, aus. Keiner denkt mehr an die Fischlein- und Reiher-Mosaike, die Fassaden und Portale der ersten Häuser – jedes ein Unikat. Auch die grünen Höfe der ersten WKs, in denen wir an Wäschestangen kletterten, sind vergessen. In den späten Achtzigern gilt nur noch eines: Mehr! Mehr Tonnen Kohle. Mehr Kubikmeter Gas. Mehr Kilowattstunden Energie. Wir wollen, nein wir müssen den Kapitalismus überholen.

In einem Theaterstück der *Feuersteine* fahren der große und der kleine Klaus auf einem Schiff: einer am Steuer oben auf dem Ausguck, einer unten am Ruder. Der große Klaus feuert den kleinen an, härter zu schuften, weil man die »Imperial« überholen müsse. Immer näher kommt das Traumschiff, schon sieht man das herrliche Sonnendeck. Da hält der kleine Klaus – kurz vorm Zusammenbrechen – die Ruder an und fragt: »Wollten wir nicht ganz woanders hin?«

Wo wir vor allem hinwollen, sind eigene Wohnungen. Schon 1973, als wir noch rote und blaue Punkte in die Brigadeschachtel sammelten, war ein Programm dafür beschlossen worden. Es versprach bis 1990 »jedem seine Wohnung«. Seinerzeit malten wir fliegende Autos und freuten uns auf die Zukunft. Jetzt sitzen wir im Kinderzimmer und haben wieder keine Wohnung abbekommen.

Unsere Stadt aber befindet sich ganz sicher auf dem steilen Weg nach oben, bald werden wir Großstadt sein. Die Kräne klotzen und klotzen. Auf ihrem Weg zur Metropole überquert die Neustadt die Fernverkehrsstraße, auf der Stunde um Stunde LKWs und Schichtbusse gen *Pumpe* und zurück rollen. Wer das Glück hat, im WK X eine Wohnung zu ergattern, muss sich für immer vom Rest der Stadt verabschieden oder todesmutig die F97 überqueren. Ein Tunnel wird gebaut, der die neue Stadt mit der noch neueren verbindet. Doch kurz währen Freude und Zuversicht: Beim ersten Regen stellt sich heraus, dass er so billig und lieblos hingeklotzt wurde wie alles um ihn herum. In kürzester Zeit läuft er voll Wasser, das schon bald vor sich hin modert und stinkt. Alle wissen, dass bis zum Sanktnimmerleinstag kein Bautrupp auftauchen wird, um den Schaden zu beheben. Es ist, als würde das letzte kleine Versprechen, an das zu glauben wir geneigt waren, in einem dunklen Loch unter der F97 verrotten.

»Der Tunnel« heißt unsere erste eigene Theaterperformance. Die Bühne ist das kleine Podest im *Laden*, geprobt haben wir ein einziges Mal, Texte hastig auf Zettel geschrieben und Hausis kleine Tochter immer wieder *der Tunnel* ins Mikro sprechen lassen. Jetzt hallt die Kinderstimme verzerrt durch den Raum. Dazu spricht Hausi mit Grabesstimme: »Die Stadt lebte zwei Leben.« In einem davon sind wir Künstler.

Hausi Ich weeß noch, wie wir auf die Idee gekommen sind. Spät nachts fing Hugo an, irgendwelche Stegreifspiele mit uns zu veranstalten, also Theater, Schauspiel. Und dann hatter gesagt: »Hier macht keener was. Macht selber was!«

Uwe So sind die Leute aktiv geworden. Das waren ganz schön viele, und die haben schräges Zeug gemacht. Selbst Leute wie Pö und Krehe, also keine Intellektuellen. Sahnebällchen ooch. Der hat plötzlich was improvisiert. Ging einfach auf die Bühne und hat was über Dinosaurier erzählt, bei irgend'ner Veranstaltung. Und hat gemerkt, dass er das kann. Auf einmal haben alle Kunst gemacht.

Hausi Wir haben irgendwelche Texte, die eener geschrieben hatte, rezitiert, Henry anner Gitarre. Dann ham'wa angefangen, Theater zu spielen, und dann ham'wa Kunst gemacht. Also Wände beschmiert und so. In meiner Bude – weil dorte Platz war und sowieso dreckig – ham'wa mit Gips irgend'ne Scheiße zusammengepappt. Und dann hat Timon irgendwelchen Dresdnern erzählt, er ist Künstler, und hat das verkooft: hundert Mark.

Röhli Das war 'ne richtige Sucht, kreativ zu sein. Mit diesen Bildern, Skulpturen, die ganzen Gedichte. »Im Spreewald sank des Guppys Caravan …« Da ham wir so Experimente gemacht, jeder musste zwei Zeilen schreiben und so was. Wir haben wirklich unzählige von diesen Gedichten gemacht, die wir als dadaistisch klassifiziert haben. Ooch die Kunstwerke waren dadaistisch, klar. Da ham'wa uns ja gegenseitig immer heiß gemacht, dass auf keenen Fall 'ne Aussage drinne sein darf!

Yvonne Dann hab ich mit Steven »Hexe und Exorzist« gespielt. Der hatte die siebenschwänzige Katze und ich: »Nein, neeeein …!« und musste auf der Bühne rumrutschen, mich auf dem Boden wälzen und schreien. Und der hat mich mit Genuss ausgepeitscht.

Röhli Dass wir im Prinzip das Chaos zelebriert ham, das hat sich dann ooch in so Namen niedergeschlagen wie »Exzess-Klub«. So ham wir uns ja 'ne Weile genannt. Wirklich jedes Stück, alles, was wir inszeniert ham, hat nur Sinn gemacht, wenn's im Chaos geendet hat. Da ham'wa uns schon immer gefürchtet, weil wir wussten – selbst wenn wir'n andern Schluss festlegen – eener muss zum Schluss das Chaos fabrizieren, sonst is das nich gut.

Wir werden Eugène Ionesco und Konstanty Ildefons Gałczyński entdecken, uns nach Letzterem »Kleintheater Grüne Gans« nennen, später »Die Zeugen Mitropa«. Wir werden im *Laden* spielen und in Abrisshäusern, auf Partys und manchmal sogar seriös mit Textbuch und Regie im Großen Saal des HBE. Selbst der Klub der technischen Intelligenz lädt uns eines Tages ein. In der Wohngebietsgaststätte Olympia bieten wir mit ernsten Mienen – und unter Einbeziehung eines zentnerschweren russischen Synthesizers, den Hausi extra in Prag gekauft hat – unseren grotesken Nonsens dar. Die Kolleginnen und Kollegen Ärzte, Lehrer und Ingenieure – gewohnt, Brigitte Reimann oder Thomas Mann zu rezitieren und zu diskutieren – folgen unserem Treiben zunehmend fassungslos.

Nie werden wir am Anfang wissen, welches Ende wir spielen. Alle Figuren sind überzeichnet, die Szenerien surreal. Mit unseren Körpern werfen wir uns in das Geschehen. Es kommt vor, dass nach einem Auftritt jemand im Krankenhaus landet. Alles ist Spiel, alles ist Tod und Ernst. Bei Tränchen Traurig, Gundi und den *Feuersteinen* war es immer darum gegangen, am Ende Sinn herzustellen. Bei uns ist nur das Ende übrig geblieben.

Die Bands, die wir jetzt hören und auf deren Konzerte wir gehen, heißen »Die Anderen«, »Schleim-Keim«, »Expander des Fortschritts«, »AG Geige«, »Die Skeptiker«, »Die Art«, »Herbst in Peking« oder »Die Vision«. Dissonant, schrill, mit Klangcollagen oder zerhackten Textzeilen, die zueinander in Bezug zu setzen man gar nicht erst versucht. Dafür waten wir gern durch den knöchelhohen Matsch auf die andere Seite des Tunnels ins WK X, wo die ehemaligen FMP-Kneiper Harry und Petra in einem neuen Klub den Underground ans abgehängte Ende der Stadt holen.

Uwe lädt immer noch regelmäßig Liedermacher mit ihren Wollpullovern und traurigen Gesängen in den *Laden* ein. Aber ihre gereimten Zeilen und perlenden Akkorde erreichen die meisten von uns nicht mehr. Wenn es jetzt auf der *Laden*-Bühne klampft, verziehen wir uns in die Küche. Von der Klubleitung gerügt, hatten wir uns in einem letzten Versuch beim Konzert eines Berliner Lied-Duos in die erste Reihe gesetzt. Mitten im Konzert hatte Maik sich erhoben, vor den Augen der verdutzten Sänger seinen Stuhl umgedreht und den Rest der Vorführung mit dem Rücken zur Bühne gesessen. Zukünftig dürfen wir bei Konzerten wieder in die Küche.

Unsere Hymne ist »Szerelem«. Zu später Stunde, wenn wir wissen, dass wir gleich wieder rausmüssen, in die Welt der erstarrten Direktiven, legt einer die Kassette ein. Dazu verharrt man mehr oder weniger starr auf der Tanzfläche und bewegt den Kopf heftig, wenn das »Albert Einstein Komitee« in den Raum rotzt: *Szerelem, szerelem, szerelem, szerelem, szerelem, szerelem. Köpni kell! Köpni kell! Köpni kell! Köpni kell! PÜ-PÜ!!!* »Liebe, ich spuck auf dich. Ich spuck auf dich. Ich spuck auf dich.«

Schudi Das war alles nur noch düster, Blut tropft, trallala hopsassa. Da waren wir absolut Kinder der Zeit, das haben wir ja nich erfunden. Alles war schwarz und rot, überall. Die Studentenwohnungen wurden so angemalt, der Laden, alles, das waren die beherrschenden Farben. Und Bands wie »Ornament und Verbrechen«, die haben ja ooch nur ein destruktives Zeug gemacht. Es war immer sehr nihilistisch. Irgendwas zersägen, der Puppe den Kopf abschrauben und so was. Es musste immer alles geschreddert werden. War nicht schlecht – man lernt dabei, mit Material umzugehen.
Und es war ja auch so, wenn man bei Lesungen war, wie bei Karma oder Anderson: Nur so düsteres Zeug. Ohne Zukunft. Immer Chaos. Und warum war »Die kahle Sängerin« so erfolgreich? Was sind wir da hingerannt! Tonnenweise die Leute ins DT. Ich hab das zehnmal gesehen. Warum haben wir das so gemocht? Weil, das war einfach wirklich: Stop making sense. Das war einfach mal völlig absurdes Theater. Wo der Sinn komplett weg ist, nur Wahnsinnige durch die Gegend rennen und zum Schluss – das hat die Katja Paryla so inszeniert – rennen die nur noch stammelnd und schreiend auf das Publikum zu. Wie Zombies. Aber das war ja keen Wunder. Wenn so'n Mehltau über einem Land liegt.

In den großen Städten, in den Seminarräumen und Studentenkellern der Unis, an Theatern und in Cafés wird über Glasnost und Perestroika diskutiert. In Hoy treffen die Nachrichten davon an jedem Freitag mit den Uni-Heimkehrern ein. In den Kirchen, so hört man, sammele sich die *Opposition* – ein neues Wort! In Hoy aber rollt unbeirrt von den Gängen der Weltgeschichte der ewige Kreislauf der Schichtbusse. Wie ferngesteuert reihen sich täglich die Aktentaschen an der *Magis-*

trale auf, nehmen die *Pumpschen* Kopf-Hinterkopf-Aufstellung in den Bussen, fahren morgens aus der Stadt und nachmittags zurück. Danach verschwinden sie in ihren Häusern. Ein Perpetuum mobile des Stillstands. *Zu Hause hab ichs schön / zu Hause hab ichs schön / Ich hab überhaupt kein' Bock mehr / ich hab überhaupt kein' Bock mehr / auf die Straße zu gehn*, leiern wir auf der Bühne einen Song von Hugos Band »Wund- und Spritzköpfe«. Darauf antwortet der Chor: »Er verblödet.« Und der Hauptheld: »Ich verblöde.«

Der Tanz auf der Titanic kann nicht lustiger gewesen sein als das letzte Jahr der DDR im *Laden*. Wir inszenieren eine Modenschau: »Metamorphische Müll-Metastasen«, bei der wir aus stinkenden Mülltonnen kriechen, ihren Inhalt auf der Bühne verteilen und uns darin wälzen. Später sitzen zwei von uns sich reglos gegenüber und wiederholen in minutenlangen Abständen ewig zwei gleiche Worte. Der Saal tobt. Die *fünf dissidentischen Zwerge*, die das Programm am Rand subversiv kommentieren sollen, sorgen fast für dessen vorzeitigen Abbruch und unser aller frühes Ende. Als sich einer über eine Kerze beugt, geht sein Bart in Flammen auf, dem zu Hilfe eilenden Zwerg-Kollegen wiederfährt Gleiches … Wir sind fröhliche Nihilisten.

Röhli Wir waren rebellisch, ja. Aber es war kein zielgerichteter politischer Widerstand mit Programm. Ich hatte manchmal Situationen, wo ich dachte: »Wie lange hältst du das hier noch durch?« Eigentlich wussten wir, dass es so nich weitergeht: Es wird irgendwann zusammenbrechen! Aber Shit happens, und wir versuchen, das Beste noch draus zu machen.

Uwe 88/89 ging das los, mit diesem »Sputnik«-Verbot zum Beispiel. Wir hatten ja 'ne Wandzeitung im Flur, und da hab ich natürlich ooch was rangemacht, als dieses Magazin nich mehr erscheinen durfte. Das is bei der FDJ-Kreisleitung gelandet. Irgendeener von den Besuchern hat das gemeldet. Musste ich da wieder antanzen. Diesen Artikel hätte ich zu entfernen und ob ich denn bescheuert sei. Das waren so Anzeichen, wo man gemerkt hat: Es passiert was.

Pfeffi Im Frühjahr 1989 bin ich im Bezirkskabinett für Kulturarbeit gewesen, da meente mein Chef zu mir: »Ich war in der Bezirksleitung, und der Werner Walde hat gesagt, es gibt hier zwei schwarze Szenen im Bezirk Cottbus. Die möchte er unbedingt ausgerottet haben. Das ist zum Ersten die ganze Jazz-Szene um Cottbus und was damit zusammenhängt, einschließlich Scheuerecker und Punk, die Band Sandow und so. Und das andere ist die sogenannte Szene um diesen Gundermann in Hoyerswerda. Diese ›Brigade Feuerstein‹ und diese Klubs da. Ich wollte dir das bloß sagen, dass ihr euch 'n bissl vorseht. Dass die mit euch was vorhaben.«

Gaswerk

Als wir noch Kinder waren, stülpte die Stadt immer am Ende des Sommers, pünktlich einen Tag vor Schulbeginn, ihr nach außen verlagertes Leben wieder nach innen und fuhr den Motor rumpelnd hoch. Spätestens dann kehrten alle zurück, die im Juli lärmend ausgezogen waren – froh, den Schichtbussen und dem ewigen Gestank nach Gaswerk für ein paar Tage oder Wochen zu entfliehen. Der letzte Buskonvoi aus Oppach brachte die Kinder des *dritten Durchgangs* zurück nach Hause.

Wenn sich die gelben Ikarus-Busse, die sonst nach *Pumpe* fuhren, zurück in die Stadt schlängelten, blieben wir kurz stehen und erinnerten uns, wie wir mit unseren Koffern – bereit zur Abfahrt – vor dem Ferienlager angetreten waren. Die Busse hatten sich den Berg hochgeschoben und mit quietschenden Bremsen vor uns gehalten. Wenn sich ihre Türen öffneten, war es vorgekommen, dass aus dem Innenraum eines von ihnen der scharf stechende Geruch nach Gaswerk in die Oppacher Gebirgsluft strömte. Nichts kannten wir besser: *Stinkt wieder nach Pumpe!* Zuhause seufzten dann alle und schlossen die Fenster. Hier aber, nach zwei Wochen Frischluft und *Pumpe*-Abstinenz, war der Duft Anlass gewesen, die mühsam hergestellte *Ordnung Sicherheit Disziplin* augenblicklich über den Haufen zu werfen. Alle Kinder waren gleichzeitig in den Bus gestürmt: *Hier riecht's wie heeme!*

Als wir später nicht mehr nach Oppach fuhren, sondern durch Osteuropa trampten, sammelte uns am Ende jedes Sommers der *Laden* wieder ein. Wenn die großen Ferien in unserem Land vorbei und in Hoy alle wieder *heeme* waren, trafen wir uns zum Hausfest. Manche kamen direkt von der Landstraße, mit der unvermeidlichen *Kraxe* auf dem Rücken. Zerlumpt, dreckig, braungebrannt, müde und glücklich. Alle standen auf der kleinen Freifläche vor dem *Laden* rum und schrien durcheinander. Wir waren wieder da.

Auch am letzten Samstag des August 89 lehnen Kraxen an der Wand im *Laden*, und wir versammeln uns davor. Aber etwas ist anders. In diesem Jahr gibt es nur ein einziges Thema. In den Zügen nach Ungarn und auf den Straßen von Budapest ist man ununterbrochen gefragt worden: »Und wann gehst du?« Denn tausende verlassen über Ungarn das Land oder warten in der westdeutschen Botschaft in Prag auf ihre Ausreise. Auf einmal scheint es abwegig zu sein, wegen des Ostens in den Osten zu fahren. Als wäre er nur etwas wert als Transitraum in den Westen.

In den Schichtbussen gibt es seit ein paar Wochen auf einmal Sitzplätze. In den morgendlichen Reihen der Aktentaschen klaffen Lücken. In den Unis werden nach der Semesterpause Kommilitonen fehlen. Und die Frage, wer mit uns jetzt vor dem *Laden* steht und wer noch fehlt, bekommt auf einmal eine andere Bedeutung.

Schudi Das ist ja eigentlich komisch: Wir haben im Laden unsern Frust zwar ausgedrückt, aber sind trotzdem nicht so durch die Gegend gerannt wie in Berlin und Dresden viele. Diese Meckerei, dieses ewige: »Haste ooch'n Antrag gestellt?« Antrag, Antrag, Antrag. Das war die letzten zwee Jahre überall Dauerthema. Und bei uns überhaupt nich.

Rottl Ich weeß, dass'se uns in Ungarn überall doof angeguckt ham. Und wir ham uns gefragt, warum die uns immer an die Grenze bringen wollten, nach Österreich. Aber wir wussten, wir wollten zurück. Wir hatten keen' Plan – außer, dass'wa wieder heeme wollen.

Am Ende des Abends werden aus unserer Gruppe alle wieder da sein. Keine und keiner fehlt. Vielleicht, weil sich der Moment, da wir als Kinder unsere Nasen auf die rissigen, nach Gaswerk stinkenden Kunstledersitze eines Schichtbusses pressten, in uns eingebrannt hat. Vielleicht, weil wir wissen: Es muss welche geben, die für das Licht sorgen, das andere mit großer Geste löschen. Oder weil wir glauben, dass wir immer noch für die Revolution trainieren. Als sie kommt, wird sie nicht in Hoy beginnen.

Um fünfzehn Uhr verhaftet. Wendeschleife

Der 7. Oktober ist *Republikgeburtstag*. Für uns ist er vor allem der Name des Platzes, der nach Jahrzehnten des Wartens Ende der Achtziger unser neues Stadtzentrum markiert: Die Fläche zwischen CENTRUM-Warenhaus und Haus der Berg- und Energiearbeiter heißt jetzt »Platz des 7. Oktober«.

Am Rand, direkt neben dem Kulturhaus, erstreckt sich neuerdings im Erdgeschoss eines langgezogenen Hochhauses die ersehnte Ladenzeile: Geschäfte für Radio- und Fernsehtechnik und für Kurzwaren, mit Häkeldeckchen im Schaufenster. Daneben das Café Drei Eichen, das nach unserem Stadtwappen benannt ist, aber von allen nur *Drei Leichen* genannt wird. Männer, die hier ein Bier *zischen* wollen, müssen ein *Herrengedeck* bestellen. Zu diesem Zweck müssen sie eine Frau finden, die bereit ist, das dazu gehörende *Piccolöchen* zu trinken. Man hat gehofft, so die *Stadtalkis* fernzuhalten und das Niveau des Hauses zu heben. In der Realität macht das *Herrengedeck* das Café zu einem Mekka ungehemmter Kontaktanbahnung. Übertroffen nur von der Nachtbar Taverne ein paar Schritte weiter, in die *der Herr* nur in Stoffhose und mit Krawatte Einlass findet. Ein Ort, den die Ehepaare der Stadt aufsuchen, wenn sie sich der Illusion verruchten Nachtlebens zwischen plüschigen Sesseln, rotem Licht und *Grüner Wiese* – gemixt aus Orangensaft und blauem Curacao – hingeben wollen. Auch die regelmäßig in der Stadt gestrandeten DKP-Delegationen kann man dort treffen. Verzweifelt versuchen sie, ihr *Ostgeld* auszugeben, und schwärmen dabei vom Sozialismus.

Der zeigt auf der anderen Seite des Platzes, was er kann: In der dortigen Hochhauszeile gibt es eine Mokka-Milch-Eisbar, das Restaurant Zum Wassermann, ein Reisebüro der DDR und vor allem Exquisit und Delikat. Dort setzen die *Pumpschen* ihre üppigen Schichtzuschläge in westliche Samtpullover und Ananasbüchsen um. Um aber dorthin zu gelangen, muss man immer noch eine Sand- oder Schlammwüste durchqueren beziehungsweise bei Regen einen See umrunden. Nur die Hälfte des Platzes ist gepflastert und nach dem Gründungstag der Republik benannt – als hätte für den ganzen ihre Kraft nicht gereicht.

Am 7. Oktober 1989 feiert sie nun ihren 40. Geburtstag. Keiner weiß zu diesem Zeitpunkt, dass es ihr letzter sein wird – aber im Land brodelt es. In Leipzig und Berlin gehen seit Wochen Menschen auf die Straßen und werden sich auch an diesem Tag versammeln. Seit Tagen verlesen Künstler des Landes bei ihren Auftritten überall auf den Bühnen eine Resolution. Darin sprechen sie von »Sorge um das Land«, vom »Exodus«, der es erschüttert, und vom »Starrsinn der Partei- und Staatsführung«. Sie fordern »Veränderung« und »Demokratie«. Durchschläge des Textes auf dünnem Pergamentpapier kursieren im Land, während sich in den großen Städten Einsatzkräfte der Polizei sammeln und die Krankenhäuser Betten für Schusswunden-Opfer bereithalten.

In Hoy kursiert nichts. Auf dem Platz des 7. Oktober haben sich die Volksfest-üblichen Stände in Stellung gebracht: Bier, Zuckerwatte und *HO Grillschnitte*. Am Rand des Stadtzentrums sind ein paar dicke Wolgas vorgefahren: Die Bezirksleitung ist zu Besuch. Die Provinz-Bonzen stehen neben Generaldirektor Richter vor einem roten Band, das über die Straße gespannt ist. Als *der Alte* es mit einer Schere durchtrennt, sind wir der Zukunft wieder ein Stück näher gekommen: Genau von hier werden uns ab jetzt moderne Oberleitungsbusse in die WKs bringen. Wie schwarze Linien zeichnen die Leitungen Schraffuren in den Himmel über Hoy. Bei uns fährt man jetzt mit Strom!

In Wahrheit geht es weniger um technische Avantgarde als darum, dass in unserem Land Geld und Erdöl für Sprit zusehends knapp sind. Aber das interessiert schon keinen mehr in diesem Oktober 89, da wir an nichts weniger glauben als an die Zukunft. Der Ort, den *der Alte* jetzt einweiht und an dem die Drähte des Fortschritts enden, heißt: *Wendeschleife*.

Röhli Es gibt so Sachen, die bei mir wie Karteikarten sind. Das waren die Tage um den siebenten Oktober ... Gorbatschow in Berlin, Demos. Die Resolution war ja nich der einzige Aufruf, der kursierte. Wir waren in diesem Adrenalin drinne, im Fieber – ohne dass wir wussten, was kommt. Und an dem siebenten Oktober hat man am Nachmittag schon gesehen, was sich in Berlin alles zusammenbraut. Das war eine Suppe, die kochte.

Karsten Am siebenten Oktober sollten Wenzel/Mensching auftreten, mit »Neues aus der DaDaEr«. Sie waren Mitunterzeichner dieser Resolution und haben sie vor jedem Auftritt verlesen. Früh am Siebenten klingelte bei uns zuhause das Telefon. Da rief der Kultur-Verantwortliche von der Stadt mich an – wahrscheinlich, weil ich als Einziger 'n Telefon bei meinen Eltern hatte. Wo denn Wenzel und Mensching übernachten. Da hab ich gesagt: »Weeß ich nich.« Jedenfalls sind die in das Hotel von denen gekommen und haben die Forderung aufgemacht: Auftrittsverbot bei Verlesen der Protestresolution. Und da haben die sich geweigert.

Uwe Es kam eine Anweisung vom Rat des Kreises. Dass zu unterbinden ist, dass Wenzel/Mensching in Hoyerswerda auftreten dürfen.

Karsten Die beiden sind dann in den Laden gekommen, und wir haben mit ihnen besprochen, was wir jetzt machen. Da kam einer von draußen und hat gefragt, ob's noch Karten gibt für abends. »Nee, Veranstaltung fällt aus.« Der fragte, ob er wenigstens das Plakat aus dem Fenster haben kann. Wir ham das abgemacht, zusammengerollt und ihm rausgegeben. Und wenige Minuten später kommt'n Anruf, die Stadt. Was hier passiert, wir würden Transparente verteilen. Und da haben wir gesehen: In der Einfahrt gegenüber stand'n Wartburg. Da saßen paar Herren drinne und haben uns beobachtet. Kurz darauf fuhren plötzlich Polizeiwagen vor, direkt über die Wiese – wahrscheinlich, um den Vordereingang zu blockieren. Die kamen rein und fragten, wer hier die Herren Wenzel und Mensching sind. Haben nach den Ausweispapieren gefragt, die einbehalten und die beiden dann mitgenommen.

Schudi Alle waren peinlich berührt. Standen da, auf'n Boden geguckt. Eine ganz ruhige, gesetzte, blöde Stimmung. Wie die dann so abgeführt wurden. Nicht in Handschellen, das ist ja Quatsch. Beide wurden fünfzehn Uhr verhaftet.

Uwe Ich hab dann beim FDJ-Zentralrat angerufen. Die kannten sich ja alle, das war da oben in Berlin 'ne ganz andere Liga. Und die haben rumtelefoniert und über verschiedene Kreise versucht, was rauszukriegen. Dann war klar, Wenzel/Mensching sind Richtung Pumpe zur Bezirksgrenze gebracht worden. Gruselig.

Hausi Wir haben uns abends alle im Laden getroffen und uns besoffen. Wir waren total angepisst. An der Straße stand die ganze Zeit ein Beobachtungsposten, im Auto. Und Maik is irgendwann rausgegangen zu dem und hat gesagt: »Hier haste'n Kaffee, du kannst ooch reinkommen. Wir ham nüscht zu verheimlichen.«

Pfeffi Am Abend hat jemand eine Kassette mit Liedern von Wenzel/Mensching eingelegt und alle haben mitgesungen.

Claudia Das Lustige war nur: Diese Resolution haben wir dann abgeschrieben. An Kopierer und so was war ja nich zu denken. Jeder, der bisschen tippen konnte, hat mitgemacht, im Büro auf der Erika-Schreibmaschine mit Durchschlägen. Da haben wir die das erste Mal zu Gesicht gekriegt. Die war ja harmlos, da fragt man sich heute wirklich ... Wäre das alles nich passiert, hätten wir das wahrscheinlich nich gemacht. Aber so haben die dann alle weiterverbreitet.

Schudi Wir sind nachts im Wartburg zurück nach Berlin. Bürgerkrieg auf der Schönhauser. Nebelschwaden, alles rennt rum, die ganze Straße vollgestellt mit Einsatzfahrzeugen, eins am andern. Mit laufendem Motor – kannst dir den Gestank vorstellen. Und in den Fenstern überall Kerzen und so was. Die nächsten Tage sind wir alle nur noch rumgerannt wie die Wahnis, völlig konfus. Jeder dikutierte mit jedem: Wie soll'n das hier weitergehen? Später habe ich wegen der Verhaftung von Wenzel/Mensching eine Eingabe an den Genossen Kulturminister Höpcke geschrieben. Da staune ich selber über mich. Antwort von ihm: »Auch ich bedaure diesen Vorfall sehr.« Das war dann aber schon irrelevant.

Röhli Ich war bei der Verhaftung im Laden dabei und hab's als Skandal empfunden – aber nich als persönliche Bedrohung. Irgendwie war eh alles am Auseinanderfallen, in dem großen Strudel drinne. Ich dachte, das is jetzt so'n Aufbäumen, und die in Hoyerswerda ham den Schuss noch ni gehört. Die kamen mir vor wie kleene Spitze, die vor etwas Großem stehen und kläffen. Außerdem hielt ich Wenzel/Mensching für unangreifbar. Die kamen aus Berlin!

Claudia Ein paar Tage später war dann im Laden ein Gespräch wegen der Verhaftung mit der SED- oder FDJ-Kreisleitung. Und da kam Gundi rein und hat eine Demo der DDR-Künstler in Berlin angekündigt. Die wollten ihn rausschmeißen, aber das haben sie nicht geschafft. Er hat sich vorher schon nicht den Mund verbieten lassen, und da gleich gar nicht mehr. Und das fand ich auch von Uwe toll, der hat Gundi nicht rausschmeißen lassen. Von Uwe hab ich viel gelernt. Was Haltung ist.

Als *der Alte* am Vorabend des 7. Oktober 1989 feierlich die *Wendeschleife* in Betrieb nimmt, kann er nicht ahnen, dass dieser Tag für uns tatsächlich eine Wende darstellen wird. Ist es eine Legende, dass wir am Abend des letzten Republikgeburtstags sämtlichen Alkohol ausgetrunken haben, der sich im Lager des *Laden* befand? Ganz sicher ist wie bei jeder Party in Hoy irgendwoher am Ende eine Flasche *Grubenfusel* aufgetaucht – jener Trinkbranntwein für Bergarbeiter, den die Kumpel als Deputat bekommen und den es bei uns in jedem Haushalt gibt. Nicht umsonst nennen wir ihn *Kumpeltod* – es wird behauptet, dass er blind mache. An diesem Abend – da wir endgültig begreifen, dass das Land und unser Leben darin am Ende sind – entwickelt der dazugehörige Spruch neuen Sinn: *Trink schnell, bevor's dunkel wird.*

IV

Saxen macht mal Faxen. Anarchie

Bumm bumm. Nachrichten aus der Schrankwand

Der 4. November 1989 ist ein besonderer Tag. Maura hat sturmfrei. Die Geschichtsbücher freilich werden später berichten, dass sich an diesem Tag auf dem Alexanderplatz in Berlin auf Initiative einiger Theater hin eine Million Menschen versammelten: die erste offiziell genehmigte Demonstration des Landes, das es nur noch wenige Wochen geben wird. Gundi, der sich zwischen seinen Schichten auf dem Bagger nun öfter in Berliner Künstlerkreisen bewegt, hatte im *Laden* dafür mobilisiert. Ein paar sind seinem Aufruf gefolgt und haben früh die *Sorbenschleuder* in die Hauptstadt bestiegen. Wir anderen halten in Hoy die Stellung und sehen uns das erst mal aus der Ferne an. Und außerdem hat Maura sturmfrei.

Dass aber auf dem Alexanderplatz Großes geschieht, ist uns bewusst. Deshalb haben wir uns schon am Vormittag in Mauras elterlicher Wohnung getroffen. Wir belagern alle verfügbaren Sitzgelegenheiten im Wohnzimmer und starren auf die Schrankwand. Dort steht, gleich neben der Batterie Eierlikör, den in Hoy jeder Haushalt aus *Grubenfusel* selbst herstellt, der Fernseher. Aus der Schrankwand tönt es von Freiheit und Demokratie und immer wieder: »Wir sind das Volk.« An den Gedanken, zum gleichen Volk wie die Berliner zu gehören, müssen wir uns erst gewöhnen.

Der Schriftsteller Stefan Heym sagt, es sei, als habe man das Fenster aufgestoßen. Bei uns ist die Balkontür sperrangelweit geöffnet. Anders lässt sich die ewig glühend heiße Zentralheizung – direkt gespeist von der in *Pumpe* anfallenden *Abwärme* – nicht regulieren. Auf dem Balkon stehen die *Roocher* und diskutieren, während sie von oben auf's Stadtzentrum blicken. Dort balancieren die letzten Käufer aus dem CENTRUM-Warenhaus zwischen Pfützen nach Hause und freuen sich, dass es nicht regnet. Vor der Schrankwand sind wir uns einig: Wenn es mit der Revolution so sein würde wie mit der Zukunft, würde es sehr lange dauern, bis etwas davon bei uns ankäme.

Karsten In Hoyerswerda passierte erstmal gar nüscht. Das hat ewig gedauert, bis irgendwann mal so'ne kleene Demo auf der damaligen Pieckstraße war, so'n kleener Haufen. Dann gab's 'n Gespräch auf'm jetzigen Lausitzer Platz, wo es hieß: »Das Schüleressen is scheiße.« Wo es wirklich um so banale Dinge ging. Das hatte sicher damit zu tun, dass hier relative Zufriedenheit herrschte. Anders als in'ner Stadt wie Leipzig, wo alles verfällt. Wo du im Altbau wohnst und es durchregnet, und du musst Briketts schleppen. In Hoyerswerda ham die Leute inner Kohle gearbeitet und alle recht gut verdient. Es war Geld da und fließend Warmwasser. Das sind Dinge, um die es ooch geht. Und wie lange es auch immer gedauert hat, kulturelles Leben gab's ja bei uns.

Röhli Die satten Leute vorm gedeckten Tisch, eh die offgestanden sind – das hat gedauert. Deswegen ging der Herbst 89 hier bisschen später los.

Uwe Dann hieß es bei den Demos off eenmal: »Wir sind ein Volk.« Das wollten'wa jetzt ooch nich, das fanden wir genauso bekloppt wie vorher das alles. Und Kapitalismus plötzlich. Was soll'n das jetze? Dann ham'wa unsre eigene Demo gemacht. »Dicke Luft« war das Motto. Blasorchester eingekooft, die hießen »Die letzte verzweifelte Hoffnung«.

Auf Fotos sieht man ein Häufchen Langhaariger im Parka und ein paar junge Familien, die Väter mit Kindern auf den Schultern, die Straße vom *Laden* zum HBE runterlaufen. Sie tragen selbstgemalte Transparente: »Wollt ihr den totalen Wohlstand? Freßt Kohl!« steht darauf, »Don't worry, take Gysi« oder »Deutschland einig, stark und groß, die Scheiße geht von vorne los.« Aber auch »Laden bleibt!« und »Scholz-Halle jetzt« sowie: »Heino kommt. Hilfe – auch das noch!«

Tatsächlich hat sich Heino für das Frühjahr 90 im HBE angekündigt. Binnen Minuten ist es ausverkauft. Vielleicht werden ihm die gleichen Leute zuklatschen, die im Herbst 89 noch im Theateranrecht Schatrows »Diktatur des Gewissens« gesehen haben. Nach der Aufführung hat das Publikum erzwungen, dass es ein Gespräch im Foyer des Hauses gab. Dort hat eine Buchhalterin erzählt, wie sie aus der Partei geflogen war, weil sie sich geweigert hatte, falsche Zahlen in die Bilanz zu schreiben. Ein Arbeiter ist aufgestanden und hat berichtet, wie im Gaswerk die Anlagen auf volle Leistung gefahren wurden – auch wenn dadurch mehr Teerschlamm anfiel, als die Betonbecken im Kombinat fassen konnten. Und wie das giftige Gemisch in der Umgebung verklappt wurde. Alle bei uns wussten, dass es so war. Aber noch nie ist es so offen ausgesprochen worden. Noch nie war so greifbar, dass es anders werden könnte – selbst bei uns in Hoy.

Ein paar Wochen später aber, im März 1990, stehen wir auf dem zugigen Platz des 7. Oktober. Wir wissen nicht, dass er schon bald nicht mehr so heißen wird. Aber wir ahnen, wie die erste freie Wahl unseres Landes in einer Woche ausgeht. Es reicht ein Blick auf das verlorene Häufchen Menschen, die gerade einen Bruchteil des Platzes füllen.

Die Blaskapelle spielt, und auf der leeren Treppe des HBE schwenkt jemand ein Schild: »Gundi in die Volkskammer!« Tatsächlich kandidiert er für die Vereinigte Linke. Niemand außer uns beachtet es, und es steht zu befürchten, dass kaum jemand sein Kreuz hinter den Namen »Gundermann« setzen wird.

Genau eine Woche später, am Abend des Wahltags, haben wir die Gewissheit: Unser Land will lieber Kohl fressen.

Röhli Es war so ein Fatalismus, es war wieder Tanz auf dem Vulkan. Weshalb ich ooch neulich … Da hat 'ne Band so Lieder von Gundermann gespielt, und beim zweiten oder dritten Lied hab ich wie'n Nervenzusammenbruch gekriegt und geheult wie'n Schlosshund. Weil mir die ganze Zeit von damals wieder durch'n Kopf gegangen is. Dass dein Leben so auf den Kopf gestellt wurde. Dass du nur über schwankenden Boden gegangen bist. Jemand hat mal gesagt, das neue Gesellschaftssystem war so, wie wenn jemand Auto fahren lernt. Am Anfang muss er noch nachdenken, wann er die Bremse treten muss, wann kuppeln und wann der Gang eingelegt wird. So waren für uns eigentlich die ganzen Neunziger. Wo sich keiner getraut hat, Kinder zu kriegen. Und nich wusste, was er im nächsten Jahr macht, nich mal im nächsten Monat. Nur im Fieber, alles neu aufnehmen. Und wo so vieles den Bach runtergegangen is.

Täglich wälzt sich im Frühjahr 90 eine Karawane von Kleintransportern mit West-Kennzeichen in einem langen Stau am HBE vorbei auf den Platz. Aus den Autos heraus werden den staunenden Hoyerswerdschen die Schätze der neuen Welt angeboten. Bunte Illustrierte, von denen sich den Bergarbeitern dicke Brüste entgegenstrecken. Wagenradgroße Käseleiber. Quietschbunte Pullover. Dabei müssen sich die Fahrzeuge exakt an der Kante ausrichten, an der der gepflasterte Teil des Platzes endet. Dort bilden sie eine schnurgerade Front des Konsumismus. Dahinter geht es hinab in den Modder der unbefestigten Brache, davor drängt sich das kaufwütige Volk. Aber schnell wird klar, dass schon bald nicht mehr alle sich mehr oder weniger alles kaufen können werden.

Auf einmal wird etwas zur Währung, was bis jetzt nichts anderes war als Frühling, Sommer, Herbst und Winter, wie *Ausziehn Waschen Bette: Orbeet*. Sie war etwas, was unweigerlich eintrat – ob man wollte oder nicht. Nun lernen wir, dass die Welt sich teilt in solche, die Arbeit nehmen, und andere, die sie geben. Und die ohne. Gundi hatte unser Leben als *Bermudadreieck* aus *Männern, Frauen und Maschinen* beschrieben. Die Maschinen, so munkelt man in *Pumpe*, würden demnächst abgestellt. Die Republik, zu deren Wohle wir *Energie Gas Kohle* produziert hatten, wird es schon bald nicht mehr geben. Wie zum Hohn thronen die drei Worte lange noch als Leuchtreklame – die nicht mehr leuchtet – auf dem Hochhaus im Stadtzentrum. Irgendwann wird es fast folgerichtig abgerissen. Abreißen heißt jetzt *Rückbau*.

Gabi Zur Wende bin ich sofort rausgeflogen. Ich hatte noch Kurzarbeit null bis Ende 1989, aber dann war ich arbeitslos. Das hatte damit zu tun, dass sofort die Strukturen verändert wurden. Und mein Betrieb wurde aufgelöst.

Micha Wir hatten im HBE hundertfünfundzwanzig Mitarbeiter. Als das dann in eine Gesellschaft gemündet ist, waren wir noch siebzehn. Und was dazwischenlag, war Blut, Schweiß und Tränen. Aber es war überall nicht anders. Das war ein gigantisches Rutschen mit offenem Ausgang.

Pfeffi Wir wurden dann abgewickelt, das Bezirkskabinett für Kulturarbeit. Da stand ich auf der Straße. Konnte zum Arbeitsamt gehen. Und so hat sich das von da an fortgesetzt, eene ABM nach der andern.

Die Kokerei – von der es heißt, sie habe die jüngste Belegschaft, im Schnitt dreißig Jahre alt – wird der erste Betriebsteil von *Pumpe* sein, der vollständig rückgebaut wird. Das wird die junge Belegschaft noch selbst erledigen dürfen, bevor sie mehr oder weniger geschlossen die Stadt Richtung Westen verlässt.

Personalanpassung heißt ein weiteres neues Wort, das wir lernen. Wir lernen auch, dass es nichts anderes heißt als: Entlassung. In den nächsten drei Jahren werden neuntausend *Pumpsche angepasst*. Es werden zwanzigtausend Hoyerswerdsche ihre Arbeit verlieren, ganze hunderttausend in der Lausitz. Kraftwerke und Gasanlagen werden abgebaut und Tagebaue geschlossen. Keiner wird die Busfahrer aus den Schichtbussen mehr brauchen. Keiner möchte mehr das Transitradio Lausitz kaufen, das im VEB Robotron am Rand der Stadt hauptsächlich von Frauen zusammengeschraubt wurde. Im *Laden* wird die Veranstaltungsreihe »Arbeitslosen-Café« eingeführt. Eintritt: frei.

Weil immer mehr Menschen die Stadt verlassen, werden schon bald nicht mehr täglich tausende bauchige, grünlich weiße Milchflaschen gebraucht. In Blechkästen scheppernd waren sie aus der Stadtmolkerei zu den Kaufhallen und in die Schulen – wo schon der *Milchdienst* wartete – gebracht worden. Nun wird die Molkerei schließen, so wie der VEB Schwanenweiß und die Hoback – Hoyerswerdaer Backwaren. Von dort aus hatten Brote und Brötchen die WKs überrollt. *Bumm bumm, der Tod geht um, wieder einer tot vom Konsumbrot.* Ein Hoback-Brötchen wird Jahrzehnte später im Stadtmuseum landen, in einer Vitrine dezent ausgeleuchtet – wie ein Kunstobjekt. *Der Tod geht um.* Bis jetzt war alles hier Ankunft. Eine ganze Literaturrichtung war nach Brigitte Reimanns Beschreibung einer »Ankunft im Alltag« benannt worden. Von nun an wird alles Abschied sein.

Die Entdeckung der Gallone

Immer am ersten Juli-Wochenende hatte die Menschheit – zumindest die in Hoy – den »Tag des Berg- und Energiearbeiters« begangen. Der Platz vor dem HBE wurde für die einschlägigen Zielgruppen aufgeteilt: Kinder, Jugendliche, Erwachsene, Alkoholiker. Auf der Freilichtbühne tanzten in sengender Hitze unsere *Volkskunstensembles.* In der Ausstellung »Freizeit, Kunst und Lebensfreude« präsentierten die *Pumpschen* gehäkelte Topflappen, Ölgemälde und getöpferte Skulpturen. Der Fanfarenzug würde über den Platz marschieren. Der Schlagerchor in knallbunt glitzernden Kostümen hinterdrein. *Dieses Jahr, dieses Jahr, ist ein ganz besond'res Jahr.* Den Höhepunkt würde in schwarzen Bergmannsuniformen unser Blasorchester bilden:

Glück auf, Glück auf / der Steiger kommt / und er hat
sein helles Licht bei der Nacht / und er hat sein helles Licht
bei der Nacht / schon angezünd't / schon angezünd't

Alle würden mitsingen, und um Mitternacht würde ein Feuerwerk in den Himmel über Hoy schießen.

In diesem Jahr fällt das Fest mit dem Tag der Währungsunion

zusammen. Zwar schreien immer noch von allen Bühnenhintergründen, Plakaten und Stellwänden die Bilder mit den rauchenden Schornsteinen: *KOHLE! GAS! ENERGIE!,* und meinen damit: Wohlstand! Sicherheit! Zukunft! Aber das wagt sich keiner mehr, darin zu lesen.

Unsere alte Losung hat Konkurrenz bekommen von einem Stand, der Suppe verkauft und seinerseits schreit: »I LIKE MAGGI!« Die am heutigen Tag gefeierten Berg- und Energiearbeiter müssen sich entscheiden, ob sie sich bei der »5-Minuten-Terrine« anstellen oder doch bei der Gulaschkanone der Betriebskantine. Zwei *Feuersteine* haben eine Marktlücke erkannt: Am Rand des Platzes verkaufen sie West-Dosenbier für Ost-Hartgeld, das alle noch schnell loswerden wollen. Früher hatten sie am *Bergmannstag* auf der Bühne gestanden. Heute machen sie das Geschäft ihres Lebens.

Auf ein Feuerwerk hat man diesmal verzichtet – obwohl weit im Voraus Raketen gekauft worden waren. Zwar freuen sich alle auf das *Westgeld*, das sie sich schon morgen in der Sparkasse abholen dürfen. Doch mit »Glück auf« und Sternenregen möchte man es nicht begrüßen. Denn keiner weiß, welcher Betrieb als Nächstes schließen wird.

Schon angezünd't / das gibt ein' Schein / und damit so fahren wir bei der Nacht / und damit so fahren wir bei der Nacht / ins Bergwerk ein / ins Bergwerk ein.

Ein *GT* – wie Gin Tonic nur hieß – hatte an der *Laden*-Bar 1,90 Mark der DDR gekostet, das ebenfalls sehr beliebte Mixgetränk *Doppel-Popper* 3,20. Für fünfzig Pfennige gab es ein Bier im »Kosmos«. Als Lehrling hatte man hundert Mark verdient, an der Uni zweihundert Mark Stipendium bekommen, und in

Pumpe konnte man es auf tausendfünfhundert bringen. Hätte man eine Einraumwohnung ergattert, wäre die Miete dafür dreißig Mark gewesen. Ein Trabant kostete achttausendfünfhundert, falls er denn zu haben gewesen wäre. Für einen Pullover im Exquisit musste man zweihundert hinblättern, für einen Ferienlager-Durchgang in Oppach pro Kind zehn Mark, für eine Büchse Ananas im Delikat sechs Mark und für ein Hoback-Brötchen genau fünf Pfennige.

Kleiner Pfennig heiße ich, alle Kinder kennen mich. Rund bin ich und blitzeblank, immer lustig, niemals krank, hatte im Kinderradio jeden Sonnabend der *Kleine Pfennig* aus dem *Butzemannhaus* gesungen. *Ticktack mahnt die große Uhr, sagt mir doch, was will sie nur? Kleiner Pfennig weiß Bescheid. Ich muss fort, es ist so weit.* Er konnte nicht ahnen, dass er im Juni 1990 tatsächlich fortmuss. Und zwar nicht nur bis zur nächsten Woche, sondern für immer.

Die Beerdigung der DDR-Mark begehen wir im *Laden.* Es ist der Abschied von einem Land. Wir führen ein Stück von Gundi auf, das wir sonst auf Kinderfesten spielen: »Prinzessin Tausendschön«. Dem Anlass entsprechend, heißt sie heute *Prinzessin Tausendmarkschein.* Die Gegenspieler der Hauptheldien treten als bayerisch sprechender Trachtenträger, militanter Eroberer und Immobilienmakler mit Geldkoffer auf. Als sie anrücken, rufen die Helden ihnen zu: »Das Spiel ist zu Ende, geht nach Hause, macht selbst 'ne Wende!«

In der Realität wird um Mitternacht die DDR-Mark vor dem *Laden* zu Grabe getragen. Wie bei einer echten Beisetzung bildet sich ein langer Zug von Hinterbliebenen. In seiner Grabrede wendet sich Hugo an *Verlassene, Entlassene, Besoffene, Betroffene* und endet mit dem Fazit, dass das *alles in Wahrheit ein dadaistischer Furz* sei.

Uwe Später hieß es: »Wer hat Ihnen denn die Genehmigung gegeben, da einfach'n Grabstein hinzusetzen?« Natürlich haben wir niemanden gefragt. Weil es gar keenen mehr gab, den man hätte fragen können oder den das interessiert hätte. Und wir hätten's sowieso gemacht. Das war unser Bereich, der Laden. Da ham wir das Ding eingegraben, fertig.

Der Grabstein wird noch an der Straße stehen, wenn es unsere Schule, den Schulhof und auch den *Laden* schon lange nicht mehr gibt. Ein Wald wird dort wachsen, an seinem Rand der Stein mit dem Bild eines Geldstücks darauf – von dem keiner mehr wissen wird, was das ist und wie es dorthin kam. Eines Tages, drei Jahrzehnte später, werden Baumaschinen kommen und den Wald wegbaggern. Neue, schickere Häuser für viel weniger Familien werden nun dort gebaut, und der Grabstein wird im Weg sein und entfernt. »Ruhe in Frieden« stand darauf. Bevor er auf das Grab gesetzt wurde, hatten wir gesungen: *Ja wir tragen unser Schicksal mit Geduld, an der ganzen Scheiße sind wir selber schuld …*

Als am nächsten Morgen die Sparkassen öffnen, reihen wir uns in eine Schlange, die sich über die gesamte Einsteinstraße zieht. Einen Tag später fahren wir mit dem *Westgeld* – das ja keins mehr ist – Richtung Hannover. Unser Gepäck reist auf einem riesigen, hochaufgeschichtet vollgepackten Anhänger im LKW-Format. Wenn die schnittigen Westautos ihn auf der Autobahn überholen, kommt es fast zu Auffahrunfällen – denn hinter dem Ungetüm kommt nichts als ein kleiner, giftgrüner Trabant zum Vorschein. Wie ein fußkranker Frosch kriecht er tapfer gen Westen.

Wir anderen haben Rucksäcke und Beutel kunstvoll auf unsere Fahrräder geschnallt. Als wir im Westen ankommen, bleiben die Leute stehen und lachen über unsere tausendfach reparierten *Scheesen*. So laut, dass wir es hören können, sagen sie: »Die Ossis kommen. Die wollen Geld abholen.«

Wir denken nicht darüber nach, welches Geld es für uns zu holen gäbe. Denn gerade haben wir gelernt, was wir von jetzt ab sein werden: *Ossis*.

Vor allem aber sind wir verdiente Dadaisten und als solche nach Hannover gefahren, um den Collagen von Kurt Schwitters im Sprengel-Museum unsere persönliche Aufwartung zu machen. Danach geht das revolutionäre Proletariat geschlossen *einkoofen*.

Abends sitzen wir vor unseren Zelten am Lagerfeuer. Pö präsentiert einen Joghurt: für neunundsechzig Pfennige. Hausi zieht blank: Seiner hat nur neunundvierzig gekostet! Fünf Sorten Geflügelsalat! Bier im Sixpack, günstiger als die einzelne Flasche! Tagelang tobt die Preisschlacht. Unangefochten geht der Sieg an Rosi, der eines Abends eine Zwei-Liter-Flasche billigsten Rotwein triumphierend aus dem Aldi-Beutel zieht. Die Gespräche verstummen. »Eene Gallone«, seufzt einer. Mehr geht nicht. Zumindest bis zur Entdeckung des Tetrapacks am nächsten Abend.

Auch wenige Monate später, als wir die *Erste Schnäppchen-Weltmeisterschaft* veranstalten, wird Rosi in der Kategorie *Nutzlosestes Produkt* die Konkurrenz meilenweit ins Feld schlagen: Mit einem Apfelschäler zu 0,99 DM, der alles kann, außer Äpfel schälen. Das *Reisebureau Laden* wird schon bald eine Werbefahrt veranstalten – exklusiv *mit dem Kanzler-Bonus*. Der Prospekt verspricht: »10 Eier, 1 ofenfrischer Christstollen, 1 praktische Tragetasche, Theatervorführungen und obendrein kostenlos 14-bändiges Grundgesetz in Schweinsleder mit

Schwarzrotgoldschnitt, in der Übersetzung von Dr. Martin Luther Bangemann. Mit großem Rezeptteil! sowie 1 warmes Tellergericht.«

An den Haltestellen der Stadt, wo gestern noch Schichtbusse hielten, sammeln *Super-Luxusreisebusse* die aufgeregten Besucher ein. Reiseleiter an den Mikros heizen die Stimmung an.

Hausi Die Busse fuhren aus der Stadt raus, zur Baustelle von Wespes Kneipe. Da war nur Beton, Absperrung und alles dunkel. Dann ham'se das besichtigt und sind zurückgekommen zum Laden. Als Kaffeefahrt, weeßte?

Im HBE gibt es jetzt Verkaufsveranstaltungen statt Sinfoniekonzerte. Im Foyer mit den edlen Aufgängen und Kugellampen stehen überall Kleiderstangen und – neues Wort! – *Wühltische*. In die große Fensterfront zum Platz hin hat jemand den *kleenen Trompeter* gestellt. Die mannshohe Bronzeplastik heißt eigentlich nur »Trompeter«. Für uns aber war der Junge, der mit vollen Backen das stolz erhobene Instrument ansetzt, immer der *kleene Trompeter* gewesen. Nicht nur wegen des gleichnamigen Lieds, in dem das »lustige Rotgardistenblut« unerklärlicherweise »mit einem seligen Lächeln« einer feindlichen Kugel zum Opfer fiel.

Vor allem hatte unser Trompeter seit Jahr und Tag vor der Scholz-Halle gestanden. Dort hatte er sommers wie winters zur Abfahrt geblasen, wenn sich der Buskonvoi gen Oppach in Bewegung setzte. Aber ins Ferienlager wird keiner mehr fahren, und der treue Begleiter unserer Kindheit dient jetzt als Wäscheständer: Von seiner Trompete baumeln drei Bügel mit Pullovern, Stück 15 DM.

Ladanier aller Länder, vereinigt euch!

Während sich am 3. Oktober 1990 der Rest des Landes vereinigt, prangt über dem *Laden* die Losung: »Wir treten nicht bei.«

Um uns herum herrscht Einheitstaumel. *Immer was Neues und nüscht Gescheites,* sagt man bei uns zu Neuerungen jeglicher Art.

Wir haben beschlossen, einen eigenen Staat zu gründen.

Am Vorabend des Tags der Einheit sperren wir das Gebiet um den *Laden* – einschließlich Blumenrabatte, Grabstein und Mülltonnen – weiträumig ab. »Sie verlassen das Staatsgebiet der DDR«, verkünden Schilder. Die *D-Markationslinie* wird mit Wimpelketten abgesteckt und endet am Zaun zum Schulhof, den noch vor wenigen Jahren *Ordnungsschüler* kritisch observierten. Jetzt schaffen wir unsere eigene Ordnung.

Sie beginnt damit, dass man in einer der beiden Grenzübergangsstellen seinen Ausweis abgeben muss. Im *Auffanglager* bekommt man das neue Dokument ausgehändigt. *Autonome Republik LADANIEN* steht auf dem Stempel, mittig prangt das *ladanische* Wappen: ein zum Pfeil stilisiertes Windspiel, das Hauskünstler Helge einst für das Dach des *Laden* schmiedete und das zu dessen Logo wurde. Jetzt zielt der Pfeil in einen Würfel: nach innen, ins Leere.

Das Volk strömt aus den umliegenden WKs und stellt sich geduldig an, um die gerade errungene D-Mark umzutauschen in »Lada« und »Trabi«, die *ladanische* Währung. Bilder *verdienter Ladanier* zieren die Banknoten, frisch aus der Stadtdruckerei. Punkt 1 der Tagesordnung ist das Ausrufen der Republik. Im Chor rufen wir: »Re-pu-blik«! Danach wird die Staatsflagge mit dem Wappen gehisst und wir singen erstmals unsere Nationalhymne. »Weise: Tom Waits«, verkündet der Flyer mit dem Text.

die mülltonne leuchtet / langnese steht stramm / gin tonic hat Urlaub / das video läuft / die kids kiffen heimlich / an der hintertür / und das telefon jammert / doch keiner geht ran / in ladanien …

Das Volk darf die Staatsform wählen. Maik möchte König werden, Hausi tritt für den Dadaismus an, und Krehe hält ein zackiges Plädoyer für die Militärdiktatur. Ebenso gut könnte man sich für die Diktatur des Proletariats entscheiden oder für die Werner-Partei, die Bölkstoff für alle verspricht. Lediglich für die Demokratie findet sich kein Fürsprecher.

Wie immer, wenn es in unserer Stadt um Leitungspositionen geht, stehen vorn nur Männer. Frauen stehen auch in der Klubszene nur in der Küche oder hinter dem Tresen. Gleichzeitig üben wir ein geheimes Regime aus. Eins ohne Kittelschürzen. Stattdessen haben wir – nach erster Bekanntschaft und langen Gesprächen mit den *Schwestern* in Westberlin – uns der deutschen Frauenbewegung bedingungslos angeschlossen: Umgehend und kollektiv haben wir uns die Haare feuerrot gefärbt. Wir sind Flammen des Feminismus – auch wenn die *Laden*-Männer behaupten, wir würden sie nur an Pumuckl erinnern.

Yvonne Der Laden war unsers. Wir waren die roten Grazien. Wir hatten unsern Stammtisch, vorn an der Wand den großen runden. Da ham wir auf dem Sofa gesessen und immer die Füße auf den Tisch gelegt. Alle, die nich dazugehörten, waren die zweete Garnitur.

Von unserem Platz auf dem Sofa haben wir die Tür im Blick und damit das *Frischfleesch*, das den Raum betritt. Es wird an Ort und Stelle aufgeteilt. Ein weiteres Sofa steht im Hinterraum und heißt nicht umsonst *die Samenbank*. Wenn es kein neues *Matrejal* gibt, muss das vorhandene aufgeteilt werden: wie bei einem *Schiebefax* – ein handtellergroßes Quadrat aus *Plaste*, in dessen Rahmen kleine Plättchen endlos hin und her geschoben werden.

Yvonne Mein Gott, 'n Mann kommt und geht. Weeßte?

Röhli Einmal hat dann die Joe der Exfrau vom Hausi – weil Joe auf Hausi stand – den Sekt in den Ausschnitt gekippt. Schöne Skandale ham wir erlebt!

Yvonne Im Faxenhaus war ja das riesengroße Matratzenlager. Und dann war das halt sehr solidarisch. Wer alleine war, der hat den abgekriegt, der auch alleine war. Das war nich fair, wenn jemand allein auf der kalten Matratze liegen musste. Die hatte noch nichmal Laken.

Laden-Frauen nehmen sich, worauf sie Lust haben. Macht gehörte bisher nicht dazu. Aber warum eigentlich nicht? Kurz entschlossen schnappen wir uns einen Topflappen aus der Küche und verbrennen ihn öffentlich. Es reicht, in den brechend vollen Saal – jemand hat eine Einwohnerdichte von 7,6 Bewohnern pro Quadratmeter errechnet – zu schreien: »Ladaniens Emanzen, wo seid ihr?« Schon ist das entfesselte weibliche Wahlvolk auf Stühle und Tische gesprungen. Wir verkünden die Staatsform des Matriarchats und glauben für einen Moment, dass es so einfach gehen könnte.

Später werden wir erfahren, dass es noch zwei weitere Republik-Gründungen auf dem Gebiet des untergehenden Landes gegeben hatte. Die Dresdner »Bunte Republik Neustadt«, schon zur Währungsunion gegründet, hatte im Umfeld von Hausbesetzungen und Künstlerkreisen noch ein paar Jahre existiert. Als die Häuser schicker, die Läden teurer und die Einwohnerschaft exklusiver wurde, überführte man sie in ein jährliches Stadtteil-Fest mit den üblichen *Kreativangeboten*. Im Prenzlauer Berg, dem ein ähnliches Schicksal bevorstand, hatte sich auf dem Kollwitz-Platz – wenig später fest in westdeutscher Hand – eine *Freie Republik Utopia* gegründet. Dort hatte man nichts weniger verlesen als eine *Unabhängigkeitserklärung*, verfasst mit Hilfe von Philosophen – von denen sie freilich im Prenzlauer Berg genug hatten.

Uwe Aber das sind ja Künstler. So ein Künstler, der geht nich zur Arbeit oder kümmert sich um irgendwas anderes. Wir sind doch keene Künstler.

Wir sind *Aktivisten der letzten Stunde*. Als solche haben wir einen Tag lang das gesamte Leben einer Republik durchexerziert. Im Film, den wir über unsere Staatsgründung gedreht hatten, verschwindet das *ladanische* Volk mangels Perspektive und Wirtschaftskraft in einer dramatischen Schlussszene – hübsch einer nach dem anderen – in einer Langnese-Eistruhe. Dort harrt es besserer Zeiten. Im wirklichen Leben rollen wir nach vierundzwanzig Stunden den *ladanischen* Grenzzaun wieder ein. Auch die Grenzen unseres, des real untergegangenen Landes sind ab heute Geschichte. *Aktivisten der ersten Stunde* hatten es einst aufgebaut.

Das Land, in dem wir bisher lebten, hatte uns im Schulfach Wehrerziehung in *Een-Strich-keen-Strich*-Uniformen durch den Wald rennen und mit Luftgewehren schießen lassen – aber es hatte keinen Krieg geführt. Im Januar 1991 müssen wir lernen, dass auch das jetzt anders wird. Am Golf – ein Wort, das wir bisher mit *Westauto* gleichgesetzt hatten. Öl hatte uns bisher nur als Leinöl interessiert. Hoyerswerdsches Grundnahrungsmittel, das man sich in der Kaufhalle in mitgebrachte Schraubgläser abfüllen lässt. Jetzt bekommt das Wort eine neue, bedrohliche Bedeutung.

Als wir uns am Vorabend des Kriegs verabschieden, fühlt es sich an, als würden wir uns nie wiedersehen. Am nächsten Morgen sind alle WKs noch da. Als wäre nichts geschehen, latschen die Hoyerswerdschen mit ihren *Einkoofsbeuteln* am *Laden* vorbei. Ob München, Berlin oder Kuweit – jenseits von *Pumpe* ist die Welt weit weg.

Wir lassen den gesamten *Laden*-Betonwürfel samt Windspiel unter einem Tarnnetz verschwinden. Ein militärisches Objekt im WK V E. Der Versuch einer Verstörung. Aber in der Welt der Hoyerswerdschen, wo demnächst die Kokerei abgebaut und der Schichtbusverkehr eingestellt wird, vermag es keine Beunruhigung auszulösen. Lediglich im Rathaus beäugt man kritisch das Tun der *Ladanier*.

Uwe Man hat immer gedacht, jetzt kommt bestimmt gleich die Stadtverwaltung und sagt: »Macht das ab!« Also da war gefühlt schon die Phase der Autonomie und dieser Freiheit, die wir kurzzeitig hatten, vorbei. Weil, ganz klar, als Jugendklub hing man am Tropf dieser Geldgeber. Und das ging dann ganz schnell, da sind die Etats gestrichen worden.

Weniger beunruhigend findet die Verwaltung, dass sich zu einer Anti-Kriegs-Mahnwache der frisch gegründeten städtischen Antifa vor dem CENTRUM-Warenhaus Jugendliche in Bomberjacken und Springerstiefeln gesellen. Sie sind auch gegen den Golfkrieg, vor allem aber gegen *die Amis*. Der Kulturdezernent bietet ihnen an, dass sie mit Hilfe der Stadt das vergammelte Gefallenendenkmal im Stadtzentrum auf Vordermann bringen könnten. Den Klubs fehlt derweil das Geld für Veranstaltungen.

es kichert der grabstein / ein scheinwerfer platzt / der kühlschrank schreit DADA! / das windspiel bricht ab / der babygrill läuft / auf 210 / und der postbote röchelt / der supermarkt brennt / in ladanien …

Ohne Schuhe

An einem kalten Februarmorgen des Jahres 1990 versammeln wir uns vor einem halb verfallenen Haus in der Altstadt. Die *Schrats* – wie wir die Jungs aus dem King-Haus wegen ihrer langen zotteligen Haare und Bärte nur nennen – haben es am Abend davor an der *Laden*-Bar verkündet. Sofort hat es die Runde gemacht: Ein Haus wird besetzt!

Rottl War 'n schönes Abenteuer. Generalstabsmäßig vorbereitet: »Du bringst'n Hammer mit! Neun Uhr geht's los.« Dann war früh die Schranke zu: »Scheiße, wir kommen zu spät!« Zur Hausbesetzung! Es hat dann gorni lange gedauert, kam die Polizei. »Was machen Sie hier?« – »Wir besetzen das Haus.« – »Aha.« In Hoyerswerda hat doch keener gewusst, was das heeßt!

So'ne alternative Firma aus Kreuzberg hat uns geholfen bei der Sanierung. Wir ham uns von denen ein Gutachten machen lassen und das der Stadt vorgelegt. Da kamen also diese langhaarigen Hausbesetzer – und dann das: bunte Farbkopien und alles perfekt geschrieben! So was hatten die noch nie gesehen im Bauamt. Es wurden Diskussionen geführt, wo es um die Legalisierung ging und um die Sicherheit. Ja, nein, Baugesetz und so. Das Bauamt wusste ja ooch ni, wie man damit umgeht. »Ihr könnt doch ni … Seid ihr denn verrückt? Das fällt doch alles ein!« Es ging ni um die Eigentumsgeschichte – 1990 war ja eh das große Andersrum. Jedenfalls ham wir das dann ausgebaut. Partys in der riesengroßen Küche. Ich brauch bloß die Oogen zumachen, dann seh ich an der Wand das Plakat. Karl Marx: »War bloß'n Versuch.« Anarchie, super.

Das *Faxenhaus* liegt gleich hinter dem Marktplatz, der neuerdings nicht mehr »Platz der Roten Armee« heißt. Früher, lange vor unserer Zeit, fand hier wirklich ein Markt statt. Auf alten Fotos sieht man Leiterwagen, von denen Bäuerinnen Gänse, Eier oder Obst verkaufen, und Frauen in sorbischer Tracht mit langen Schleifen auf dem Rücken. Erst jetzt, da vom alten Ackerbürgerstädtchen fast nichts mehr übrig ist, die Mauern verfallen, die Fassaden abgebröckelt und manche Häuser Ruinen sind, beginnen wir, es wahrzunehmen. Bis eben hatte die Geschichte mit uns begonnen, und alles bestand aus Zukunft. Die aber ist gerade in einem großen Loch verschwunden.

Wir entdecken die Vergangenheit: Die vergilbten Spuren einer Inschrift auf der Vorderseite des besetzten Hauses erzählen von einer Bürgerlichkeit, die es hier einmal gab. Wir hatten nur im Wohnzimmer der alten Frau Beer einmal kurz Bekanntschaft mit ihr geschlossen. Die Formen des Hauses sind leicht konisch, geschwungen und verspielt. Nichts verbindet sie mit der quadratischen Welt, aus der wir kommen.

Die Altstadt hatten Neustadt-Kinder bis dahin nur betreten, um den Tierpark zu besuchen, *Rurki* – lange Waffelröllchen, in die vor unseren Augen frische Sahne gefüllt wurde – zu essen und einmal im Jahr bei Foto Kahrig Passbilder machen zu lassen. Mit den sorbischen *Matkas* und den zweisprachigen abgeblätterten Ladenschildern erschien sie uns wie ein russischer Märchenfilm, bei dem am Ende die Babuschka die Fensterläden wieder zuklappt. Nun entdecken wir leerstehende Häuser oder Wohnungen in Straßenzeilen, die gerade mal so breit sind wie eine *Fahrstuhletage* in der Neustadt. Noch fehlen Wohnungen, und alle sind verzweifelt auf der Suche nach einer.

Yvonne Ich war die Erste, die'ne Wohnung hatte, weil ich als Erzieher Anspruch hatte. Dann waren bei mir die ganzen Partys. Nachts vorm Laden, alle ziehen los, und einer sagt: »Ej, kommste mit, wir gehen noch zu'ner Party – bei so'ner Yvonne.« Ich bin mehrmals in meine eigene Wohnung eingeladen worden! Auch so Leute wie Claudia, die war schwanger und zuhause rausgeflogen, übernachteten da. Ich hatte dieses große Bett hinter dem Bücherregal, da haben lässig vier Leute reingepasst. Auch viele von den Künstlern, die in Hoy aufgetreten sind, haben bei mir geschlafen – du musstest ja irgendwohin!

In der Senftenberger Straße, nur ein paar Eingänge von Trachtenschneider Jatzwauk und Fleischerei Schurig entfernt, gleich gegenüber von Foto Kahrig, ist im Haus von Elektro Runge im Dachgeschoss eine Wohnung frei. Wir marschieren zur Wohnungsverwaltung und erzählen einer erstaunten Mitarbeiterin, dass es neuerdings die Möglichkeit gäbe, Wohn-ge-mein-schaften zu bilden. Die gute Frau hat davon noch nichts gehört. Wir versichern ihr, das sei Gesetz in der neuen Ordnung. Unerschütterlich antwortet sie mit: »Sie wollen also heiraten?« Woraufhin wir ein weiteres Mal erklären, dass man *im Westen* nicht heiraten müsse, um wohnen zu dürfen. Als wir den Raum verlassen, haben wir einen Mietvertrag in der Tasche. Wir sind die erste amtliche WG von Hoy.

Den Bewohnern der Senftenberger Straße werden wir lange suspekt bleiben. Frau Albers, die unter uns wohnt, wird sich ein ums andere Mal bei der Wohnungsverwaltung beschweren. Schon wieder seien Langhaarige ohne Schuhe durchs Treppenhaus gelaufen! Ihr Mann, von dem es heißt, er sei ein Neffe des blonden Hans von der Reeperbahn, war einst unser Stadtweihnachtsmann. Aus seiner Hand hatten wir auf dem Weihnachtsmarkt klebrige Bonbons in Empfang genommen. Jetzt steht der verwirrte Weihnachtsmann immer wieder in Unterhose in unserer Küche. Fürsorglich geleiten wir ihn eine Etage nach unten. Frau Albers stellt ihre Anrufe bei der Verwaltung ein und beginnt, die Barfüßigen und Langhaarigen freundlich zu grüßen. Es handelt sich dabei meist um *die Faxen* aus dem besetzten Haus, eine Straße weiter.

Rottl »Saxen macht mal Faxen«, das hatten'wa sofort rangeschrieben ans Haus. Aber es ging ni nur um Faxen. Wir hatten ooch'ne Umweltbibliothek, da wurde viel gemacht und archiviert, auch investiert. Es sollte ein Umwelt-Café werden, schon mit Anspruch. Das war 'ne ganz klare Entscheidung, dass'wa damit rauswollten aus der Kirche, weil die wenigsten von uns waren kirchlich gebunden.

Maura Das hatte sich schnell rumgesprochen: In Hoyerswerda gibt's ein besetztes Haus. So, jetzt ging das los. Manchmal wenn'de nach Hause kamst, kanntest du da keenen mehr.

»Hallo, ich bin die Kati.« Ach so. »Grüß dich, Kati!« Halb Kreuzberg … Das Lustige daran war, dass – und das hat ja die Berliner so auf'n Plan gelockt – das hieß »besetztes Haus«. Die Sache war aber: Wir hatten erst mal gar keenen so großen politischen Anspruch. Wir wollten einfach irgendwo wohnen und Spaß haben. Und das konnten die nich verstehen. Klar, wir hatten die Umweltbibliothek. Arbeitskreis für Umwelt und Frieden. Aber das war jetzt nich so, dass wir zu Antifa-Demos oder so gegangen wären. Das kam erst später ganz stark.
Die Berliner ham uns ja dann mit Zeitungen überhäuft, »Interim« und diese Presse. Im Grunde genommen isses das Gleiche, was die Nazis gemacht haben: Also mach vernünftige Propaganda, und du beeinflusst jemanden entsprechend. Aber am Anfang ham wir uns über nüscht 'ne Platte gemacht.

Gegen alles. Links und rechts

Später, als Brandsätze in die Wohnheime der Ausländer fliegen und eine Menge sich vor ihnen versammeln und dazu jubeln wird, später wird es heißen, die Gewalt sei aus dem Nichts und von außen gekommen. Das wissen wir nun wirklich besser.

Hausi Faxenhaus hintenraus war die Krokuswiese, und een Nazi hatte da seinen Garten. Die ham sich da getroffen. Dort is der Maura als unser Kundschafter immer hin, der kannte die. Und wenn er mitgekriegt hat, das da irgendwas gegen das Faxenhaus losgeht, sollte der kommen und uns warnen. Dann ham wir unten alles verbarrikadiert und ham uns Säcke mit Pfefferpulver gemacht – die hätten wir runtergekippt ins Treppenhaus.

Maura Ich war gern beim Werner im Garten. Da war richtig Fez, da ham ooch Bands gespielt. Ich hab die aber nich ausgekundschaftet. Das hätte ich mir nich erlauben können, da wär ich nich mehr heil zurückgekommen. Die hatten da ihren Truppenübungsplatz. Aber weil der Werner und seine Leute wussten, dass ich im Faxenhaus wohne, haben die gesagt: »Okay, lassen'wa die mal in Ruhe.« Zumindest am Anfang.

Es beginnt mit Hakenkreuzen an der Fassade. Dann fliegen Ziegelsteine, von einem der zahlreichen Schutthaufen auf der Brache. Sämtliche Scheiben und die Fensterläden sind zerstört.

Maura Wir mussten abends immer die Fensterläden zumachen und das Haus verrammeln, was das Lebensgefühl nich grade positiv beeinflusst. Manche haben richtig Kampfübungen gemacht. So Karate und mit Tschako, jeden Tag Kampfsport … Axel hatte Angst, alleene einkoofen zu gehen. Der wurde richtig neurotisch.

Rottl Nervend war das, die Fenster immer wieder neu zu verglasen. Dann sind sie am Vordereingang mit'ner Axt gekommen.

Hausi Wir haben uns bewaffnet. Ich hatte immer 'ne Schreckschusspistole in meiner Jeansjacke drin, in der Innentasche.

Der Kulturdezernent, früher befreundet mit Brigitte Reimann, erklärt in der Lokalpresse: »Hier ist ein Ghetto im Entstehen. Nur Außenseiter der Gesellschaft sind Angriffsziele und das muss verhindert werden.«

Wir sind jetzt *Außenseiter*. Bisher kannten wir diesen Begriff nur aus der Fernsehsendung »Außenseiter Spitzenreiter«, die putzigen Zuschauerfragen nachging. Einmal wurde dort die Frage »Wo gibt es die hübschesten Mädchen der DDR?« schlüssig beantwortet: »In Hoyerswerda.« Dies war die einzige Außenseiter-Diskussion gewesen, die unsere Stadt geführt hatte. Bis jetzt hatte hier jeder gemacht, was er wollte – solange er die Schichtarbeiter schlafen ließ, *Hausordnung* machte und pünktlich *off Orbeet* erschien. Zunehmend gilt das nicht mehr, und Gundi wird ein neues Hoywoy-Lied schreiben.

Man konnte hier Klaus oder Janek heißen / Das war egal / Warn alle nur Teig fürs Waffeleisen / Das war egal / Dick oder doof schnell oder arm / Das war egal / Hier war ja nur ne Maschinistenfarm / Das war egal hier in Hoywoy / Hier in Hoywoy / Hier in Hoywoy / War das egal

Die Wecker klingeln hier früh um vier / Alle zugleich / Am Zahltag gabs immer Radeberger Bier / Für alle gleich / Und schlief der Janek mit der Frau vom Klaus / Ach, alles gleich / Das fiel nicht weiter auf / Hier sehn ja alle aus wie Klaus / Alle gleich hier in Hoywoy / Hier in Hoywoy / Hier in Hoywoy / War alles gleich

Der Wecker klingelt nicht mehr für alle früh um vier. Wir sind nicht mehr gleich. Und nun wissen wir auch, wer das Problem ist: Es sind nicht die, die Steine schmeißen. Das Problem sind die *Außenseiter*. Es gibt sie im *Faxenhaus* und im *Laden*. Sie wohnen in der *Polenmauer*. Und sie sitzen an der Bushaltestelle und vor den Kaufhallen.

Maura Ich war Punk. Ich hatte in der Schule fast jeden Tag'n Eintrag, dauernd Tadel. Und den andern aus der Clique ging das genauso. Du warst das schwarze Schaf, für immer. Und als wir aus der Pubertät rauskamen, wussten wir wirklich nich, wo wir hinsollten.

An der Haltestelle gegenüber vom Knie, wo die Schichtbusse abgefahren sind – da haben wir uns immer getroffen. Zur Freude aller Arbeiter. Wenn die vonner Schicht kamen, saßen wir da.

Im Sommer war das ja alles gut und schön. Aber im Winter sind wir dann in Hauseingänge oder eben draußen – bei Wind und Wetter. Und keener wollte nach Hause.

Ich war bei den Heavy-Metal-Leuten dann. Die haben immer am Brunnen abgehangen, vorm »Kosmos«. Beim Rosengarten im WK sechs war die Depeche-Clique. Am Anfang waren wir spinnefeind. Also, geht gar nich! Aber wir ham ja selber heimlich Depeche Mode gehört. Und dann ham'wa uns angefreundet und zum Schluss vereint, da waren das bestimmt sechzig Leute in der Clique. Mit den Jugendklubs, Laden und so, konnten wir nix anfangen – und die wollten uns ooch nich. Es gab einfach keinen Platz für uns.

Gundi hatte, kurz bevor das Land implodierte, für die Berliner Band »Silly« einen Text über »die verlornen Kinder von Berlin« geschrieben.

Der Wohnblock liegt am Abend / Wie ein böses Tier / Der Sprechfunk ruft nach ihnen / Doch sie bleiben hier / Sie rücken aneinander / Auf der Spielplatzbank / Der Recorder macht für sie / die Dämmerung lang / Wo sie zu Hause sind / Wo sie zu Hause sind

Die verlorenen Kinder von Hoy können abends von ihrer Bank vorm »Kosmos« die Lichter aus dem *Laden* sehen und die Transparente davor. »Avantgarde & Experiment«.

Uwe Wir waren wie auf'ner Insel im Laden. Dahin hat sich doch keener von denen verlaufen.

Maura Niemand von uns wäre auf die Idee gekommen, in' Laden zu gehen, das war No-Go. Aber ich hatte Glück: Meine Schwester war im Laden. Und die hat gesehen, dass es immer mehr bergab geht mit mir. In meiner Clique war nur Saufen, Prügeln, Spaßhaben angesagt. Die hat mich dann am Schlafittchen gepackt und zum Laden geschleift, wirklich unter Zwang. Ich hab ja Maurer gelernt. Und die meente, da sind welche, die brauchen dringend 'n Maurer. Das waren die vom Faxenhaus – da bin ich dann bisschen später gleich eingezogen. Das war alles total neu für mich im Laden. Meine Kultur bestand bis dahin nur aus Disco und Rumtreiben. Im Laden hatte ich auf einmal irgendwie 'n Zuhause. Ich bin jedes Mal, wenn ich ins Betonwerk zur Nachtschicht musste, vorher da vorbeigegangen und hab noch'ne Cola getrunken. Da war immer jemand. Und dann war ich drin. Ohne das wär ich gnadenlos untergegangen. Da bin ich meiner Schwester heute noch dankbar für. Die andern aus meiner Clique sind später alle Nazis geworden. Und der kleene Alicke hat sich offgehängt.

Später wird man nicht mehr genau sagen können, ab wann sie zum Stadtbild gehörten: die Springerstiefel und Bomberjacken. Schleichend haben zwei Worte eine neue Bedeutung gewonnen: *links* und *rechts*. Bisher hatte das nur bezeichnet, welche Mietpartei auf der Etage *mit Hausordnung dranne* war. Jetzt haben sich die Begriffe aufgeladen. Bis man sich irgendwann für eine Seite entscheiden muss.

Vor allem muss man wissen, woran man sie auseinanderhalten kann – denn alle scheinen jetzt Springerstiefel zu tragen. Und wir werden vergessen, wann wir angefangen haben, auf die Schuhe statt in die Gesichter zu sehen. Die Farbe der Schnürsenkel ist jetzt das Einzige, was zählt.

Uwe Das war schon im Klubhaus in den Achtzigern so: Die rannten als Punk rum, und am nächsten Tag kamen'se als Skinhead. Hä? Wie wechseln denn die die Seiten? Das war schon komisch, diese Jugendkulturen. Bedrohlich wurde das erst später.

Maura Das ging ja nich von heute off morgen, das war so'n Schwelbrand. Wir ham alle gemerkt, irgendwas passiert hier. 88 fing das an mit dem Schnürsenkel-Wechseln. Dann kamen welche an mit Hakenkreuzbinde. »Hallo? Habt ihr'se noch alle?« Aber am Anfang waren wir noch zusammen in einer Clique. »Ich denke anders als du, aber wir können trotzdem Party machen.« Vielleicht wollt' ich's ooch nich wahrhaben.

Dann mit der Wende, das hat doch keener kapiert, was jetzt los is. Ab da war ich viel alleine unterwegs. Weil die andern dann eben die Haare abhatten und so. Wie der Silvio, der war Sänger in unserer Punkband. Total intelligentes Kerlchen – der wurde dann Nazi. Obwohl er das eigentlich gar nich war! Der hat einfach das Outfit genommen und es genossen, dass er mal wahrgenommen wird.

Das hat sich also gespalten in verschiedene Lager. Und im Endeffekt war die Farbe der Schnürsenkel ausschlaggebend. Bestimmte Stadtteile hätte ich zu der Zeit nich mehr betreten,

mit meinen roten Schnürsenkeln. WK acht, WK neun und WK zwei. Wenn ich mal dahin musste, hab ich dauernd nur geguckt: Wer kommt da? Die wurden ja ooch immer mehr. Und da waren viele dabei, die ich nich mehr kannte. Da hatte ich schon Angst.
Mit einem meiner besten Freunde stand ich mir einmal gegenüber. Da hatte der weiße Schnürsenkel, und ich hatte rote. Aber der hätte mir nie off die Fresse gehauen. Verrückt? Wir sind uns dann einfach ausm Weg gegangen. Es ging eben nich mehr.

Als vereinzelt die ersten Hakenkreuze – mit schwarzer, nach unten verlaufender Farbe und dickem Pinsel hastig aufgetragen – an Häuserwänden und in Durchgängen auftauchten, waren die noch leere Flächen gewesen. Mit der D-Mark aber kommt quietschbunte Werbung und bepflastert die ganze Stadt. So fällt es anfangs kaum auf, dass sich immer mehr Hakenkreuze und SS-Runen dazwischenmischen. Vielleicht aber sehen es auch nur die, die Angst haben müssen.

David Wir haben das 1989 schon gemerkt durch diese Demos. Dass unser Leben anders wird. Vorher haben sie sich nicht so getraut. Aber da explodierte das, und man hat laut gerufen: »Der Neger muss raus jetzt.« Nach der Arbeit mussten wir in unserem Wohnheim sein, nicht allein rausgehen. Auch im Betrieb hat man zu uns gesagt: »Es ist keine DDR mehr, du hast nichts mehr bei uns zu suchen.«
Im Mai 1990 war der erste Angriff. Jugendliche, auch von Leipzig, Berlin, Dresden und so weiter, haben vor unseren Wohnheimen gesungen: »Ausländer raus!« Die haben Steine geworfen, die haben unsere Fenster und alles kaputt gemacht.

Davor gab es auch Angriffe, vereinzelte, auf der Straße – aber keine große Gruppe und nicht im Wohnheim.

Die Polizei ist gekommen und hat diese Jugendlichen rausgeschmissen. Aber die haben gesagt: »Wir kommen wieder.«

Im Frühjahr 1990 lernen wir ein neues Wort: *Negerklatschen.* Nahtlos scheint es sich im Vokabular der Stadt in die Reihe der Freizeitattraktionen einzufügen: *Plattenhasche, Rummel, Bergmannstag.*

Die Mosambikaner und Vietnamesen, die bislang im WK I gewohnt haben, ziehen um in die *Polenmauer.* Dort sind jetzt alle Ausländer versammelt – und werden im Rest der Stadt nahezu unsichtbar. Im Gegensatz zu den Bomberjacken, Springerstiefeln und kahlgeschorenen Köpfen.

Als sich im Herbst desselben Jahres das Land vereinigt und wir *Ladanien* gründen, haben *die Skins* Aktionen erstmals angekündigt: Nach dem Vertragsarbeiter-Wohnheim wollen sie sich als Nächstes das *Faxenhaus*, den *Laden* und *die Polenmauer* vornehmen.

Den Mosambikanern drohen sie an, sie am Schichtbus abzufangen. Die Werksleitung stellt Fahrzeuge und gibt die Anweisung, die Zimmer im Wohnheim nicht zu verlassen. In der Nacht gehen dort ein paar Fenster zu Bruch. Fünfzehn Jugendliche werden *zugeführt*, wie später in der Zeitung zu lesen ist.

Alles, was wir dabei empfinden, ist Erleichterung. Es waren nicht wir, in deren Fenster Steine flogen.

Ein paar Monate später, am Abend des Karfreitag 1991, platzt um Mitternacht eine Art fliegender Bote mit einer Nachricht in den *Laden*: Der *Einstein* ist besetzt! Der Betonwürfel – exakt gleicher Grundriss wie der *Laden!* – an der Grenze zwischen Alt-

und Neustadt ist in der letzten Zeit zum Platz geworden für jene, die in den anderen Klubs keinen finden.

Man hatte dort begonnen, die Türen schon früh ab zehn für alle zu öffnen. Vorbei sind die Zeiten, da alle Jugendlichen tagsüber in der Schule oder *off Orbeet* waren – besonders Letzteres ist immer seltener der Fall. In den *Einstein* kommen nun auch die, die vorher am »Kosmos« rumlungerten. Aber die Stadt will den Klub nicht weiter betreiben. Ihm droht das gleiche Schicksal wie *Pumpe* und allen Betrieben: Es wird privatisiert!

Mehrere *GT's* später setzt sich eine Abordnung gen *Einstein* in Bewegung. Davor stehen auf der nächtlich leeren Straße ein paar Jugendliche und rauchen. Lange Haare und Strickpullover sind ebenso zu sehen wie kurz gescheiteltes Haar und Bomberjacken. Die Tür ist bewacht.

Eine längere Diskussion setzt ein, ob man Gesandte des *Ladens* einlassen dürfe. Wir argumentieren, dass wir schließlich schon die eine oder andere Uni und das *Faxenhaus* besetzt hätten und wüssten, wie's geht. Die Tür öffnet sich. Im Inneren haben sich Grüppchen mit Schlafsäcken auf dem Boden verteilt. Im Büro, das man Klubleiter Ecki abgenommen hat, residieren die Wortführer.

Einer von ihnen wird ein paar Tage später bereit sein, ein Gespräch mit uns aufzuzeichnen. Ein paar von uns haben begonnen, für eine neue Lokalzeitung zu arbeiten. Deren Gründer waren öfter im *Laden* aufgetaucht, man kennt sich. Aus dem *Faxenhaus* schleusen wir Umweltthemen ins Blatt, und als altgediente *Ladanier* bestücken wir die Kulturseite mit Rezensionen. Eine Zeitlang stehen wir jeden Freitagnachmittag an den Haltestellen der Schichtbusse und halten den müde heimkehrenden *Pumpschen* unser Blatt vor die Nasen: *Nur eene Mark!*

Den Besetzern leuchtet das öffentliche Interesse an ihrer Aktion ein. Ausgesucht höflich empfängt uns ihr Chef, den in der Stadt alle kennen, im Büro der Klubleitung:

Der smarte junge Mann im Poloshirt, mit den blank geputzten Schuhen und dem exakt gezogenen Scheitel, wirkt deplatziert zwischen den Postern von Bands, die auch im *Laden* auftreten könnten. Springerstiefel tragen nur seine Untergebenen, die den Raum draußen bewachen sollen. Er klagt, dass er seine Not mit ihnen habe: *Die Disziplin!* Seine Worte sind schneidend klar – offensichtlich ist er gut geschult.

Wenn man sie heute anhört, stehen sie in seltsamem Widerspruch zu der knarzenden, mehrfach beschrifteten alten Orwo-Kassette. Das Datum der letzten Aufnahme ist kaum noch zu entziffern: 1. April 1991.

Torsten Ich meene, ich bin vierzehn Tage in Bonn gewesen, ich hab off der Hardthöhe im Verteidigungsministerium gewohnt. So richtig schön organisiert von CDU, CSU und so. Als Streiter in Hoyerswerda, das hieß Schulung für Kommunalpolitik. Und für mich war's ganz logisch, als deutscher Nationalist die deutsche Einheit anzusteuern.

Aber jetzt wird mir von vielen vorgeworfen, von meinen linken Freunden hier im Einstein: Das haste nun von der deutschen Einheit!

Dass es uns in der Stadt als Gruppe überhaupt gibt – also massiv! –, ist erstmals publik geworden, als diese Klopperei an dem Negerhaus war, was dann so eskaliert is. Und es sind ooch Einzelpersonen von uns bisschen sehr negativ im Klubhaus offgefallen. Durch Dreschereien, aber weniger politisch motiviert als persönlich. Im Suff. Also, wir ham irgendwann Ärger gehabt inner Stadt. Und wir hatten eben keene Bleibe.

Ich war sogar bei der Stadtarchitektin und hab gefragt nach'm Haus für uns. Diesen FMP ham die uns damals angeboten, aber das hat sich dann zu 'ner Videothek entwickelt. Bringt eben Geld! Und irgendjemand von uns hat entdeckt: Ej, der Einstein is ja leer! Dann waren'wa so dreimal inner Woche hier. Na ja, so was spricht sich rum.

Die Linken – es is sowieso doof, die Linken und die Rechten zu sagen – also die andern ham sich ooch eingefunden. Und es harmoniert. Sicherlich, weil wir aus'ner Einheitsfront gegen den alten Staat gewachsen sind. Wir waren alle zusammen inner Schule. Ooch die Wohnghettos sind dieselben, man kennt sich vom Spielplatz. Man hat sich später gegenseitig die Transparente geschleppt zu den Demos. Wir haben neben'nander in Konzerten gesessen und zusammen zu irgendwelchen Sachen getanzt.

Ich wollte sogar mit dem Jan von den Linken 'n Independent-Laden offmachen, für beede Seiten. Weil uns das beeden Spaß macht und wir beede arbeitslos waren.

Man kennt sich so gut, dass man weeß: Wie weit kann ich dem gegenüber gehen? Um Spannungen zu vermeiden, ooch hier im Klub. Das Maximalste war mal'ne Ordnungsschelle. Das Ding, wie hier Linke und Rechte zusammen eenen Klub haben, sucht bundesweit seinesgleichen, das gibt's einfach ni noch mal!

Ich bin eigentlich nich so'n Freund von Besetzungen. Aber wir ham'ne Unterschriftensammlung gemacht, es waren mehrere Beiträge inner Zeitung – das alles hat nich gefruchtet. Es gibt schon'n Pächter für den Einstein. Der hat sich schon'ne Billardplatte gekooft – die steht da hinten. Die Besetzung ist der letzte Ausweg. Die Idee is von den Linken aufgekommen, aber alle machen mit.

Von der Stadt wird es mit Ignoranz behandelt. Aber ich sage denen: Die sollen auf der Hut sein. Ich bin gegen Randale, weil es meiner Idee schadet. Wenn man vom Urbegriff Faschismus ausgeht, ausm Lateinischen: Ordnung. Die Ordnung an sich. Also, ich selbst würd' sicher nich auf Bierbudenniveau absinken. Aber es gibt viele, die würden das – wenn sie sich jetzt off die Straße gesetzt fühlen. Und wenn'se in der Stadt dann n'neues Mosambikanerhaus bauen oder so – es wird was passieren.

In der Zeitung werden die Worte des *Streiters in Hoyerswerda* nicht erscheinen. Wenn die Lokalpresse zukünftig über Hakenkreuz-Schmierereien oder rechte Gewalt in der Stadt berichtet, wird wahlweise von *jugendlichen Randalierern* oder *randalierenden Jugendlichen* die Rede sein.

Die Besetzung zeitigt Erfolg: Der Pächter muss seine Billardplatte abtransportieren, die Klubleitung wird wieder eingesetzt und der *Einstein* bleibt. Aber es wird das letzte Mal gewesen sein, dass für einen Moment die gemeinsame Kindheit im Karree der Wäschestangen mehr zählte als die Farbe der Schnürsenkel.

Drei Wochen später soll die Punk-Band »Goldene Zitronen« im Jugendklubhaus spielen. Die Klubleitung im *Einstein* setzt für den Abend auch ein Konzert an. Sie hält es für angeraten, ihr Stammpublikum an diesem Abend zu beschäftigen.

Später wird erzählt, die Band hätte einen nichtsahnenden Hoyerswerdschen nach dem Klubhaus gefragt, und der hätte sie zum *Einstein* geschickt. Der Band-Bus hält vor dem Klub im WK II, und die »Zitronen« verkünden, dass sie heute hier spielen. »Wohl nich«, sollen die *Einstein*-Gäste gesagt haben. Bevor

Steine auf den Bus fliegen, können sich die Musiker in das Fahrzeug flüchten.

Schon ist die Kunde zu den Linken am Klubhaus gedrungen, schon haben sie sich formiert und Richtung *Einstein* in Bewegung gesetzt. Die Rechten haben die Verfolgung des Busses aufgenommen. Am CENTRUM-Warenhaus trifft man aufeinander.

In der Zeitung wird später stehen, dort wären die Reifen des Band-Busses zerstochen worden und man hätte versucht, das Fahrzeug in Brand zu setzen. Vierzig Polizisten sei es gelungen, weitere Ausschreitungen zu verhindern.

Es kann jetzt jederzeit und überall passieren. Der Krieg hat, lange bevor man ihn offiziell registrieren wird, begonnen. Und er wird nicht von außen gekommen sein.

Maura Ich hab mich schon oft gefragt, wie's dazu kam. Diese Aggression und die rechte Tendenz, die gab's schon vor der Wende. Aber das war 'ne ungerichtete Aggression. Das war nur Verzweiflung. Aber es is ni so eruptiert. Wir wollten immer dagegen sein. Aber wir wussten nich, wofür wir sein sollten. Und dann hat irgendwie das gefehlt, was uns vorher alle verbunden hatte: dieses gemeinschaftliche Dagegen-Sein. Gegen alles.

V

Die mit den Wolfsaugen.
Havarie

Zwanzig Pfennige

Zu der Zeit, als wir noch unsere Puppenwagen keuchend über die Schlammpisten zwischen den Häusern stemmen, liegt darin meist auch eine *Negerpuppe*. Jedes Mädchen bei uns hat eine. Die Puppen heißen Petra, Ines oder Katrin.

Zu Weihnachten stricken unsere Mütter für alle Puppen winzige Jacken, Hosen oder Mützen. Petra wird genauso bestrickt wie Heidi, die Babypuppe.

Wir kennen ansonsten nur ein Kind, dessen Hautfarbe dunkler ist als unsere: Sally. Bummi fährt in unserer Kinderzeitschrift mit dem Schiff nach Afrika, um sie zu besuchen. Schokoladenbraun soll Sally sein und – so glaubt Bummi – inmitten von Palmen in einer Hütte wohnen, »deren Dach aussah wie ein spitzer Hut«.

Wie Bummi aber feststellen muss, wohnt Sally in einem Hochhaus – genau wie er und auch wir. Ihre Kleider sind wie unsere, und in Afrika sieht es aus wie in WK VIII. Nur mehr Sterne am Himmel soll es dort geben – und Bummi vermutet, sie wären aus unserem Land dorthin gewandert. Was sicher stimmt. Immerhin wohnt auch Petra im Hochhaus und ist vom Kopf bis zum Plastefuß in Silastikwolle gehüllt. Sie ist *schokoladenbraun*, aber unzweifelhaft *eene von uns*.

Später, in der Schule, tauchen an der Wandzeitung Bilder von dunkelhäutigen Kindern auf. Diese sehen ganz anders aus als die fröhliche Sally. Sie haben keine flatternden roten Kleidchen an und wohnen nicht in schmucken neuen Hochhäusern. In Afrika, so erfahren wir, ist Krieg. Die Kinder haben Hunger.

Wir sollen ihnen helfen, und das Wort dafür heißt So-li-da-ri-tät.

Einmal sind wir angehalten, zwanzig Pfennige vom Taschengeld zu spenden. Das ist so viel wie zwei Lollis, ein halber *Rurki* oder zwei Waffeln mit klebrigem Schaum in der Mitte. Aber die Waffeln gibt es so gut wie nie zu kaufen, und die Kinder auf den grobkörnigen Zeitungsbildern tun uns leid. Jeder legt eine schwere, goldfarbene Zwanzig-Pfennig-Münze in Frau Kraatz' bunte Blechdose.

Zur Belohnung für das vorbildliche solidarische Verhalten bekommt jedes Kind am nächsten Tag zwei Tafeln Schokolade – im Wert von dreißig Zwanzigern! Auch Frau Kraatz kann uns nicht erklären, warum man den Kindern in Afrika nicht einfach das viele Geld für die Schokolade statt unserer Goldmünzen gegeben hat. Das mit der Solidarität scheint kompliziert zu sein.

Später sollen wir Kindern in Vietnam helfen. Dafür sammeln wir Flaschen und Altpapier. Der besten Sammlergruppe ist das Treffen mit einer Vietnamesin in Aussicht gestellt.

Von den Bildern an der Wandzeitung wissen wir, dass Vietnamesen Stoffanzüge mit weiten Hosen und ausgestellten Ärmeln, kreisrunde Hüte auf dem Kopf und auf der Schulter einen Balken mit je einem Wasserbehälter links und rechts tragen. Wir wissen auch, dass es *in Pumpe* Vietnamesen gibt und dass sie im WK I wohnen. Aber in Hoy haben wir noch niemanden mit rundem Hut und Wassertragegestell gesichtet. Das würde sich jetzt ändern:

Unser Trick besteht darin, dass wir in der Bibliothek nach ausrangierten Büchern fragen. Dann der Versuchung widerstehen, einen der schweren Bände mit Bildern von fernen Ländern heimlich mit nach Hause zu nehmen – denn gerade die bringen auf der Waage der Altstoff-Sammelstelle das Meiste ein. Triumphaler Sieg.

Doch zum Treffen mit der echten Vietnamesin soll es niemals kommen, da wir im Unterricht *geschwatzt* haben. *Ordnung Sicherheit Disziplin* gehen vor! Brigade B wird kurzerhand zum Wettbewerbssieger erklärt und darf die Vietnamesin treffen. Wir vergießen bittere Tränen.

Viele Jahre später werden wir die Vietnamesen von Hoy kennenlernen. Aber es wird nichts Wertvolles mehr sein.

Claudia Die hießen im Volksmund Fidschis, und man hatte sich mit denen arrangiert. Man ist da hingegangen und hat sich Jeans nähen lassen. Man kannte immer jemanden, der jemanden kannte und der das organisiert hat. Die haben Maß genommen, das war ein ehrliches Geschäft, und gut is.

Wolfgang und so weiter. Jagd

Kleinere Störfälle gehören in *Pumpe* zum Alltag. Regelmäßig fallen in der *Brifa* die Filter aus, und statt Dampf wird Kohlestaub aus den Schloten geblasen. Als schwarze Schicht lagert er sich überall ab. Aber daran hat man sich irgendwann gewöhnt. Selbst an seinen Geruch, und dass er immer in die Nase und in alle Öffnungen dringt.

Wenn er aber aufgewirbelt wird und so viel davon in der Luft ist wie in *Pumpe*, genügt ein kleiner Funke, und es kommt zur Verpuffung. Eine Explosion, die ganze Werkhallen in die Luft jagen kann. *Havarie*. Wenn man anfängt, ihn zu ignorieren – so lernen wir schon als Kinder –, kann es zu spät sein.

Der September 91 beginnt mit dem ersten bunten Foto in der *Laden*-Chronik. Es dokumentiert, wie wir den ehemals grauen Betonwürfel bemalen. Alles wird jetzt bunt.

Auf der Fassade tanzen Figuren mit verrenkten Gliedmaßen wild durcheinander. Auf der Fläche davor stehen überall Farbtöpfe, Knetfiguren, halbfertige Skulpturen, Werkzeuge, Bierflaschen, Fahrräder und eine große Holzkiste mit Bildern darin. Aufgespannt zwischen zwei Straßenbäumen schwebt ein riesiges Transparent im Septemberhimmel über dem WK V E: »BETONung«.

Künstler aus Kreuzberg, London und Kiel sind zum »projekt Laden art Nr. 1« gekommen. Dafür haben wir Schrott angekarrt, Berge von Altpapier, eine antike Badewanne und ein ausrangiertes Auto. Überall soll Kunst sein. Und jeder Mensch ein Künstler.

Uwe »BETONung« war nochmal so'n schönes Projekt, wo man aber schon gemerkt hat: Es geht nicht mehr um gesellschaftliche Einflussnahme oder Veränderung. Das spielte schon gar keene Rolle mehr, sondern da ging es wirklich nur um Kunst. Um der Kunst selber willen. Bei allem, was wir früher gemacht hatten, ging es darum, gegen irgendwas zu protestieren oder'n Gegenpol zu bilden. Und hier jetzt ... Es war nicht mehr provozierend gemeint. Weil – wen will ich'n hier noch provozieren? Das hat niemanden interessiert. Die ham eben 'ne ganze Woche lang schräge Kunst gemacht.
Und da bricht auf einmal die reale Naziwelt rein! Während diese Ausschreitungen anfangen, sitzen wir im Laden und hören uns'n Vortrag von so'nem Kunstwissenschaftler aus Mainz an: über Beuys. Und draußen rasen die Polizeiwagen vorbei, mit Blaulicht.

Was'n jetze los? Wir ham das überhaupt nich kapiert. Dabei is das Luftlinie nur zweihundert Meter gewesen.

Zweihundert Meter vom *Laden* Richtung Stadtzentrum steht die *Polenmauer*, in der »Albert-Schweitzer-Straße« – alle Straßen sind im WK V nach Ärzten benannt. Auch die Schule hier trägt den Namen »Albert Schweitzer«.

Als Kinder sind wir jeden Tag an einem großen Relief im Schulfoyer vorbeigelaufen. Darauf streicht ein älterer Herr mit buschigem Schnauzbart unter dem Tropenhut einem Kind väterlich über den Kopf. Der Junge schmiegt sich an seine Beine. Dass er schokoladenbraun wie Sally sein soll, kann man nicht sehen, da alle Figuren aus Bronze und braun sind. Aber im Gegensatz zu dem perfekt gekleideten Mann sind die anderen Menschen auf dem Relief nackt. Eine Frau hat nur ein Tuch um die Hüften gebunden und steht barbusig vor ihm.

Warum das so ist, hat nie jemand gefragt. Es reichte zu wissen, dass Albert Schweitzer als Arzt in Afrika gearbeitet hat. In Lambarene. Dorthin wollten wir auch. *Lam-ba-re-ne*. Wir wollten werden wie Albert Schweitzer.

David Im Krankenhaus Hoyerswerda haben wir Blut gespendet, jedes Mal. In unserer Kaufhalle haben die Kinder gesagt: »Mutti, guck mal, ein Affe!« Dann haben wir nicht aggressiv reagiert, sind wir zur Mutti gegangen: »Du sollst dem Kleinen sagen, dass wir Menschen sind. Wir sind keine Affen.« Dann wollten wir mit den Kindern reden. Ich bin in die Schule gegangen. Einige wollten an meiner Haut reiben, ob die dunkle Farbe vielleicht abgeht und an ihrer Hand bleibt. Dann habe ich das mit den Kleinen so gemacht und habe gefragt: »Na, ist was passiert?« Das hat Spaß gemacht.

Wir haben alles mitgemacht. Mit den Deutschen haben wir Fußball gespielt, bei der BSG Aktivist. Wir haben Musik gemacht von unserer Kultur in Mosambik. Brigadefeier. Alles, was der Betrieb organisiert hat.

Aber im Wohnheim war es verboten, dass man deutsche Freunde reinlässt. Wir durften auch nicht heiraten, das war verboten. Einige waren mit ihrer Frau zehn Jahre zusammen, aber haben nie geheiratet. Zusammen wohnen war auch verboten. Nur Besuch. Von zehn Uhr früh bis zweiundzwanzig Uhr, da musste sie raus. Raus! Der Pförtner ist in das Zimmer gekommen und hat unter dem Bett und überall nachgeguckt. Die Pförtner waren richtig hart. Vielleicht das Mädchen musste sechs Monate Hausverbot kriegen, oder er hat sie bei der Polizei gemeldet. Die Polizei hat Probleme mit dem Mädchen gemacht.

Wenn wir draußen spazieren gehen, dann hat das Mädchen viele Namen gehört von den deutschen Bürgern. Ich kann diese Namen nicht nennen, die sind nicht so schön. So haben wir mit den Deutschen gelebt. Das war nicht so einfach. Aber ich habe mir gesagt: In Mosambik ist Krieg. So muss ich leben, anders geht es nicht. Gut aufpassen und mitleben.

David, Manuel, Antonio, Filipe … Wir hatten uns die Namen nicht gemerkt. In den letzten Wochen waren die Jungs aus Mosambik manchmal im *Laden* aufgetaucht. Ihre Gesichter sahen für uns alle gleich aus. Sie waren so alt wie wir. Nachdem sie an ihrem Tisch ein Bier getrunken hatten, waren sie wieder Richtung *Polenmauer* verschwunden.

Jetzt hat sich dort eine Menschenmenge gebildet.

Später wird man erfahren, dass es vor der Kaufhalle im Stadtzentrum anfing. Dort haben sich wie immer *die Glatzen* getroffen. Einer von ihnen ist ein Junge mit fröhlichem rundem Kindergesicht.

Maura Der kleene Alicke war früher ooch bei den Heavy Metals gewesen. Der hat schöne blonde, lange Haare gehabt, der Peter. Und hat sich dann zugunsten einer Billardkugel von seinen Locken getrennt. Damit er endlich zum deutschen Mann wird. Später hat er sich offgehängt, der kleene Alicke.

Jetzt aber, an diesem Dienstag im September 91, hört er mit seinen Freunden vor der Kaufhalle laut röhrende Musik und brüllt Naziparolen. Jemand ruft die Polizei. Die sieht keinen Grund zum Einschreiten und rückt wieder ab. *Die Glatzen* aber ziehen weiter zum Markt auf dem Lausitzer Platz, der einmal »Platz des 7. Oktober« hieß.

Hausi Die Vietnamesen standen ja immer off'm Markt und ham Zigaretten verkooft. Da sind oft die Nazis gekommen und ham probiert, die offzuklatschen. Eenmal hab ich gesehen, dass die den Vietnamesen hinterherrennen. Ich war Klempner im HBE und war zufällig draußen – mit'ner großen Rohrzange. Mit der bin ich dazwischen und hab gesagt: »Ich hau euch das Ding über'n Schädel!« Da sind die abgehauen. Als ich später nach Hause gefahren bin, kam ich an der Polenmauer vorbei. Da standen die Nazis und ham Flaschen off die Balkone von den Vietnamesen geschmissen.

Maura Die ham sich gefreut, dass'se 'ne Bomberjacke anhaben und Billig-Doc-Martens. Die ham von früh bis spät am Lausitzer Platz abgehangen und ham den ganzen Tag gesoffen. Die hatten Wolfsaugen. Da gab's keene Gnade.

Zunächst pöbeln Alicke und seine Freunde ein paar Marktbesucher an. Dann bedienen sie sich bei den Vietnamesen mit Zigaretten – weil ihre alle waren, wie sie später zu Protokoll geben werden. Dann ziehen sie weiter zur Kaufhalle im WK II.

Als eine Funkstreife wenig später dort eintrifft, hat *der kleene Alicke* schon 4,8 *off'n Kessel.* Die Zahl wird später im Polizeibericht stehen. *Die Glatzen* aus dem Stadtzentrum haben sich inzwischen mit denen vom WK II vereint.

Mittlerweile ist das Gerücht aufgekommen, die *Fidschis* hätten den Hund von einem der Männer erschlagen. *Die fressen Hunde.* Die Gruppe marschiert zurück zum Markt und zerlegt dort einen Tisch. Dessen Beine schwingen sie, als sie zum Sturm auf den Zigarettenstand ansetzen.

Die Vietnamesen haben sich inzwischen mit Zaunlatten bewaffnet, fliehen aber in Richtung Wohnheim. Als die *Glatzen* die Verfolgung aufnehmen, haben sich ihnen schon mehr als zwanzig *Bürger*, wie das Protokoll später vermerkt, angeschlossen.

Während die Vietnamesen Richtung *Polenmauer* um ihr Leben laufen, beschäftigen wir uns im *Laden* mit der Figur des Hasen bei Beuys. Das »Wesen der Bewegung, das Welten verbindet«. Als die Gejagten das Wohnheim erreicht haben, fliegen die ersten Steine.

Wenig später ist die Straße vor der *Polenmauer* mit Menschen gefüllt. Sie stehen in kleinen Gruppen, Kinder rennen, dazwischen Frauen *mit'n Rod*, an dem *Einkoofsbeutel* hängen. Die größeren Kinder sind auf alles geklettert, was bessere Aussicht verspricht: Mülltonnen, Flaschencontainer, die Betonmauer um die Blumenrabatte, eine Bank, ein Klettergerüst, ein Baum.

In der Mitte der Szene, direkt vor einem Hauseingang, brüllen *die Glatzen* in Richtung Fensterfront. In einem Kreis um sie herum Jugendliche in Jeans und Turnschuhen, auch grölend. Ein paar von ihnen sitzen mit Bierbüchsen in den Händen auf dem Bordstein, vor den geparkten Mopeds.

Jeder hoyerswerdsche Junge hat eins. Er kauft es sich vom Jugendweihegeld, um damit durch die Stadt zu röhren und, wenn *was los is*, schnell an der *Polenmauer* zu sein. Im Sommer fährt er mit einem Mädchen, das sich auf dem Sozius eng an ihn schmiegt, an den Knappensee.

Dort sind wir zu diesem Zeitpunkt schon lange nicht mehr gewesen. Der Zeltplatz zählt inzwischen zu den Gebieten, die man besser nicht betritt, wenn man so aussieht wie wir. Jeder weiß, dass *die Glatzen* ihn fest in der Hand haben. Darüber denkt man nicht lange nach. Man fährt einfach an einen anderen See. Es hat sich immer aufgeteilt. Es ist immer gut gegangen.

David Am ersten Mai hatten die gesagt: »Wir kommen wieder« – und da sind die natürlich wiedergekommen, im September. Die haben gesungen »Ausländer raus«. Die haben mit Steinen geworfen und haben in unserem Wohnheim alles kaputt gemacht. Die wollten reinkommen, und wir wissen nicht: Warum? Die Frage vergesse ich nicht, seit 91 bis heute. Was hätten sie mit uns gemacht? Wollten sie uns vernichten? Aber wir haben unsere Tür festgehalten. Und dann ist die Polizei gekommen. Hat auch nicht so viel gemacht, nur gesagt: »Zur Seite!«, und fertig. Wir konnten nichts machen. Das war für uns zum zweiten Mal wie im Krieg.

An den folgenden Abenden wird die Menschenansammlung von Mal zu Mal größer sein. Schon bald wird ein Tank aus einem Auto gerissen, werden Geschosse gebastelt und ins Wohnheim geworfen. *Negerhaus*. Ein Foto zeigt in einem abgeblätterten Fensterrahmen das mehrfach geborstene Glas der Scheibe, mit scharfen Kanten. Am unteren Rand – konzentriert und jederzeit bereit, den Kopf vor dem nächsten Stein wegzuducken – das Gesicht eines Mosambikaners. Ganz ruhig blickt er nach unten auf seine Angreifer. Kaum älter als die, die unten vor ihren Mopeds sitzen und grölen. Kaum älter als *der kleene Alicke*. Hinter ihm, nur wenig beiseitegeschoben, eine Gardine. Mit Rhombenmuster.

David Unsere Nachbarn haben nichts gemacht. Einige sind runtergekommen. Die haben nur gestanden und geguckt. Die haben in die Hände geklatscht. Einige habe ich erkannt. Jugendliche, die mit uns gearbeitet haben, unsere Arbeitskollegen, Wolfgang und so weiter. Wir waren wie Familie. Wir kennen alle, die mit uns gewohnt haben. Zwölf Jahre waren viel. Zum Beispiel: 25. Juni war unser Nationalfeiertag. Da hatten wir viele eingeladen, immer. Mitfeiern, tanzen, unterhalten. Aber wo das passiert ist, haben wir gedacht: »Wer kommt zur Hilfe? Keiner. Na ja, wir sind nicht gewünscht hier.«

Röhli Da waren diese völlig überforderten Polizisten, die überhaupt ni wussten, ob'se Fisch oder Fleisch sind. Sind'se nu westdeutsch oder ostdeutsch, oder welche Rechte ham'se … Es war auf allen Seiten 'ne extreme Hilflosigkeit. Ich war dort zweemal, hab so'ne Angst gekriegt. Wo ich das Gefühl hatte, wenn du jetzt was sagst, wirst du tot gemacht.

Rottl Ich stand bei meinen Eltern off'n Balkon und konnte's nich fassen. Man hat das Gebrülle gehört. Und bei mir – ich kann das mit Angst festmachen. Nur mit Angst.

Maura Da hab ich mich nich hingetraut mit meinen roten Schnürsenkeln und wie ich aussah. Und ich gloobe, das hat keener gerafft, was da überhaupt passiert. Ich weeß nich, wie man da hätte 'ne Gegenwehr organisieren sollen. Niemand hat angefangen. Weil alle Angst hatten.

Schudi Mein Vater hat in seiner Brigade ooch Mosambikaner gehabt und Polen und was weeß ich. Und is im Alltag von denen weder belästigt worden noch dass er ein Problem mit denen hatte. Also meine Eltern haben es mit dieser Hilflosigkeit von anständigen, normalen Leuten gesehen. Die fanden das kacke, was da abging.

Gabi Ich glaube, dass nicht nur die politischen Kräfte, Polizei und so, unterschätzt haben, was sich da entwickelt. Sondern alle. Weil man das nicht für möglich gehalten hat, dass sich das so aufbaut. Das ging ja über mehrere Tage. Und ich kenne niemanden, der was dagegen gemacht hat. Ich glaube, das war zu schockierend.

Ich weeß nicht, ob das in Westdeutschland besser funktioniert, dort gab's ja ooch Pogrome. Jedenfalls habe ich da nichts unternommen. Was hätte man tun können?

Uwe So richtig hat keener kapiert, was da war. Man hat diese gewaltige Dimension damals nich einordnen können, bin ich fest davon überzeugt. Dass die Mehrheit das wirklich nich mitgekriegt hat.

David Wenn sie heute sagen, sie haben das nicht gewusst – das ist eine Lüge. Die Jungs haben so laut gesungen. »Ausländer raus!« Da gab es Hubschrauber. Die sind immer geflogen. Das ist so wie: Wenn vor mir etwas passiert, drehe ich mich einfach um.

Tage- und nächtelang liegt das Surren der Hubschrauber über der Stadt. Laster der Bereitschaftspolizei fahren durch die Straßen. Um die fünfhundert Leute, so heißt es, sind es jetzt täglich vor der *Polenmauer*. Ordentlich ab 16.30 Uhr, wenn auch die Busse der *dritten Welle* zurück in die Stadt gerollt sind. Aber die meisten, die sich hier versammeln, sitzen schon lange in keinem mehr oder werden nie in einem fahren.

Antilopen

David Man stirbt im Kopf. Und man sagt sich: lieber mit nichts nach Hause.

Am Wochenende kommt Verstärkung aus Berlin – noch mehr *Glatzen*. Und mehr *Bürger* vor dem Wohnheim. Bis zu tausendfünfhundert, heißt es, würden sich dort mittlerweile versammeln.

Auch die Polizei hat aufgerüstet. Die Ost-Polizisten sind unschwer daran zu erkennen, dass sie alte DDR-Geländeuniformen anhaben, auf die man mit weißer Farbe POLIZEI gedruckt hat.

Später wird man erfahren, dass die eilig aus Leipzig hinzugezogenen Einheiten keinen Kontakt mit der Zentrale herstellen konnten. Die eine Seite hatte noch mit DDR-Technik und auf alter Frequenz, die andere schon westlich und auf neuer Frequenz gefunkt.

Weil vor der *Polenmauer* mittlerweile Polizei postiert ist – auch wenn sie nichts macht –, ist die Meute weiter in die Thomas-Müntzer-Straße gezogen. Hierher, an den anderen Rand der Neustadt, sind alle dritten Klassen einmal wöchentlich mit dem Bus gekarrt worden. Beim strengen Herrn Klammert hatte man in der Schwimmhalle Ecke Müntzerstraße die *erste Stufe gemacht*.

Daneben, in der Aula von *POS 19*, sind wir vor Jahren mit zitternden Knien die Treppen zur Bühne hochgestiegen, um in *die Reihen der Erwachsenen* aufgenommen zu werden. *Ja, das geloben wir.*

Der Fünfgeschosser schräg gegenüber war noch vor wenigen Monaten das Lehrlingswohnheim des Kombinats. Aber *Pumpe* braucht keine Lehrlinge mehr. Neuerdings wohnen hier Asylbewerber. Die neuen Anwohner feiern abends laut, vor *zwee*, erzählt man sich in der Stadt, sei keine Ruhe im WK IX. *Die Wecker klingeln hier früh um vier / Alle zugleich.* Die Grünanlage vor dem Haus vermüllt. *Kleene Hausordnung, große Hausordnung, Subbotnik.*

Die Nachbarn schreiben an die Wohnungsverwaltung. Die verweist auf die billigen Mieten – was regt ihr euch auf? Die Nachbarn schreiben Leserbriefe an die Zeitung. Nichts passiert.

Bald schon heißt es, im WK IX wäre Blut über den Wäscheplatz geflossen. Zwischen den Wäschestangen, vor den Fenstern mit den tausend Augen.

Die Nachricht macht in Windeseile die Runde. Wenig später wird den empörten Hoyerswerdschen auf einem *Einwohnerforum* erklärt, die neuen Nachbarn würden Schafe derart *schächten.* Unsere Schächte aber sind im Tagebau.

Vom Landrat ergeht die Anweisung an die Presse, jegliche Berichterstattung über die Asylbewerber einzustellen. Nur in einer Rubrik wird die Lokalpresse sie fortan noch erwähnen: »Die Polizei berichtet.«

Jetzt, im September 91, hat die Polizei die Müntzerstraße mit mehreren Hundertschaften abgeriegelt – gegen heranstürmende Angreifer. Doch die kommen nicht von außen. Sie sind schon da …

Im *Laden* hatten wir einfach weitergemacht. Vielleicht, weil wir in den Achtzigern einmal an die Wand geschrieben hatten: »Die Avantgarde ergibt sich, aber sie stirbt nicht.« Wir hatten die Tür zugemacht, um den Tumult von nebenan nicht hören zu müssen.

Wir hatten uns zum hundertsten Mal »Narziss und Psyche« von Gábor Bódy angesehen. Wenn das Rattern des TK 35 verstummt und wir in die Nacht getreten waren, konnten wir uns einbilden, dass die Realität eigentlich gar nicht so absurd war.

Jetzt stand auf der Wiese eine gelb angemalte Badewanne. Einer der Künstler, die immer noch an ihren Werken bastelten, war überzeugt, dass Gelb glücklich machen solle. Aus dem Schrott war eine Skulptur geschweißt worden, die wie ein doppelköpfiges stählernes Ungeheuer Richtung Schweitzerstraße blickte. Das alte Auto war komplett mit Zeitungen beklebt worden, ebenso wie das Parkverbotsschild vor dem *Laden*.

Aus den leeren Flaschen hatte einer eine Säule gebaut. Wir hatten sie »Turm für die betrunkene Prinzessin« getauft.

Röhli Es gibt so'ne Situation in Zoos. Wenn dort'n Wildtier ausgerissen is. 'ne Antilope. Die jagen die durch den Zoo, und das Vieh rennt davon. Irgendwann rennt's in die Ecke und kann ni weiter, weil von allen Seiten isses eingekreist. Dann fängt die Antilope an zu grasen. 'n bisschen so war das. Du hast in der Ecke gestanden, und dann fängst du an zu grasen. Du machst das normale Ding weiter. Laden, Kunst und so. Ganz komisch.

Uwe Da war'ne Situation, wo wir mit den Künstlern darüber diskutierten. Dreie, viere ham gesagt: »Das brechen wir sofort ab, das geht nich mehr.« Und andere kannten diesen ganzen Dreck schon ausm Westen. Die ham gesagt: »Nee, das wäre wie: diesen Idioten das Feld überlassen. Das machen wir nich, wir bringen das zu Ende.« Aber die Kunstwerke haben sich geändert. Der Eene hat dann riesige weiße Fahnen in die Stadt gestellt. Ein anderer hat seine ganzen Bilder übermalt, ganz düster. Deprimierend.

Eine Woche nachdem *der kleene Alicke* mit einem Stuhlbein in der Hand den Markt stürmte, werden *die Ausländer* aus der Stadt gebracht. Man wird in Hoy noch Jahrzehnte später von *Ausländerkrawallen* sprechen – als hätten jene, die sich in Todesangst verbarrikadieren mussten, *Krawall* gemacht. Der *Außenseiter* ist das Problem.

Zwanzig Jahre später wird es einem jungen Paar genauso ergehen. Nachdem sie sich offen gegen Nazis geäußert haben, werden sie massiv bedroht. Nazihorden dringen in ihr Haus ein und belagern die Wohnung. Die Behörden entscheiden, dass das Paar die Stadt verlassen muss. Es sei leichter, wenige Personen zu entfernen, als sich mit einer Mehrheit auseinanderzusetzen, wird der Polizeipräsident äußern. *Nur Außenseiter der Gesellschaft sind Angriffsziele und das muss verhindert werden.*

Im September 91 fahren Busse an der Müntzerstraße vor. Es sind die gleichen, die gerade noch *erste zweete dritte Welle* nach *Pumpe* fuhren.

David Der Betrieb hat gesagt: »Ihr müsst so schnell wie möglich nach Mosambik zurück. Anders können wir es nicht machen.« Meine Gruppe sollte bis 1992 noch bleiben. Aber nach diesem Angriff mussten wir alle schnell nach Hause. Deswegen sind sofort die Container bestellt worden. Wir konnten nicht ins CENTRUM gehen und einkaufen. Wir hatten nur, was wir vorher gekauft haben. Viele Sachen waren schon kaputt durch die Steine ins Fenster.

Dann haben wir schnell alles gepackt und mussten mit dem Bus nach Frankfurt. Wir haben uns nicht mehr mit unseren Kollegen getroffen. Das war schrecklich, weil, nach zwölf Jahren müsste ich doch vernünftig sagen können: »Ich fliege nach Hause. Du kannst mir schreiben. Wenn du irgendwann einmal mich besuchen willst, ist kein Problem.«
Aber kein Adios von unseren Kollegen. Bis heute verstehe ich das nicht.

Als *die Ausländer* und die Hubschrauber weg sind, ist es für einen Moment ganz still in Hoy. Nur einmal noch knallt es. Jemand hat den »Turm für die betrunkene Prinzessin« in Trümmer geschlagen.

VI

Kampfübungen

Pflastersteine

Röhli In unserem unbedarften Von-Blüte-zu-Blüte-Flattern und Spaßrebellentum waren wir komplett hilflos gegenüber diesen Dingen. So bisschen wie die Dodos. Die wurden ausgerottet, weil'se keene Strategie hatten gegenüber 'ner neuen Situation. Die wurden aufgefressen.
Da ham'wa fast Glück gehabt, dass wir im Gegensatz zu den Dodos überlebt ham.

Als Kinder hatten wir Bekanntschaft mit dem »Kommandant des U-Bootes ›Glücklicher Hecht‹« geschlossen. In dem sowjetischen Kriegsfilm durchkreuzt das Schiff fröhlich die Pläne der deutschen Faschisten. Als es in einen Hinterhalt vor Murmansk gerät, ersinnt der Kommandant eine List. Er rettet es, leider unter Einsatz seines Lebens. Tapfer versinkt er in den Fluten, und die Nazis gucken dumm. Wir wollten sein wie er – wenn möglich, ohne unterzugehen. Mit den Faschisten würden wir schon fertig werden.

Karsten Wir wussten überhaupt nich, wie wir uns verhalten sollten. Die Westberliner Künstler meinten: Gibt's bei euch keine Telefonketten? Was die halt so kannten. Telefon???

Maura Die Künstler ham den Kontakt zu den Berlinern aufgebaut, weil'se gemerkt haben: In Hoyerswerda gibt's keene Gegenbewegung, keenen Widerstand. Dann kam einen Tag später aus Berlin so'ne Abordnung, bestimmt achtzig Leute. Die waren dann im Laden. Da hat Uwe 'ne Rede gehalten, mit'm Megafon. Der hat schon gemerkt: Scheiße, das sieht nich gut aus. Weil, das war die Vorhut. Vom dicken Ende, ja.

Uwe Das hat uns alle überfahren, als die ganze Antifa aus Berlin hier anmarschierte. Da kam diese Riesenhorde an und war sofort im Laden. Ich hab dann mit paar Sprechern verhandelt und hab denen gezeigt: Hier ist der Block Schweitzerstraße, und die Müntzerstraße is dort hinten. Und schon waren'se weg bei uns. So, von da an war aber allen in der Stadt klar: Wir haben die hergeholt.

Karsten Wir hatten ja geöffnet, dieses BETONung-Projekt fand noch statt – da kam ein jüngerer Mann rein. Dann haben wir uns mit dem unterhalten und haben unsere Meinung dargelegt zu dem, was da vor sich ging. Und der meinte bloß: »Na, da müssen'wa hier wohl ooch mal für Ordnung sorgen.« Was ja dann passierte.

Erst kommen *die Rechten*. Dann kommen *die Linken*. Dann kommen *die Rechten*. Dann kommen *die Linken*. Dann kommen *die Rechten* … Anfangs hat es sich noch angefühlt wie Tischtennis. Aber irgendwann ist es wie *Chinesisch*, wenn man atemlos um den Tisch hetzt, mit dem Schläger um sich haut und den Ball nicht mehr sieht.

Später würden wir von zwei Wellen sprechen – und damit nicht die Schichtbusse meinen. Die erste Welle kommt, als sich das Geschehen gerade von der *Polenmauer* in die Müntzerstraße verlagert hat. Siebzig Autos – so steht es später im Protokoll – haben sich in Kreuzberg in Bewegung gesetzt. Aus Brandenburg und Sachsen rollen *die Glatzen* an. In Hoy treffen sie aufeinander.

Bis jetzt war man hier dem Feind möglichst aus dem Weg gegangen – manchmal hatte die andere Straßenseite gereicht. Die jetzt in PKWs und Kleinbussen durch alle WKs patroullieren, schlagen gnadenlos auf alles ein, was entfernt aussieht wie ein Gegner. Sie sind nicht mehr mit Tischbeinen und Zaunlatten bewaffnet, sondern mit Eisenstangen und Schreckschusspistolen. Von »Steinkugelschleudern« und »Totschlägern« schreibt die Presse später. So viele neue Worte.

Röhli Das war eine fremde Welt, wie die aus Berlin gekommen sind. Und dieser Zwiespalt, dass das ja eigentlich die Guten waren! Im ersten Moment, die ersten zwee Stunden, hab ich gezittert vor Freude. Da dachte ich: »Bloß gut! Hier in der Stadt passiert nüscht, und jetzt kommt jemand, der genauso tickt wie wir.« Ich hab die ersten zwee Stunden wirklich fast geheult vor Freude. Und dann rückten die an … Um Gottes willen! Die Geister, die ich rief …

Ein paar Tage später veröffentlichen wir eine »Erklärung« in der Lokalzeitung:

»Da wir mit diesen Vorfällen fälschlicherweise in Verbindung gebracht worden sind, erklären wir: Unseren Protest gegen den Verlauf der Demonstration haben wir bei den Organisatoren vorgebracht. Wir distanzieren uns von Gewalt in jeder Form, egal ob sie von ›links‹ oder ›rechts‹ kommt, ob sie gegen Ausländer oder Deutsche gerichtet ist. Unser Klub ist auch weiterhin offen für jeden, der zum friedlichen Gespräch bereit ist. Laden-Klub e. V.«

Als die Zeitung erscheint, sind die Autos aus Berlin lange weg. Wir sind noch da. Und *die Glatzen.*

Am letzten Sonntag des September 91 stehen wir an einer zweispurigen Straße im WK IX. Sie verbindet die Stadt mit der F97, Richtung *Pumpe*, Cottbus und Berlin. Stadteinwärts geht es links zum Busbahnhof – in einer steilen Kurve, um die sich immer die Ziehharmonika der Schichtbusse gekrümmt hatte. Ein Stück weiter käme man zur Müntzerstraße. Aber der gesamte Bereich ist großflächig abgeriegelt. Mann an Mann bilden Polizisten mit ihren vorgehaltenen Schilden eine Wand. Das Haus, das sie bewachen, ist leer. Nur dunkle Fensterhöhlen mit Resten eingeworfener Scheiben und die schwarzen Spuren von Brandsätzen an der Fassade erinnern daran, dass es noch vor einer Woche nicht beschützt war.

Seit dem Morgen sind wie am Fließband Autos von der F97 in die Stadt gerollt: zweihundert PKWs und sechs Busse, heißt es später. Sie kommen aus Berlin, Hamburg, Hannover, selbst aus Freiburg und anderen Städten, deren Kennzeichen wir nicht kennen. Ihre Insassen aber wissen ganz genau, wer wir sind.

Eine Berliner Initiative hat aufgerufen zu einer Demo: »Gegen Rassismus und Ausländerfeindlichkeit«. Viele Hoyerswerdsche sind gekommen. So, wie man hier am Sonntag *inne Stadt* geht: *Orntlich* angezogen und in Familie. Die Frauen im Kleid, die Männer im Blouson und mit Handgelenktasche.

Es sind mehr als die, die vor den Wohnheimen Beifall geklatscht hatten. Aber im Demonstrationszug, den die Auswärtigen formieren, will man sie nicht haben. Es staut sich. Auf der einen Seite die *angescheuselten* Hoyerswerdschen, unschlüssig und verunsichert. Auf der anderen Seite die Besucher. Von Kopf bis Fuß in Schwarz gekleidet. Viele haben Sturmhauben über den Kopf gezogen, die nur Schlitze für die Augen frei lassen – *Oma* heißen sie bei uns.

Die Hoyerswerdschen Omas haben sich inzwischen auf die wenigen Bänke gesetzt, den Gehstock zwischen den Knien. Manche stehen auf den Balkonen, sie winken.

Die Demo kann nicht starten, weil die Berliner Veranstalter sich weigern, von der Polizei eskortiert zu werden. Vorn diskutieren sie. Hier, im Niemandsland zwischen F97 und WK IX, fangen die vermummten Besucher an, Pflastersteine aus dem Bürgersteig zu buddeln. Die Hoyerswerdschen werden unruhig. Der Bürgersteig ist nagelneu.

Bis vor ein paar Tagen war hier noch eines der üblichen Betonplatten-Provisorien – rissig, geborsten und mit wulstigen Fugen, über die man stolperte, wenn der Teer nicht gerade am Schuh kleben blieb. Ein Bürgersteig ist hier immer noch ein eingelöstes Versprechen.

Einer der Umstehenden wagt sich zu den Vermummten und redet auf sie ein. Seine Brigade hätte die Steine *grade erscht* diese Woche verlegt. Wofür man sie rausreißen müsse? Höhnisches Gelächter. *Faschistenschweine!* Sie werden es so oft sagen, bis alle Hoyerswerdschen, die demonstrieren wollten, sich entfernt haben.

In der Mitte der Straße stehen wir. Sehen zu, wie die Familien mit den Sonntagsblousons und Gehstöcken sich verziehen, zurück in ihre WKs. Wie Balkontüren und Fenster, aus denen zuvor noch ein paar rote Fahnen geschwenkt wurden, sich schließen.

Der Demonstrationszug setzt sich irgendwann doch in Bewegung. Drei Pfarrer aus Hoy haben ausgehandelt, dass an der Spitze des Zuges Hoyerswerdsche laufen sollen. So finden wir uns in den ersten Reihen wieder. Hinter uns eine schwarze, wütend aufgeheizte und Parolen skandierende Menge.

Schon nach wenigen Metern hat sie die Polizeiketten gestürmt,

Tumult bricht aus. Wir laufen weiter. Zu spät, sein Gesicht zu verstecken vor denen, die uns von einem Dach im WK IX filmen. Wir *roten Zecken*. Wir *Faschistenschweine*. Um uns herum fliegen Steine, Fensterscheiben gehen klirrend zu Bruch und Eisenstangen krachen auf Autodächer. Wasserwerfer fahren auf. Als wir losrennen, wissen wir zum ersten Mal nicht, wohin.

Maura Die große Demo hab ich sogar mit vorbereitet. Ja. Damals war ich zu doof. Ich dachte, ich mach was Gutes. Ich war in Berlin vorher, Kreuzberg. Da war 'n Büro, die ham das organisiert. Dann bin ich durch die Kneipen und hab Flugblätter ausgelegt.
Zur Demo bin ich mit denen mitgefahren, im Konvoi. Die Organisation war nich schlecht. Die wussten alle, wo'se ihre Autos hinstellen in Hoyerswerda: vorne off der Wiese Richtung Pumpe. Und da war schon klar, hier sind jetzt Leute, die bleiben bei den Autos und passen auf.
Die Demo ging dann total schief. Zum Schluss gab's richtig Drescherei mit den Bullen. Da hab ich gemerkt, hier stimmt was nich. Da war so'n Sprecher, so'n Propagandaminister Doktor Prügelpeitsch für die Linken. Der hat gerufen: »Haben die Autonomen wirklich Angst vor den Bullen?« Ja, hatten'se.

Rottl Ich hab ganz schlimme Erinnerungen an die Gegendemo. Wo'se den Besoffenen, der am Rand stand – so'n kleener Stammtisch-Nazi –, da zusammengeschlagen haben. Wie schnell die da irgendwelche Gummiknüppel hatten und den armen Alki so was von zusammengeprügelt ham! Da hat sich für mich bestätigt, dass das alles eene Suppe is: diese Aggressivität. Das war so abstoßend, dieser schwarze Block. Das wer' ich nie vergessen.

Gabi Wir wurden einfach mal gejagt von der Polizei. Da waren viele von uns mit dabei. Der schwarze Block hat das provoziert. Da gab's 'n paar Steineschmeißer, und dann lief das ausm Ruder. Da wurden wir mit Wasserwerfern durch die Straßen getrieben. Wo waren die beim Angriff auf das Asylantenheim?

Röhli Wir saßen mit'm Uwe im Laden und ham gewusst, jetzt geht die Scheiße von vorne los. Jetzt kommen tausend Leute in Schwarz und marschieren durch die Stadt. Und die fahren dann wieder weg, mit stolzgeschwellter Brust: »Wir ham unsre Pflicht getan.« Aber wir bleiben hier. Also, das war'ne extreme Zäsur. Eigentlich wie'n Todesurteil: dass du dich als links geoutet hast, weil du mit den Antifa-Leuten geredet hast. Wir hatten ja ooch keene Erfahrung. Wer kannte zu der Zeit den schwarzen Block?

Da wurde ganz, ganz viel für die Folgezeit kaputt gemacht. Weil, für die Leute in der Stadt war beides schrecklich: Rechts willste ni sein. Links kannste aber ooch ni sein. Das war für die wie Krieg, glaube ich. Da willste nur noch deine Ruhe.

David Wir sind in Maputo gelandet. Das war schlimm. Weil, viele von uns sind nicht aus Maputo. Wir hatten kein Geld, nach Hause zu fahren. Manche haben es versucht mit dem LKW. Einige haben alles, was sie mitgebracht hatten, verloren. Einige sind erschossen worden. Durch Krieg ums Leben gekommen.

Fuß inner Tür. Zecken

Uwe Das ging dann erst los. Nachdem die Ausländer raus waren, brauchten'se 'n neues Feindbild, und dann tauchten die bei uns auf. Mit diesen Überfällen, Verletzten und so was. Das führte zu so'ner Angst. Da is keener mehr in den Klub gekommen.

Gundi hatte immer gesagt, er habe drei Eltern gehabt: Vater, Mutter und den Staat. Bei uns war es die Stadt gewesen: ein drittes Elternteil, von dem man versorgt und erzogen wird. Von dem man *eens hinter die Löffel* bekommt und das einen beschützt. Hoy war für uns wie eine warme Haut.

Im Herbst 91 beginnt sie zu platzen. Schicht für Schicht, von außen nach innen. Wir verlieren die Räume, in denen wir uns sicher fühlen können. Wie bei einer Matrjoschka, die jede Familie bei uns in der Schrankwand neben dem Eierlikör zu stehen hatte. Als Kinder hatten wir endlos damit gespielt: Wenn sich ihr großer, runder Bauch öffnete, war da immer noch einer gewesen. Bis es irgendwann nicht mehr weiterging.

Zuerst sind es einzelne Plätze. Die Bushaltestelle im WK IV. Vor dem »Kosmos«. *Koofhalle* im Stadtzentrum. Lausitzer Platz. Man geht einfach nicht mehr dorthin. Dann sind es ganze WKs. Pech, wenn man dort wohnt. Dann ist es der *Laden*. Das *Faxenhaus* ist dauerbelagert. In der Stadt kann es einen jetzt überall treffen.

Man bleibt zu Hause. Aber sie wissen, wo du wohnst.

Karsten Der Klub war voll. Kossi hat Disco gemacht, der stand vorne in der Ecke. Dem haben sie mit'm Baseballschläger einen über'n Nischel gehauen.

Röhli Du hastes rumsen hören, draußen Krach, die Tür knallte, Leute schrien. Dann stürzten zwanzig Gestalten in' Laden, brüllten rum, schnickten zwei, drei Leute zusammen, rannten wieder raus. Und später wusstest du, dass Kossi 'n Schädelbasisbruch hat.

Karsten Der zweite Überfall war beim Jazz-Wochenende. Plötzlich hören wir's ausm Saal klirren. Ich gucke zum Fenster und sehe so'ne Glatze. In dem Moment fliegt ooch schon die Tür auf. Da sind wir einfach nur gerannt, hinter in den Raum mit den Filmprojektoren. Da standen Bierkästen, die schoben wir vor die Tür. Der Rosi war ooch da, der hatte sich ins Büro verkrochen. Die haben den Klub kurz und klein geschlagen.

Maura Die Kreuzberger kamen dann noch eenmal, zu fünft. Natürlich mit »Nazis raus«-T-Shirt. Und da kamen die Nazis, genau an diesem Abend. Na weeßte, was die Weiber von denen gemacht ham, die großen Autonomen? Die ham angefangen zu heulen. Ich hab'n Besenstiel inner Mitte durchgebrochen: »Hier nimmst du eenen, ich nehm den.« Gott sei Dank kamen'se ni rein, sind wieder abgehauen. »Nazis raus«, jaja. Du mich auch.

Rottl Wir kommen aus dem Klubhaus, Sitzung Umweltausschuss. Und man hört »Deutschland den Deutschen ...« Das hat durch diese Straßenschluchten extrem geschallt. Und plötzlich waren die andern alle weg. Ich ganz alleene und dann dieses ... als ob dir 'ne Flut entgegenkommt. Wo sind die genau? Große Frage. Jetzt musst du ooch weg! Ich bin mit'm Fahrrad durch die Stadt gerast und hinter mir dieses »Deutschland den Deutschen ...« Vor Angst eingeschissen. Wortwörtlich.

Hausi Irgendwann die Nacht um zwee klingelt's Sturm. Was is'n jetze? Und dann steht Sattel blutüberströmt vor der Tür.

Claudia war ja Krankenschwester, die hat den erst mal verarztet. Der hat gesagt, es klingelt, du machst off, und off eenmal is'n Fuß inner Tür. Die kommen rein, machen die Tür hinter sich zu, und dann können die in deiner Wohnung mit dir machen, was'se wollen.

Am Anfang haben wir uns noch ausgetauscht, wo es wieder geknallt und wen es erwischt hat. Haben im *Faxenhaus* hinter geschlossenen Fensterläden gesessen oder konspirativ in einer Wohnung. Dem *Laden* bleibt man besser fern – zu gefährlich. Durch die Stadt bewegt man sich nur noch auf dem Fahrrad, schnell und immer auf Umwegen. Bevor man die Haustür aufschließt, sieht man sich um und überlegt, ob man das Licht im Treppenhaus anmacht. Wissend, wie sinnlos das ist – denn es heißt, eine *Schwarze Liste* kursiere in der Stadt. Wir ahnen, welche Namen und Adressen darauf stehen.

Irgendwann hören wir ganz auf, uns zu treffen. Jetzt ist jeder mit seiner Angst allein.

Rottl Der Erste ging, der Zweete ging. Da ham wir das Faxenhaus ausgeräumt und die Umweltbibliothek zwischengelagert. Wir ham uns von der Stadt 'ne WG erkämpft, wo wir hingezogen sind. Und die wurde dann ooch überfallen. Standen die plötzlich in der Wohnung dort drinne. Da war »Saxen macht mal Faxen« ernst geworden. Ich hab das erste Mal in meinem Leben so'ne richtige Existenzangst gespürt. Das war das Schlimmste eigentlich von der ganzen Geschichte.

Maura Mike war am Ende allene im Faxenhaus. Eines Morgens wacht der vom Geräusch eines Autos auf. Pritschenwagen, drei Maurer, hinten Steine drauf, Mörtel. »Da is eener drinne, das könn'wa doch jetze ni zumauern.« Sind'se wieder abgezischt. Die waren vonner Stadt geschickt, klar. Die haben das ja dann so schnell, wie's ging, abgerissen, nachdem alle raus waren. Dass so was wie das Faxenhaus ja nich nochmal passiert!

Ende 91 sind *Ordnung Sicherheit Disziplin* in Hoy wieder vollständig hergestellt. Drei Monate nachdem die Ausländer aus der Stadt gebracht wurden, geben die *Faxen* auf.

An einem Sonntagabend hallen durch den Novembernebel Stiefeltritte über den kleinen Platz vor dem Durchgang zu Foto Kahrig. Vor dem Kastanienhof marschieren die Nazis auf. Im *Kasten* hatten wir *eins zwei tipp* getanzt. Auf dem Rückweg waren wir immer vor der Glasscheibe bei Foto Kahrig stehen geblieben und hatten bei den Hochzeitsfotos nachgesehen, wen es erwischt hatte. An diesem Sonntagabend im November dröhnt ein strammes *links zwo drei* durch die Altstadtgassen. Später wird es heißen, Nazi-Größen aus ganz Deutschland seien da gewesen. Man hätte die *ausländerfreie Stadt* gefeiert.

Bei Foto Kahrig und im vorderen WG-Zimmer erzittern die Scheiben, als das Stampfen näher kommt. Fieberhaft schließen wir die Haustür zu. Wie lange würde sie standhalten? *Schwarze Liste.*

Auf dem kleinen Platz vor dem Fenster marschieren sie auf. Ihre blanken Köpfe glänzen von oben im Schein der Straßenlaterne. Das Licht im Zimmer haben wir längst gelöscht. Jetzt skandieren sie. »Ro-te Ze-cken solln ver-recken« aus bellenden Männerkehlen.

Wir schieben den Flurschrank vor die Wohnungstür. Und kauern uns auf den Boden, unwillkürlich in Angst zusammengekrümmt. Wartend, jeden Moment das splitternde Krachen der Haustür unter den Tritten von Stahlkappen zu hören.

Vor dem Haus spiegeln sich die Bomberjacken der Männer im Schaufenster von Foto Kahrig. Dahinter die Bilder der Hochzeitspaare, zu denen wir und sie nicht gehören wollten.

Schließlich entfernen sich die Schläge der Stahlkappen die Straße runter. Vorbei an Trachtenschneider Jatzwauk und Fleischerei Schurig, an Rathaus und Tierpark, vorbei am Fenster, hinter dem wir mit Blachi gesungen hatten. *To the place I belong.*

Sie marschieren Richtung *Laden*. Wir wissen, dass es dort gleich knallen wird. Wir selber werden nur davonkommen, weil die anderen im *Laden off die Schnauze* kriegen werden. Kein Telefon. Wir werden zitternd auf dem Boden liegen, neben dem Regal mit den Platten.

Im Westen, werden wir später lernen, sagt man »Platte« zu dem, wo wir herkommen. Wir und sie. Bei uns ist *Platte* das, was die *Glatzen*, nachdem sie Sattels Wohnung gestürmt haben, auf seinem Kopf zerschlagen. Ist es eine Legende, dass die von Bob Dylan sich nicht zerbrechen ließ?

Die WG hat sich geleert. Nur weg. Zum letzten Abtransport von Kisten ist Hausis Onkel Günter im blank geputzten Wartburg vorgefahren.

Als man ihn noch nicht entlassen hatte, war er Betriebsleiter in der *Brifa*. Nun freut er sich, dass er endlich wieder etwas organisieren darf. Als altgedienten Schichtarbeiter wundert es ihn auch nicht, dass die Aktion nachts stattfindet. Für 23 Uhr ist die Abfahrt geplant, Punkt 22.57 Uhr sind alle Kisten verladen und die Plane ordnungsgemäß verschnürt, 22.58 Uhr macht Onkel Günter den letzten Kontrollgang um die Fuhre. Punkt 22.59 Uhr rollt er vom Hof. Hundert Prozent Planerfüllung, Onkel Günter ist zufrieden.

Die Möbel, die wir so schnell nicht beiseiteschaffen konnten, haben wir in einer letzten gemeinsamen Aktion auf den Dachboden geschafft. Hausi hat mit dem Besen Dreck vom Boden aufgefegt, den wir gleichmäßig auf unseren Truhen und Schränken verteilt haben – um ihnen den Anschein zu verleihen, sie lagerten seit Jahrzehnten hier. Danach laufen wir durch die nächtliche Altstadt.

Für manche von uns ist es der letzte Abend in Hoy.

Als wir am Tierpark vorbeikommen, hält auf der anderen Straßenseite mit quietschenden Reifen ein Auto. Die Türen öffnen sich, drei Gestalten springen heraus. Sie stürzen sich auf einen Jungen und ein Mädchen, beide langhaarig, die Hand in Hand dort laufen. Man hört dumpfe Schläge. Schon sind die Gestalten wieder im Wagen verschwunden, der mit laufendem Motor gewartet hat. Er ist weg, als wäre er nie da gewesen.

Auf der anderen Seite der Straße liegt blutend der Junge. Wir laufen rüber und zerren ihn hinter das nächste Gebüsch – ängstlich lauschend, ob das Auto zurückkehrt. Als es ruhig bleibt, rennt Röhli zum nahen Film-Eck, um einen Krankenwagen zu rufen.

Röhli Das war wie'n Terroranschlag. Die wollten wirklich Terror verbreiten. Ich hatte dann diese Scheiß-Situation an der Kinokasse. Warum'se jetzt im Krankenhaus anrufen müssen. Und wenn'wa uns prügeln wollen, dann müssen'wa das unter uns ausmachen. Nach dem Motto: »Wenn'de nich links wärst, würdste nich off die Fresse kriegen.«

Ich hab das Mädel dann darin bestärkt, zur Polizei zu gehen und das anzuzeigen. Die wollte erst nich und hatte Angst. Und dann hatte ich viehischen Ärger paar Wochen später mit ihr, weil ich hab die in Pumpe paarmal getroffen. »Jetzt siehste, was ich davon hab!«

Der eene Typ, der dabei war, den sein Vater war bei der Polizei. Und der hat seinem Sohn die Adresse von ihr gegeben. Dann stand der bei ihr vor der Tür und sagte, sie soll gefälligst die Anzeige zurückziehen. So'ne Sachen. Du hattest zu nichts und niemandem mehr Vertrauen.

Karsten Da wurde kaum jemand gefasst. Auch bei den Überfällen im Laden habe ich nich gesehen, dass da kriminaltechnisch irgendwie ermittelt wurde. Keine Spuren aufgenommen, einfach nichts. Das kam eben noch dazu, dass man gemerkt hat: Von der Staatsgewalt wird man nicht unterstützt.

Hausi Der eine, der bei dem Überfall auf den Kossi im Laden dabei war, rannte später mit Zopf rum. Die hatten dann alle lange Haare! Und bei der Gerichtsverhandlung, Jahre später, hat die Richterin gesagt: »Gucken Sie sich diese jungen Männer an – sehen die aus wie Nazis?« Die ham kaum was gekriegt.

Röhli Da war jeder für seine Sicherheit selbst verantwortlich. Das war'ne richtig gesetzlose Zeit.

Am Ende des Jahres 91 haben wir unser drittes Elternteil verloren. Wir sitzen in Leipzig oder Berlin, mit zugezogenen Fenstern in einer Wohnung im WK III, in einem Bauwagen im Hunsrück, in einer Mühle in Bad Muskau oder in einem Haus ganz am Rand der Altstadt. Wir werden uns fühlen wie jedes Kind, dessen Eltern es nicht beschützt haben. Und werden sie weiter lieben, wie jedes Kind es tut.

Besonders, da andere uns unsere Stadt jetzt erklären: Eine »Strafkolonie namens Hoyerswerda«, der »steingewordene Reißbrett-Traum realsozialistischer Kaninchenzüchter«, lesen wir im »Spiegel«. Auch, dass »der braune Dreck in Strömen« aus uns fließe. Dass wir »in einem bösartigen, hässlichen, dumpfen

Alltag« gelebt hätten, »der bösartige, hässliche, dumpfe Menschen stanzt«.

Der Fotograf einer großen Tageszeitung hat einen Skinhead mit einschlägigen Tattoos und erhobenem Arm vor einem Jugendklub postiert. Der wird als Treffpunkt dieser typischen Bewohner von Hoyerswerda beschrieben. Es ist der *Laden*.

Schudi In dieser Zeit is der Glaube an irgendwelchen Journalismus flöten gegangen. Weil, wir haben normalerweise immer den »Spiegel« gelesen. Wahnsinn, was die alles schreiben können! Oder ARD oder ZDF … Die Recherche und der investigative Journalismus! Aber dann hat man gesehen, was das für'n Fake sein kann und wie das von Halb- und Viertelwahrheiten strotzt. Oder gar keine Wahrheit. Das muss man erst mal lernen. Wenn die irgendwas über die Philippinen schreiben – woher soll ich wissen, was dahintersteckt?
Aber dann kamen diese ganzen Hoyerswerda-Artikel, und dann merkst du auf einmal, was das für Flachzangen sind und wie schlecht das alles recherchiert is und wie zusammengeschustert. Dass eener losfährt, drei Stunden Zeit und zack, dann wird eener vonner Straße vor's Mikro gezerrt. Der blubbert was in seiner Angst, irgendwelchen Stuss – und keiner hat ooch nur im Ansatz versucht, diese Mega-Komplexität zu durchschauen – ooch nich der »Spiegel«. Das war krass.
Und das Frustrierende ist, dass es nich besser wurde. So dass der Glaube daran kaum wiedergekommen ist. Egal ob sie über Gundi schreiben oder irgendwas anderes – man is hellhörig geworden. Eher hinterfrage ich jetzt den »Spiegel«.

Gabi Woran ich mich deutlich erinnern kann, ist dieses Gefühl, das wir alle hatten: Dass Hoyerswerda jetzt auf diese Zeit und diese Vorkommnisse reduziert wird. Das macht einen erst mal so bisschen hilflos. Und dann entwickelt man Trotz oder einfach Wut.

Unterm Bus

Röhli Diese Zeit war extrem dunkel. Drei Jahre hinternander gab's in jedem Jahr Tote. Ermordet, meistens von Nazis.

Der Sternenhimmel, der sich Anfang der Achtziger im Planetarium über uns geöffnet hatte, ist im Februar 1993 noch der gleiche. Am Montagmorgen setzt sich der Mechanismus knarzend in Bewegung und lässt über den Köpfen der Zehntklässler von Hoy die Stadt für eine Stunde verschwinden. Aber sie müssen nicht mehr zur *nullten Stunde* erscheinen – mit den Schichtbussen ist auch der Schichtunterricht aus unserer Stadt verschwunden.

Auch der Intershop gleich neben dem Planetarium ist nicht mehr da. Tintenkiller und Wrigley's Spearmint gibt es jetzt in der *Koofhalle* – aber die im WK VI wird demnächst für immer schließen. So wie die Weinstube Csárdás samt Wohngebietsgaststätte Libelle, deren Türen schon mit Brettern verrammelt sind. Auf den Gehwegen beginnt Gras zu wuchern. Nur das Straßenschild mit dem Namen von Walentina Tereschkowa – die erste Frau im All – erinnert noch an eine Zukunft, die vorzeitig abgebrochen wurde.

Eine schmale Treppe an der Längsseite des Karrees führt in den Keller unter der Kaufhalle. Er ist einer der wenigen Orte in Hoy, an denen sich Langhaarige noch treffen können. Ihr Klub heißt »Nachtasyl«. Die Reviere sind neu aufgeteilt.

Uwe Man hat den Glatzen dann den »WeKa 10«-Klub überlassen. Nach dem Motto: »Lass die mal machen. Hauptsache, wir haben die so bisschen unter Kontrolle.« Das ging so weit, dass die Equipment gekriegt haben, um da ihre Nazilieder einzuspielen. Wirklich verrückt, aber das war damals üblich.

Gabi Da hatte ich 'nen Job als Sozialarbeiterin im Jugendtreff und 'ne Einzelfall-Hilfe, mit einem von den rechten Rädelsführern. Dessen Vater war früher Parteisekretär. Der hatte Familie und Kind und ist komplett überfordert gewesen. Der hat sich später umgebracht. Die meisten von denen waren ja keine überzeugten Rechtsradikalen. Und das waren nicht per se alles Schwerverbrecher oder Idioten. Man sah einfach Jugendliche, die einsam waren. Frustriert, psychisch angeknackst. Und fehlgeleitet.

Uwe Ich bin dann bewusst zu denen in den »WeKa 10«-Klub gegangen. Und habe dort mit Thomas Heise diesen Film gezeigt, den er in Halle über Nazis gedreht hat, »Stau«. Die ham sich das angeguckt und dann bissl rumgemotzt: »Der Typ hat doch'n Vogel«, und: »So sind'wa nich.« Ja, bei diesen Arschlöchern hab ich das gemacht. Ich wollte einfach diese Angst weghaben und dachte: Wenn die mein Gesicht sehen, is das nich mehr so einfach, mich als Feindbild aufzubauen.

Mir ging's wirklich besser danach. Und das hat ooch dazu geführt: Man is in Ruhe gelassen worden, ooch der Laden. Aber das war sowieso klar: In dem Moment, wo die den Klub hatten, ham die sich nich mehr getraut, in der Stadt was zu machen. Das hat das Ganze befriedet.

Im Februar 1993 spielt im »Nachtasyl« die christliche Metal-Band »Necromantics«. Später wird zu lesen sein, in jener Nacht hätten vierzig Skinheads den Klub gestürmt. Mit dem Ruf

»Schlagt die linken Zecken tot!« hätten sie auf die langhaarigen Konzertbesucher eingeprügelt. Der Techniker der Band Mike Zerna sei zusammengeschlagen worden, als er die Anlage in den Kleinbus räumte.

Gabi Ich kam die Treppe hoch und hab gesehen: Der Transporter war umgekippt worden! Leute rannten rum, brachten sich in Sicherheit. Es war einfach ein Tohuwabohu. Und dann haben wir mitgekriegt, dass unter dem Bus jemand liegt. Aber ehe das in dem ganzen Durcheinander wirklich klar wurde … Spät am Abend, alle hatten Alkohol getrunken.
Das Auto wurde dann hochgehoben, Krankenwagen gerufen und so weiter. Aber es stellte sich raus, dass der schon länger da druntergelegen hatte. Der ist daran gestorben. Scheiße. Traumatisch. Der ist gestorben.

In der Gerichtsverhandlung wird es darum gehen, ob, von wem und wie laut der Satz »Ej, da liegt einer!« gesprochen wurde, bevor die Angreifer den Ort mit dem umgekippten Transporter verließen. Mike Zerna hätte zu diesem Zeitpunkt noch gerettet werden können. *Der kleene Alicke*, so ist es überliefert, hatte am nächsten Morgen einem Kumpel erzählt, dass unter dem Auto jemand lag.

Kurz darauf wird die Polizei, die in der Nacht nichts in die Wege geleitet hatte, bei seiner Freundin klingeln. *Der kleene Alicke*, seit Anfang 91 arbeitslos und ohne festen Wohnsitz, wird sich ruhig von ihr verabschieden. Sie ist im achten Monat schwanger.

Schon einmal, nach dem September 91, hatte er vor Gericht gestanden und war auf Bewährung verurteilt worden. An jenem Morgen, da Mike Zerna im Krankenhaus noch um sein Leben kämpft, wird *der kleene Alicke* ein umfassendes Geständnis ablegen und wenig später tot in seiner Zelle aufgefunden. Ein Diakon wird aussagen, dass er in letzter Zeit stabil gewesen sei und als Maurer im Rahmen einer *Maßnahme* gearbeitet habe. Es ging um den Ausbau eines Keller-Klubraums.

Bevor er Skinhead wurde, war der *kleene Alicke* ein *Metal* mit langen Haaren – so wie Mike Zerna.

Auf ihren letzten Bildern haben beide einen leichten Bartflaum über der Oberlippe. Beide werden zum Zeitpunkt ihres Todes zweiundzwanzig Jahre alt sein. Etwa so alt wie der Junge aus Mosambik, der im September 91 verloren aus dem zerbrochenen Fenster der *Polenmauer* gesehen hatte. Und so alt wie wir, als wir in den Kellern der Stadt Cola-Wodka tranken und am nächsten Morgen die Reihen der Aktentaschen passierten.

VII

Kippen

Flugzeug

Alle hatten wir davon geträumt, eines Tages wegzugehen. Als wir klein waren, musste man dafür nur den *Freizeitkomplex* aufsuchen. Dort gab es eine echte Lok und ein Flugzeug der Marke MIG, das die NVA ausgemustert hatte. Es reichte, sie zu erklimmen. Dann hob man ab. Mit dem Flugzeug nach Afrika. Mit der Lok nach Berlin.

Danach war man die Stufen wieder hinuntergeklettert und nach Hause gegangen. Man würde in der Stadt bleiben und eines Tages seine Kinder ins Cockpit der MIG heben.

In den Neunzigern aber beginnt, womit keiner gerechnet und was sich – wie sich jetzt herausstellt – auch keiner wirklich gewünscht hatte: Die Kinder verlassen Hoy.

Uwe Das war ein Riesen-Abmarsch. Alle waren weg und lebten sonst wo.

Maura Ich war ja off Tippelei und kam drei Jahre später zurück. Aber ich wollte ganz schnell wieder weg. Ich hab mich so unwohl gefühlt. Wenn'de durch die Welt rumgetingelt bist, kommst nach Hause und alles kommt wieder hoch. Und deine Leute, die sind alle weg.

Yvonne Nach der Wende gab's halt die Hoffnung auf'n neues Zeitalter, und davon ist nicht viel geblieben. Jeder muss jetzt sehen, was er macht aus dieser neuen Zeit. Und ich wollte die Welt kennenlernen, sofort. Früher wäre ich nie weggegangen!

Rottl Flucht. Unterwegs-Sein. Rucksack. Zwischendurch bin ich noch kurz richtig durchgedreht. Und dann in den Hunsrück gekommen. Super. Ruhig. Keene Faschos.

Claudia Ich hab dann in Berlin meine Wohnung gekriegt. Yvonne kam, Astrude und Suse. Dann kam Schudi bald, und es verpappte sich alles nach Berlin.

Schudi Die abgefahrenste Sache, die man sich als Plattenkind aus Hoyerswerda vorstellen konnte, in diesem Prenzlauer Berg … Ich weeß noch, die ersten Ausflüge nach Berlin: Kein Scheiß, da hab ich mich gefürchtet. In der Nacht diese komischen Hinterhöfe, alle Haustüren offen. Dunkle Hausflure, gähnende Kellerlöcher, diese Souterrain-Treppen runter … Ja, und dann bin ich nach Berlin gezogen.

Gabi Man hatte nicht das Gefühl, dass man in Hoyerswerda eine Zukunft hat. Die Mobile Jugendarbeit ist nach zwei Jahren zu Ende gewesen, und ich war wieder arbeitslos. Zottel hatte verschiedene Jobs und ABMs, aber nichts mit Aussicht auf: Da kann man länger bleiben. Und dann sind wir nach Berlin bei der ersten Gelegenheit.

Ich habe sofort eine Umschulung angefangen. Das war zu dem Zeitpunkt in Hoyerswerda nicht vorstellbar, weil es einfach die entsprechenden Bildungseinrichtungen gar nicht gab. Nee, das Thema war dann durch.

Uwe Zweitausend Leute pro Jahr, die gegangen sind. Und immer wieder: Jetzt ist der weg und die weg … Vorher sind die Leute zwar zum Studium gegangen, aber die sind zurückgekommen.

Durch diesen gesellschaftlichen Umbruch, durch das Wegbrechen von Jobs in Größenordnungen, Schwarze Pumpe und so – was hätten die denn hier noch machen sollen?

Röhli Klar hätte ich auch die Chance gehabt wegzugehen. Das war auf alle Fälle ’ne politische Entscheidung, dass ich geblieben bin. Ich hatte so ein Gefühl wie im Krieg. Wenn der Feind von allen Seiten kommt, und irgendwann sitzt du auf der letzten verbliebenen Insel: Berlin. Da hab ich gedacht, du kannst das Land nich offgeben.

Aufsichtspflicht

Micha Nach der Wende ist das natürlich zusammengebrochen. Das hatte sich dann erst mal erledigt mit Kultur.

Eines der zahllosen Kunstwerke, an denen wir jahrelang *vorbeigeloatscht* waren, ist ein Keramik-Relief in der Größe von zwei Fußballtoren. Die blaugrauen Rohre und Anlagen auf seinem Hintergrund signalisieren Industrie. Davor heben sich in lichtem Gelb drei Menschengruppen ab. Ernsthaft auf klassischen Instrumenten musizierend die eine, wild tanzend mit wehenden Haaren die nächste und grübelnd ins Schachspiel vertieft die letzte. »Arbeit und Freizeit« ist der Titel des Werks.

Nun beginnt es zu bröckeln – pünktlich in dem Moment, da die Arbeit uns verlässt und nur die Freizeit übrig bleibt.

Zuerst fallen die Schachspieler, dann lösen sich in großen Brocken die Tänzer, und am Ende bleibt nur der Mann – an seiner Kleidung als Arbeiter erkennbar – mit der Geige. Einsam fiedelt er in Richtung des Haufens geborstener Wandplatten.

Die Stadtverwaltung wird einen Zaun darum ziehen und ein Warnschild aufstellen lassen. Irgendwann wird ein Bautrupp kommen und die Bruchstücke und Scherben samt dem nunmehr kunstlosen Torso entfernen. »Verbleib: unbekannt«, wird später in den Annalen vermerkt.

Der Kopf eines der Schachspieler wird Jahrzehnte später über Umwege ins Stadtmuseum gelangen. Schudi hat das kiloschwere Keramikteil, nachts aus dem *Laden* kommend, von der Straße aufgesammelt und ins WK VIII geschleppt. Eines Tages wird es anmuten wie eine Scherbe aus der antiken Stadt Pompeji. Aber unsere Stadt ist nicht in einem Ascheregen versunken. Sie verschwindet Stück für Stück.

Karsten Wir ham versucht weiterzumachen, irgendwie. Aber das Publikum war weg.

Uwe Klar, dann ham wir uns 16-mm-Filme geholt von den West-Verleihern. Und ham Klassiker gezeigt, die wir vorher nie spielen konnten. Aber ooch schon belanglosen Unterhaltungskram. Das ging ganz schnell, dass man einfach geguckt hat: »Was interessiert'n die Leute überhaupt noch?«

Röhli Wir ham mit der Kunst nich ganz aufgehört, aber die Leichtigkeit war weg. Wir wussten: Wir schieben jetzt gegen 'ne Wand. Und die bestand aus so Vielem. Nich nur diese unterschwellige Gefahr, körperlich zu Schaden zu kommen. Sondern das ging ganz schnell los, dass'de dich gegen Institutionen gestemmt hast.

Zum Beispiel mit den Parkfesten der Weltkulturen. Es war schwer genug, die zu organisieren. Wir hatten dann trotzdem noch paar Kunst-Sachen gemacht. Einen Findling golden angemalt und den – frag nich, 'ne halbe Tonne wog der mindestens – auf einen Verteilerkasten gehievt. Das gab's schon noch. Aber eben vereinzelt und nich mehr als gelebte Kultur, als Alltag.

Es war komplett Schluss mit Avantgarde. Für jeden war es existentiell. Der Kampf, seine eigene Sicht aufs Leben nicht aufzugeben. Und vor allem: Auf einmal musste hinter allem, was wir machen, ein Konzept und eine Aussage sein. Das meine ich mit Leichtigkeit. Die hatte keiner mehr.

Der *Laden* versucht es mit neuen Veranstaltungsreihen: erste schwul-lesbische Disco. Wir erinnern uns an den Jungen aus dem Nachbarhaus, der nach dem Abitur nie wieder in der Straße auftauchte. In der Kaufhalle war seine Mutter, darauf angesprochen, in Tränen ausgebrochen und hatte gesagt, sie hätte *keen' Sohn mehr.*

Männer, Frauen und Maschinen, in diesem Dreieck ist vieles möglich. Im *Laden* sowieso. Taina wird Kerstin aus Hessen heiraten. Irgendwann wird der Krebs die immer kugelrunde Taina schmal und noch kleiner machen. Tine und Joe werden bis zum Schluss bei ihr sein.

Der Westfale Joe war als Geselle mit Maura auf der Walz gewesen und hatte ihn zurück nach Hoy gebracht, direkt in den *Laden.*

Maura Da hat er Tine kennengelernt. Und ich hab ihm vorher noch gesagt: »Du, pass off in Hoyerswerda, die Mädels da sind nich zimperlich.« Und: zack!

Joe und Tine werden deren zwei Kinder und ein drittes gemeinsames großziehen. Ein viertes nehmen sie in die Familie auf, als bei Taina und Kerstin die Frage im Raum steht und Joe nach einstimmigem Beschluss das Erforderliche beisteuert.

Und so wird ein Kind, das jenseits von Hoy aufwächst, Teil unserer Geschichte, in der alle alles geteilt haben. Auch wenn hinter der großen Glasscheibe von Foto Kahrig vorerst kein Platz vorgesehen ist für die, die es hier nur im Verborgenen gibt und die sich im Juni 94 nicht in den *Laden* trauen.

Zur selben Zeit drehen wir an der Sonntagsbrücke ein Video: »Wohngebietsoffener Wettkampf um den Titel ›Trottel der besseren Gesellschaft‹«. Weil fürs Theaterspielen nicht mehr genug Mitspieler vorhanden sind, haben wir uns aufs Filmedrehen verlegt. Wer gerade da ist, stellt sich vor oder hinter die Kamera. Das Schnittprogramm fügt zusammen, was die Nazis auseinandergeprügelt haben.

Meist persiflieren wir das, was Tag und Nacht über die Röhren in den WKs flimmert: Schlagersendungen, Heimwerkertipps und Werbeclips. Einmal kapern wir den Lokalsender Hoy-TV. Dort läuft normalerweise monoton eingesprochene Werbung für lokale Händler oder das letzte Abschlusskonzert der städtischen Musikschule in Dauerschleife. Für ein paar Stunden drängen wir den Hoyerswerdschen unseren dadaistischen Unsinn auf. Sie schalten einfach um.

Das alte Video vom Dreh an der Sonntagsbrücke zeigt eine Horde abgehalfterter Superhelden. Sie versucht, die Brücke zu unterqueren. Auf der von Streifen durchzogenen Aufnahme sind sie gerade so noch zu erkennen. Gespenstisch treten auf dem Brückenkopf weiße Schmierereien hervor: »Neger raus!« und »Deutschland« steht da, daneben drei Hakenkreuze.

Weder die Kamera noch die Teilnehmer des Rennens nehmen davon Notiz. Wir sehen es nicht mehr. Vielleicht, weil auch die Wände des *Ladens* davon übersät sind. »Rot Front verrecke! Linke raus! Sieg heil!«

Erst Jahrzehnte später wird uns der Atem stocken, wenn wir die Bilder sehen. Sie sind klüger als wir.

Uwe Dann war ja ooch sinnvoll, dass man sagte: Wenn wir schon Jugendklubs finanzieren, dann sollen die Jugendsozialarbeit machen. Damit wir diesen Mist hier in der Stadt in'

Griff kriegen. Was wir aber gar nich konnten, weil wir keene Ausbildung dafür hatten.

Sozialarbeiter gibt es keine in der Stadt, aber viel zu viele Kindergärtnerinnen. Kinder sind neuerdings knapp in Hoy. Und so schlägt die Stadt zwei Fliegen mit einer Klappe: Sie beordert Erzieherinnen in die Jugendklubs.

Christine und Heidi halten Einzug im *Laden*. In der Kita hießen sie noch »Tante«. Statt Rotznasen zu wischen und »Bummi«-Hefte vorzulesen, sollen sie jetzt aus jugendlichen Nazis lupenreine Demokraten machen. Die städtischen Klub-Mitarbeiter Uwe und Karsten – die bislang Jazzkonzerte und Kunstaktionen organisiert hatten – sind angehalten, den »Lehrgang Aufsichtspflicht« zu besuchen.

In der Lokalzeitung äußert eine junge Leserin, dass sie sich sehr über einen Jugendklub freuen würde, aber »nicht so wie im Laden, wo man immer beaufsichtigt wird«.

Von außen ist der *Laden* nun eine Fascho-Burg, von innen ein antifaschistischer Kindergarten. Wir geben auf. Wenig später verkündet ein Flyer:

»BIM BIM BIM – DER LADEN macht zu!!!«

Im »großen Schlußverkauf mit Supermegasonderangeboten« wird neben einem »Bach zum Runtergehen incl. schöner Felle zum Davonschwimmen« auch ein »schnittiger Schaufelradbagger im Wert von DM 1,00 (unverbindliche Preisempfehlung der Treuhandanstalt)« angeboten.

So wie die Bagger in den Gruben wird es den *Laden* schon bald nicht mehr geben. Noch zwei Jahre dient der Betonwürfel als Büro und gelegentlicher Veranstaltungsort, bevor er abgerissen wird.

Gabi Ich glaube, es hatte auch generell mit der Situation zu tun. Das ganze Land hatte sich verändert. Es war einfach' ne Phase und Epoche zu Ende gegangen. Und der Laden konnte zumindest an dem Ort – der ja nach den ganzen Überfällen belastet war – nicht mehr einfach weiterexistieren. Als intellektueller Kulturszene-Ort war der auch nicht mehr nötig. Weil es das Land nicht mehr gab.

1997 beginnt der Rückbau der Neustadt. Zuerst fällt der Häuserzug mit RFT, Miederwaren und Spielzeug-Geschäften, dem Café »Drei Leichen« und der Taverne samt schmiedeeisernen Weinspendern und roten Plüschsesseln. Das Stadtzentrum, auf das wir so lange gewartet hatten.

Es ist, als würde das Herz der Stadt herausgerissen. Nur kurz hatte es geschlagen. Und es hatte nicht ausgesetzt, als an der Rückseite des Blocks die Vietnamesen über die Straße Richtung *Polenmauer* gejagt wurden.

In den nächsten Jahren wird mehr als die Hälfte der Wohnungen – die nun keiner mehr haben will – rückgebaut. Um mehr als die Hälfte wird sich die Einwohnerzahl verringern. *Was weg is, brummt nich mehr.*

Mangels Fahrgästen wird der gefeierte O-Bus seinen Betrieb einstellen. Zurück bleibt eine Wendeschleife ohne Wende. Die Leitungen werden entfernt, ihre Schraffuren über unseren Köpfen verschwinden.

Mit den Hochhäusern verschwinden auch die hellen Zeilen der *Fahrstuhletagen* im nächtlichen Schwarz. Als würde unsere Geschichte nicht weitergeschrieben.

Haus am Markt. Gesellschaft

In der achten Klasse hatten wir die Ringparabel aus »Nathan der Weise« lesen und den letzten Teil auswendig lernen müssen: »Es eifre jeder seiner unbestochnen / Von Vorurteilen freien Liebe nach!«

Dabei war nie die Rede davon gewesen, dass der Dichter Gotthold Ephraim Lessing nur eine Fahrradstunde von Hoy entfernt aufgewachsen war und als Kind stets die Ferien hier verbracht hatte. Sein Onkel war Amtmann von Hoyerswerda gewesen, eine Art höherer Beamter, und er hatte in einem stattlichen Haus unweit vom Hoyerswerdaer Schloss gelebt.

Unsere Welt aber hatte hinter den WKs geendet. Alles, was vor *Pumpe* und der neuen Stadt hier gewesen war, hatte so wenig mit uns zu tun wie der echte Glaube und die vorurteilsfreie Liebe.

Mitte der Neunziger stoßen wir – ein Häufchen *Ladanier*, denen ihr Land abhandengekommen ist – bei der Suche nach einem neuen Ort für uns auf das Lessinghaus in der Altstadt. Hier haben die Beamten früher gewohnt. Wein rankt an der Fassade des gedrungenen, verfallenen Gebäudes, zu dem das Kreischen der Pfaue aus dem nahen Tierpark dringt. Eine steinerne Ranke überspannt das Portal, darunter die Zahl 1702.

Wäre Lessing ein Vertreter der *ruhmreichen Arbeiterklasse* oder wenigstens *proletarisch-revolutionärer Schriftsteller* gewesen, hätte man ihm sicher ein Museum in dem alten Haus gewidmet. Da beides nicht zutraf, war im Lessinghaus jahrzehntelang Bier gebraut worden.

Mitte der Neunziger nun hat die Brauerei das Schicksal sämtlicher Betriebe der Stadt ereilt. Das Haus ist leer und droht einzustürzen.

Zwischen Stapeln von Paletten und zurückgelassenen Bierkästen veranstalten wir Konzerte. Das bröckelnde Gemäuer erzittert ein bisschen, und wir probieren, ob wir noch Luftgitarre können.

Zottel kugelt sich den Arm aus. Wir sind wieder da.

Karsten Wir waren alle euphorisch. Begehungen und Pläne: Was kann man alles machen? Wir haben den Verein Kulturfabrik gegründet. Und dann gab's die Stadtratssitzung, wo die darüber abgestimmt haben, wer das Objekt kriegt. Na ja, und wir sind's nicht gewesen.

Im Rathaus hat man ein neues Wort gelernt: Immobilie. Es entbrennt ein Kampf um das jahrelang vergessene Lessinghaus. Am Ende aber entscheidet darüber nicht der echte Glaube, sondern das meiste Geld. Wir lernen, dass beides nicht mehr zu trennen ist.

Karsten Als Nächstes stießen wir auf dieses Haus am Markt. Da wurde ein Konzept geschrieben, und eigenartigerweise wurde das von allen begrüßt. Es gab einen Stadtratsbeschluss, also, offiziell war alles klar. Nur scheinbar nich in den Köpfen der Menschen, besonders bei der Stadtverwaltung. Die wollten das Haus lieber verkaufen.

Das imposante Gründerzeit-Gebäude war gebaut worden, als Hoy noch ein Ackerbürgerstädtchen mit einer Handvoll Honoratioren und Schützengilde war. Eine Geschichte, die die Stadt abgestreift hat.

Nun lässt sie sie wieder aufleben, als hätte es die Zugezogenen samt ihrer WKs nie gegeben: Die Altstadt-Familien übernehmen wieder das Rathaus und die Lokalpolitik. Nur ein paar West-Importe – die man wahrscheinlich wie die ersten Erbauer von Hoy zuhause rausgeschmissen hatte oder die dort anderweitig gescheitert waren – dürfen mitmischen.

Wie zum Zeichen des Machtwechsels gründet sich die Schützengilde neu – nicht, ohne darauf zu verweisen, dass es sie eigentlich schon seit dem 16. Jahrhundert gibt! Mit ernster Miene marschieren nun regelmäßig Schützenbrüder durch die Altstadt – in ordenbehangenen Uniformen, mit güldenen Litzen und weißen Püscheln auf den Hütchen. Prunkvoller als die schwarzen Bergmanns-Uniformen, die in den Schränken der Neustadt verstauben.

Jetzt erinnert man sich auch daran, dass das Haus am Markt um die Jahrhundertwende Gesellschaftshaus hieß. Damals hatte es hier an den Wochenenden »Tanz für die bürgerliche Gesellschaft« gegeben. Gesellschaft kannten wir bisher nur mit dem Vorsatz sozialistische oder kapitalistische, wenn möglich gerechte und vor allem: unsere. Gesellschaft war bis jetzt: alle.

In Hoy zieht sie sich nun in die Altstadt zurück. Deren Häuser sind auf einmal begehrt und verwandeln sich in kürzester Zeit von Ruinen zu schmuck herausgeputztem Eigentum. Wer kann, zieht auf die andere Seite des Flusses und überlässt die WKs den Abrissbirnen.

Als die Gesellschaft noch nicht mit dem Zusatz »bessere« versehen war und in der Neustadt wohnte, hieß das Haus am Markt »Pionierhaus Grete Walter«. Hierher gingen wir als Kinder, um Marionetten zu bauen und Puppentheater zu spielen, Tonfiguren zu kneten und zu brennen oder zaubern zu lernen im Magischen Zirkel.

Auf magische Art erinnert man sich nun daran, dass das Haus vor dem Krieg auch Städtisches Gymnasium war. Und dass der Erfinder des Computers Konrad Zuse 1928 hier Abitur gemacht hatte! Fünf Jahre, in denen sein Vater hier Postinspektor war, hatte er in Hoyerswerda gewohnt.

Im Gegensatz zu Brigitte Reimann oder Gundi ist Zuse nicht mit dem Makel behaftet, im falschen Land gelebt zu haben. Er wird Ehrenbürger der Stadt. Wie eine neue Uniform zieht sie sich seinen Namen an. Was immer geht, wird nach Zuse benannt: Berufsschule, Museum, Akademie, Straße und schließlich – nur folgerichtig – die gesamte Stadt.

Glücklicherweise erinnert immer weniger an deren jüngere Vergangenheit. Das Hochhaus mit der kompromittierenden Leuchtschrift ist aus dem Stadtzentrum verschwunden: *Kohle Energie Gas.* Was an deren Stelle treten soll, weiß niemand. Aber im Rathaus hat man einen rettenden Einfall. Der Slogan der Stadt lautet jetzt: »Wir lieben Ideen.«

Kurzzeitig darf die »Kufa«, wie der neue Verein »Kulturfabrik« in Hoyerswerdscher Effektivierungsroutine sofort abgekürzt wird, im Haus am Markt einziehen. Dann stellt man fest, dass der Saal baufällig ist, und wir werden umgesiedelt. Diesmal in ein verlassenes Schulgebäude ganz an das Ende der Stadt.

Im Nachbargebäude, das unserem an Hässlichkleit und Verfall in nichts nachsteht, sind die Obdachlosen der Stadt untergebracht und werden schon bald auch Asylbewerber einziehen. Hier, am Rand der *bürgerlichen Gesellschaft*, geht es so laut, dreckig und wild zu wie in den Gründerzeiten der vergessenen Stadt.

Wir nennen das neue Domizil: *Zwischenbelegung.*

Ich male alles grau

Das neue Jahrtausend ist gekommen, und wider Erwarten haben sich die Autos nicht in die Luft erhoben. Auch wir sind nicht zum Mond geflogen. Wir fahren noch nicht mal Schichtbus. Wir treffen uns nur noch selten, meist im *Kufa*-Domizil *Zwischenbelegung* am Rand der Stadt. Die meisten von uns kommen dann für ein Wochenende angereist, geben ihre Kinder bei den Eltern ab und schleichen sich nachts zurück zu ihnen, in ihr altes Kinderzimmer.

Diejenigen, die in Hoy geblieben sind, haben Wohnungen und Häuser in der Altstadt oder in einem der umliegenden Dörfer ausgebaut. Wir haben *zu tune*.

Eines Abends aber – das Jahrtausend ist gerade fünf Jahre alt – stehen wir wieder vor einer Kellertür, aus der uns laute Musik entgegendröhnt: Das Dock 28, das alle nur *Dock* nennen, gilt als der letzte Treffpunkt der Linken in Hoy. Eine kleine Treppe führt links von einem mehrstöckigen Funktionsbau nach unten. Die grauen Wände des Hauses sind grellbunt besprüht.

Für einen Moment denken wir daran, wie wir den *Laden* bemalt hatten, im September 91. Der ist lange abgerissen und die Stadt mitten im Rückbau. Die Reste der Neustadt stehen neuerdings unter Denkmalschutz.

Für den Keller, in den wir jetzt hinabsteigen, gilt das ganz sicher nicht. Am Einlass sitzen kleine Punks, die unsere Kinder sein könnten. Hanni, Hausis Ziehsohn, spielt heute mit seiner Band. Wir werden gesiezt und fühlen uns zum ersten Mal sehr alt.

Gleichzeitig fühlt es sich ein bisschen an wie damals im FMP – ein paar hundert Meter von hier die Straße runter. Es ist eng, es wogt und schreit durcheinander. Blanke Betonwände mit Graffitis, ein paar Sofas, eine Bar. Diese aber hat keine Lederschlaufen – die, die hier stehen und Bier aus Flaschen trinken, kennen das eiserne Gesetz des Schichtbusses nicht mehr.

Hanni Ich bin 88 geboren. Wir sind gut behütet, aber in einer ziemlichen No-Future-Stimmung aufgewachsen. Selten was Gutes. Für mich war das unvorstellbar: Krass, hier sollen mal siebzigtausend Leute gewohnt haben? Und O-Busse sollen hier gefahren sein? Das war für mich das Gleiche, wie wenn meine Oma gesagt hat: »Da drüben war das Ballhaus, da waren wir früher tanzen.«
Wenn du gerade achtzehn bist, und das Viertel, in dem du aufgewachsen bist, schon nicht mehr steht, sondern die Bäume da schon kniehoch wachsen … Du bist selbst noch ein Kind und bist nicht in der Lage, jemandem zu zeigen, wo dein Kindergarten war, deine Schule, dein Block. Noch dazu, gefühlt: Wohin du schaust, nur alte Menschen!

Die Jungs, die auf der Bühne im Dock 28 in die Mikros röhren, nennen sich »PlattenbauRomantic« – aber alle sagen nur *PlaRo*. Ihre schmächtigen Gestalten, die hinter den Instrumenten fast verschwinden, erinnern uns an Gundi.

Nicht weit von hier hatten wir vor zwanzig Jahren an dessen Lippen geklebt, als er uns erstmals ein Hoywoy-Lied präsentiert hatte. Vor ein paar Jahren war er gestorben, und dreitausend Leute hatten sich auf dem Waldfriedhof am Rand unserer Stadt gedrängt. In unserem Leben hatte sich ein Abgrund aufgetan – so wie um uns herum die Tagebau-Restlöcher, die sich nie ganz schließen und auch als Seen Wunden in der Landschaft bleiben.

Später würden überall im Osten des Landes Liedermacher mit Gundermann-Programmen und Coverbands die Bühnen bevölkern. Wir aber sehen ihn genau hier, in den Jungs mit den schwarzen T-Shirts, die so aussehen, als könnten sie wie Tränchen Traurig jederzeit von den Großen verhauen werden. Und die mit Punk zurückschlagen. Die nicht weinen, sondern schreien.

Eines Tages werden sie größere Häuser füllen können als einen Keller im WK I. Aber sie werden weiter in Underground-Schuppen spielen, und ihre Lieder werden wütend bleiben.

Scheiß DDR / Scheiß DDR / Ach was für ein schönes Land / Alle war'n im Widerstand / Videorekorder und Bananen / Stand geschrieben auf den Fahnen / 89 wars vorbei / Ach was wart ihr alle frei / Alle auf zum Flüchtlingsheim / Jeder haut 'nen Molli rein / Scheiß BRD / Scheiß BRD

Im FMP hatte Gundi erstmals unsere Stadt besungen: *Deine grauen Häuser werden nicht bunt, wir reiben uns an dir nur die Pinsel wund.* In der Stadt der neuen Kinder von Hoy sind die Häuser nicht mehr grau. Sie sind entweder weg oder aber *altersgerecht* ausgebaut und pastellfarben gestrichen.

Im *Dock* aber rotzen *PlaRo* in die scheppernde Anlage: *Ich kauf mir einen Pinsel und ich male alles grau.*

Vor der Bühne stampft und pogt es. Die Punk-Kinder springen sich an, werfen sich in den Raum. Energie scheint das einzige, was übrig geblieben ist von *Energie Gas Kohle der Republik zum Wohle.* Ein paar Eingänge entfernt hat einst Brigitte Reimann gewohnt und sich gewünscht, dass es Klubs geben möge, mit Leben darin.

Hanni Das Dock war 'n Spielplatz. Sogenannte Subkultur. Für uns hat sich das so angefühlt, als würde der Laden 'ne Renaissance erleben. Den kannte ich ja nur aus Erzählungen und alten Videos auf Hausis Computer. Wir hatten halt Bock, irgendwas zu machen ohne großen Regelkatalog. Später ist das Dock gestorben.

Die Kinder vom Dock verlegen ihren Punk in das abgerockte Haus neben dem Obdachlosenheim, in dem die *Kufa* immer noch in *Zwischenbelegung* ausharrt. Richard von *PlaRo*, den alle nur *Fidschi* nennen, nimmt mit Hausi ein Hörspiel auf: Darin verirrt sich eine Gruppe jugendlicher Punks in ein soziokulturelles Zentrum am Rande der Stadt. Dort treffen sie auf ältere Menschen »in Baumwollhemden und Strickjacken«, bei denen es sich nur um Lehrer handeln kann und die »sich in ihrem kulturellen Interesse suhlen«. Als die Punks in deren »Refugium« eindringen, fragen sie sich bange: »Was wollten die? Kultur konnte es nicht sein. Oder etwa doch«?

Fidschis Hörspiel heißt: »Die Tunnel von Hoyerswalde«. Auch uns hatte in unserem ersten Stück ein Tunnel beschäftigt – in der Unterwelt der Neustadt. Die Tunnel bei Fidschi sind finstere, geheime Katakomben, die sich angeblich unter der Altstadt befinden. Dort hängen Porträts von Erich Honecker, Konrad Zuse und dem hessischen Ministerpräsidenten. Letzterer spielt eine entscheidende Rolle in einer komplizierten Handlung um eine von Zuse erdachte Zeitmaschine.

Der Gedanke, dass wir uns in einer solchen befinden, liegt nahe – landen doch auch die neuen Kinder von Hoy in einem Keller.

Die Punk-Kinder aus dem Dock nennen ihren Klub – der sich genau eine Etage unter dem *Kufa*-Behelfsquartier befindet – *Zwiebelchen*. Zwar leitet sich der Name von *Zwischenbelegung* ab, passt aber gut zu den Köpfen der Besucher. Die sind an den Seiten kahlgeschoren, und nur oben ragt ein Büschel Haare heraus – ganz wie bei einem Zwiebelschopf.

Wir alle wollten als Kinder »Zwiebelchen« sein. In jedem Kinderzimmer der Stadt hatte ein zerlesenes Exemplar des gleichnamigen Buches von Gianni Rodari gestanden. In Zwiebelchens Welt saßen die Anständigen im Gefängnis, und die Schurken stellten überall Verbotsschilder auf. Lachen war verboten. Aber wenn man die Brille absetzte, konnte man sie nicht mehr lesen – so einfach war es.

Auch die Punk-Kinder mit den Zwiebelchen-Frisuren stoßen in ihrem Keller auf Verbote.

Hanni Ich bin Kufa-Kind, ich liebe die Kufa. Aber ich musste mir immer anhören: »Nee, Hanni, nächstes Mal nich mehr hier. Is wieder alles kaputt gegangen, die ganzen Flaschen und so. Immer das Gleiche mit euch!«

Aber auch die neuen Kinder von Hoy sind gelernte Zwiebelchen: Sie setzen die Brille ab oder stöpseln die Kopfhörer ein und fühlen sich wohl in ihrem Keller – in der *Zwischenbelegung*, ganz am Rand der Stadt.

In den Kellern der Stadt hatten auch wir uns früher *rumgedrückt*. Ein paar von uns waren in der Stadt geblieben, mit dem *Laden* aus der Neustadt ausgezogen und auf der Suche nach einem Ort in der *Zwischenbelegung* gelandet. Als echte Hoyerswerdsche wussten wir, dass man aus einer solchen immer wieder auszieht.

Den Traum vom Gesellschaftshaus hatten wir nicht aufgegeben. Aber so wie einst die ganze Stadt auf das Kulturhaus gewartet und Generaldirektor Richter einen »Siebenjährigen Krieg« ausgetragen hatte, zieht sich auch unser Sehnen in die Länge. Erst nach endlosen Auseinandersetzungen im Stadtrat erinnert sich der Bürgermeister an das vor Jahren gegebene Versprechen und gibt der *Kufa* das Haus am Markt zurück. Da sind die ersten von uns schon Großeltern.

Aus dem einstigen Gesellschaftshaus ist ein Bürgerzentrum geworden. Dorit hat es entworfen. Wie direkt aus »Franziska Linkerhand« von Brigitte Reimann entstiegen, ist auch sie Architektin. Und genau wie die Romanheldin kann sie sich Schöneres als Plattenbauten vorstellen. Aber anders als diese war sie ein Kind von Hoy: Sie hatte in den Baugruben der Neustadt gespielt, und eine Baustelle war nicht einfach ein Provisorium, sondern Abenteuer.

Auf einem Foto, das später in der *Kufa* hängen wird, sieht man ihre Familie in den Siebzigern auf einem frisch gegossenen Fundament zwischen Platten und Baumaschinen stehen. Man ahnt, dass Dorits weiße Kniestrümpfe – Sonntagsausflug! – im nächsten Moment dreckig sein werden. Man spürt die aufgeregte Freude der Familie: Hier werden wir wohnen! Dorits Vater hatte die neue Stadt mitgebaut. Das Planetarium, in dem sich uns Kindern der Sternenhimmel öffnen sollte, hatte er entworfen.

Dorit ist irgendwann weggegangen, wie die meisten von uns. Als sie zurückkehrt, ist sie Architektin. Seit den späten Neunzigern wird die Stadt *rückgebaut.* Jetzt könnte sie sich freuen, wie jeder, der die Platte nicht liebt und für den unsere Häuser so *seelenlos* sind, wie sie für Reimann waren.

Dorit aber – vielleicht, weil sie die Freude des kleinen Mädchens auf der Baustelle nicht vergessen hat – füllt zu Beginn des neuen Jahrtausends die Platten noch einmal mit Leben.

Für den Abriss vorgesehene Häuser macht sie zu *temporären Kunstprojekten*. In ihnen kann man Wände bemalen, Texte draufschreiben, Farbbeutel auf die Fassade werfen. Eine letzte *BETONung*, bevor der Beton verschwindet. Aber anders als im *Laden* treffen sich hier nicht ausschließlich »Avantgarde & Experiment«, sondern auch Frauen, die einst in Kittelschürzen unsere Mütter waren. Sie belegen einen Raum in der Abrissplatte und stricken gemeinsam – so wie sie einst Petra und die Armada unserer Puppen bestrickt hatten. Durch die leeren Aufgänge spazieren Hoyerswerdsche, sonntagsmäßig *angescheuselt*, und erinnern sich, wie es war, als sie hier einzogen.

Wir aber ziehen 2015 mit der *Kufa* ins Bürgerzentrum – zwanzig Jahre, nachdem der Laden mit »Bim bim« seine Pforten geschlossen hatte. Dorit hat ein Haus entworfen, in dem sich die ornamentalen Stuckaturen der Altstadt mit den geraden Linien der Neustadt verbinden. In seinem Inneren umfangen hohe Wände aus grauem Waschbeton einen leeren Raum. In dessen Mitte schwebt eine Treppe scheinbar frei nach oben: Die neue Kulturfabrik.

Hier kann man im Akkord Filme machen und töpfern, es gibt einen Saal für Konzerte oder Kino und sogar ein Café mit gediegener Speisekarte. Im Erdgeschoss wohnt ein Axolotl und glotzt den ganzen Tag durch seine Aquariumsscheibe in das weiträumige Foyer. An dessen Wände sind keine Plakate mehr gepinnt, keine Flyer oder Zettel, keine obskuren Masken oder Transparente. Stattdessen eine Galerie mit gerahmten Kunstwerken, exakt ausgerichtet.

Das neue Haus schafft Unmut. Den einen fehlen die Schnörkel und der Plüsch der *besseren Gesellschaft*. Die anderen vermissen ihren abgeranzten Keller, die Graffitis, »Avantgarde & Experiment«. Niemand tanzt mehr Pogo in den edlen Räumen.

Schon bald aber wird hier ein Bürgerchor Gundermann-Lieder singen. Am Anfang krumm und schief, doch im Saal werden die ehemaligen Kumpel sitzen und jede Zeile mitsingen.

Die Stadtoberen werden weiterhin nichts von ihrem *mistgrätigen* Sohn wissen wollen. Jährlich wird im Stadtrat ein Antrag auf Benennung einer Straße nach ihm gestellt werden, jährlich eine Mehrheit ihn ablehnen: *Wir nennen keene Straßen nach IMs!*

Doch gelernte Hoyerswerdsche scheren sich nicht um Verbote. Auf der Freifläche neben der *Kufa* – wo im Sommer Leute sitzen und Bier trinken, Boule spielen und Musik hören – hat jemand ein Schild aufgehängt: »Gundermann Plaza«. Es wird eine Tanzcompagnie entstehen, in der unsere Eltern mittanzen, unsere Kinder und manchmal auch wir: »Eine Stadt tanzt« wird das Projekt heißen. Dreihundert Hoyerswerdsche werden zum *Kufa*-Verein gehören. Wir sind jetzt *Bürger*.

Dorit aber wird nach Jahren zermürbender Kämpfe ihr Büro schließen und nicht mehr als Architektin arbeiten.

Ein paar Jahre später, im Sommer 2020, steht sie in unserer Mitte auf dem Marktplatz. Ein Foto wird gemacht. Darauf zu sehen: Junge, Alte, mit und ohne Kinder, Iro, Glatze und Kaltwelle. Dadaisten, beinharte Blueser und verdiente *Ladanier* neben Anzugträgern und Discogängern. Manchmal vereint in einer Person.

Wir posieren für ein Wahlplakat, mit dem Dorit zur Bürgermeisterwahl antritt. »Stadt im Aufbruch« ist ihr Slogan – und für einen Moment fühlt es sich so an, als könnte eins der Kinder von Hoy im Rathaus einziehen.

Am Wahlabend verkündet sie in der *Kufa* ihre knappe Niederlage. Unterm Arm hält sie ein zerfleddertes Exemplar von »Franziska Linkerhand«.

Das geht so ni. Grundbruch

Nach dem September 91 hatten auf den Gehwegen und Grünanlagen vor der *Polenmauer* und dem Asylbewerberheim Scherben gelegen und leere Bierbüchsen. Brandspuren an den Fassaden hatten gezeigt, wo die Molotow-Cocktails gelandet waren. Leere Fensterhöhlen mit Resten zerborstener Scheiben erinnerten daran, dass hier einmal jemand gewohnt hatte und nicht mehr da war.

Die Scherben hat man weggekehrt, die Bierbüchsen eingesammelt, die Fassaden übertüncht, die kaputten Fenster ersetzt und die Rahmen gekittet. Die Stadt will vergessen. Und auch wir sind froh, als Ruhe einkehrt und der Boden unter unseren Füßen nicht mehr zu schwanken scheint.

Seit wir denken konnten, wurde um uns herum ständig etwas aufgerissen und umgeschichtet, neu gebaut und wieder abgerissen. Nie konnte hier etwas bleiben, wie es war. Nicht in der Stadt, die gestern noch Landschaft war, heute WK und morgen schon wieder Wald. Und nicht in der Lausitzer Landschaft, wo gestern noch Dörfer standen, heute eine Grube war und morgen ein See sein würde.

Wir waren aufgewachsen mit den Baggern, deren riesige Schaufelräder sich in die Landschaft fraßen. Was in ihnen landete, war auf einmal nur noch Abraum.

Dort, wo dieser abgelagert wurde – so hatten wir gelernt –, entstanden Kippen. Irgendwann würden an deren Rand wieder Bäume wachsen und die Grubenlöcher sich mit Wasser füllen. In den neuen Seen würden wir baden.

Schon in der Schule hatte man uns Bilder dieser künftigen Lausitzer Seenplatte gezeigt: plantschende Kinder, lachende Eltern mit riesigen, gepunkteten Wasserbällen, rote Sonnenschirme und weiße Segel. Der Himmel strahlend blau. Dass kein Dreck über ihn ziehen, weil es *Pumpe* so nicht mehr geben würde, kam uns nicht in den Sinn. Wir sahen in unsere Zukunft.

Gelegentlich hatten wir davon gehört, dass der Boden in Tagebaufolgelandschaften geschwankt hatte und manchmal auch Stücke von Böschungen abgebrochen waren. Einen Lausitzer konnte das nicht erschüttern. Wir wussten: Es musste nur genug Zeit vergehen. Dann würde das Alte zur Ruhe kommen und das Neue entstehen.

An einem Nachmittag im Oktober 2010 aber setzten sich auf einer Kippe vor den Toren von Hoy und in Sichtweite der Schornsteine von *Pumpe* über eine Million Kubikmeter Schlamm in Bewegung. *Grundbruch*. Der flüssige Sand schob sich mit brachialer Gewalt in das Tagebau-Restloch. Drei Meter hohe Wellen rissen mit, was auf ihrem Weg lag. Unter sich begruben sie dreiundachtzig Schafe und fünf LKWs.

Vier Fahrer konnten flüchten. Der fünfte schaffte es auf das Dach des Fahrzeugs und wurde von einem Hubschrauber gerettet. In den folgenden Jahrzehnten durfte kein Mensch das zwei Kilometer lange Areal betreten. In seiner Mitte ragte das Dach des LKWs als kleiner roter Punkt aus der braunen Masse. Wir lernten ein neues Wort: *Rutschung*.

Immer wieder hatten wir seitdem davon gehört, dass Böschungen von aufgekipptem Abraum aus dem Tagebau wegbrechen. Die Wege außerhalb der Stadt waren nun von Schildern gesäumt. Sie warnten davor, den Waldboden zu betreten. Durch die Bäume sah man den See glitzern, aber man kam nicht ran.

Es passierte, dass sich Löcher in der Erde auftaten. Waldstücke versanken, Bagger, Tagebaugeräte, Häuser und manchmal auch Menschen. Unter den zugekippten Oberflächen, hieß es jetzt, würde es arbeiten. Das Grundwasser suche sich neue Wege und dränge nach oben. Festes Erdreich wurde durchspült und flüssig, Hohlräume entstanden. Unter jeder Grasnarbe konnte einer sein.

Das beunruhigte uns nicht. Da, wo abgesperrt war, gingen wir einfach nicht hin. Irgendwann würde über alles Gras wachsen. Man musste den Dingen nur genug Zeit geben.

Verkippen war die Strategie, die wir gelernt hatten.

Röhli Zwei, drei Jahre nach der Sache mit dem »Nachtasyl« fing ich an, mich etwas sicherer zu fühlen. Das war das erste Mal, dass'ne Tat Konsequenzen hatte. Wo die Leute, die das gemacht hatten, sogar verknackt wurden. Und dann diese Soko Rex in Hoyerswerda präsent war. Du hattest nich mehr die Angst, dass du Überfällen einfach ausgesetzt warst. Weil bei den Nazis das Bewusstsein da war, die werden beobachtet und kommen nich mehr straflos davon. Ab da hab ich ganz, ganz langsam wieder durchgeatmet.

Pfeffi Ich war nach 91 Sozialarbeiter, ohne Ausbildung hab ich das gemacht. Das war befristet off een Jahr und wurde immer verlängert. Ende 96 war Schluss. Mit der Begründung: Die Lage hat sich beruhigt, gibt keene Auseinandersetzungen mehr. Ausländer gibt's sowieso keene mehr in der Stadt, und demzufolge brauchen'wa euch nich mehr.

Seit dem September 91 wohnten in dem langgezogenen Hochhaus in der Schweitzerstraße keine Polen mehr, auch keine Mosambikaner oder Vietnamesen. Die Wohnungen, in denen sie zu viert gelebt hatten, wurden an Kleinfamilien oder Pärchen vermietet. Das Haus hieß immer noch *Polenmauer* – aber bald würde kaum noch jemand wissen, woher der Name kam und was hier passiert war.

Den neuen Kindern von Hoy erzählte niemand davon. Und doch spürten sie, dass unter dem Boden etwas war, das arbeitete.

Hanni Ich bin in einer weißen Blase groß geworden. In meiner Schule, um mich herum – alles White Trash. 91 war ich drei Jahre alt – ich hab das Pogrom nicht bewusst erlebt.

Irgendwann hat man so beiläufig mitbekommen, dass da was war. Aber nich in der Schule oder von irgendwelchen öffentlichen Quellen in der Stadt! So wie es theoretisch hätte laufen sollen – dass man sich damit auseinandersetzt. Sondern wir ham uns unser Wissen Stück für Stück erarbeiten müssen. Wenn man seine Eltern nach 91 gefragt hat, kam nur heiße Luft. Auch bei den Leuten von der Kufa.

Die ausm Dock – das war so'ne Melange aus Punks und Hiphop-Leuten – waren die Ersten, die mir erzählt haben, wie das war: das Pogrom und der Alltag mit Nazis. Die waren die Einzigen, die sich nach 91 mit den Faschos Schlachten geliefert haben. Die haben erzählt, dass es nie anders war.

Wir haben dann Zeitzeugen getroffen, einen Stadtspaziergang zu Pogrom 91 gemacht, eine Website. Es musste quasi erst uns geben, dass sich jemand in der Stadt damit beschäftigt hat. Aber haben um Support praktisch gefleht – an Orten wie der Kufa! Die waren nich davon überzeugt, uns zu unterstützen. Weil, wenn du da deinen Stempel »Kufa« draufdrückst, machst du dich natürlich angreifbar.

Hanni und Konsorten, wie wir die Kinder aus dem *Dock* nennen, nerven mit ihren Fragen. Wir erinnern uns an die Steine, die in den *Laden* und ins *Faxenhaus* flogen, an Kossis Schädelbasisbruch und an Sattels Wohnungstür, in die sich eines Nachts ein Springerstiefel mit weißen Schnürsenkeln geschoben hatte.

Zwanzig Jahre hatte es gedauert, bis wir nicht mehr als rote Zecken galten, sondern als Bürger – im Haus am Markt. Sollte alles umsonst gewesen sein? Und ist es nicht viel mehr wert, ein Haus für alle, für Bürger, als nur für Linke zu sein? In Hoyerswerda zerstreiten wir uns über der Frage. Und lassen die Kinder mit den ihren allein.

Aber sie fragen und nerven weiter. Die Antworten, die sie zu hören bekommen, lauten immer: »Wir warn's ni.« »Wir sind so ni.« »Die woll'n uns nur schlechtmachen.« »Es muss doch ooch ma Ruhe sein.«

Aber die wütenden Punk-Kinder forschen, sammeln, dokumentieren, finden Verbündete – außerhalb von Hoy. Alles, was später zu dem Thema offengelegt wird, nimmt seinen Anfang mit ihnen: einer Gruppe schmaler Gestalten in schwarzen Klamotten und mit Zwiebelchen-Frisur, die sich nicht abwimmeln ließen und zur 13 wieder reinkamen, wenn man sie in der 11 rausgeschmissen hatte.

Würden wir heute noch einmal auf Hausis Balkon hocken und eine *Hoy-Schrecke* basteln, müssten die Punk-Kinder aus dem Dock sie bekommen.

Außer den Kindern vom *Dock* sind die Einzigen, die den September 91 nicht vergessen wollen, die Nazis. Wenn er sich jährt, marschieren sie auf.

Röhli Das war zum zehnten Jahrestag von diesem Pogrom, wo die Nazis demonstriert haben. Vorher hab ich überall rumgefragt, aber es fand sich niemand, der was dagegen organisiert hat. Von der Stadt sowieso nich!

Als ich dort ankam, hatten sich so fünfzig Hanseln auf die Straße gesetzt. Da war ich so froh! Das waren vierzehn- bis achtzehnjährige, aus der Truppe vom *Dock*. Die Polizei kam mit ihren Panzerwagen, SEK-Leute. Da war Hoyerswerda wieder in so'm Kriegszustand. Haben die da die Kleenen vonner Straße getragen. Tumult und Geschrei. Da hab ich gesagt: »Das geht so ni!« Und dann ging diese Diskussion mit der Polizei los. Ich hab immer gesagt: »Ich kann jetzt hier ni weg, ich muss sitzen bleiben. Tut mir leid.« Dann ham'se mich rausgetragen.

Zum fünfzehnten Jahrestag vom Pogrom hab ich mich 'ner Initiative vom Pfarrer Michel angeschlossen. Das war überschaubar – zwanzig, dreißig Leute. Da sind'wa hinter den Nazis gelaufen und haben mit Besen und Mülleimer den Dreck von denen offgekehrt, symbolisch. Dann ging das los, dass wir angegriffen wurden. Nich von den Nazis, sondern aus den Zuschauern heraus, von den Bewohnern. »Ihr linken Arschlöcher« und so. Da ging's richtig zur Sache, gab ooch Verletzte. Und die Polizei hat sich nich dafür interessiert.

Uwe Wie sich das wiederholt. Als man dachte, das is längst vorbei. Der ganze Dreck. Daraufhin haben wir ja die »Initiative Zivilcourage« mitgegründet. Haben Flyer verteilt gegen den Thor-Steinar-Laden und so was. Das war so schlimm – wenn du von denen fotografiert wirst. Plötzlich, wie 91. Dann is man wieder extra Kreise gefahren durch die Stadt, damit niemand weeß, wo man wohnt.

Hanni Wir sind damit aufgewachsen, das hat uns geprägt. Wenn wir nachts vom Dock mit dem Fahrrad nach Hause wollten, haben wir geguckt, welche Wege wir fahren. Es gab so'n paar Glatzen, die kannten wir, und die kannten uns.

Später wurde auch klar, dass einige von denen ziemlich gut vernetzt waren, im ostsächsischen Raum und ooch darüber hinaus. Es gab Graffitis an der Wand mit unseren Namen und: »Wir kriegen dich!«

Das *Dock* war paar Jahre unsere Festung. Einmal war 'ne Band aus Amerika da, als wir uns verbarrikadieren mussten. Wir standen da mit Knüppeln unter'm Dach, und die fanden das total super: endlich mal richtige Glatzen! Weil die das nur ausm Film kannten. Aber für uns war das Alltag.

Wenn Nazi-Aufmärsche angesagt sind, warnt die Lokalpresse davor, zur Gegendemo zu gehen, und empfiehlt stattdessen »stilles Gedenken«. Das praktiziert auch die Stadt.

Im September 2011 erscheint der Bürgermeister in Begleitung der Politprominenz von Hoy auf dem Lausitzer Platz. Da, wo der *kleene Alicke* mit einem Tischbein auf die Vietnamesen losgegangen war.

Später hatte genau hier Rottl *off die Schnauze bekommen*, und Rosi war bewusstlos geschlagen worden.

Ein paar Jahre lang hatten wir den Ort gemieden. Bis irgendwann wieder Marktstände dort aufgetaucht waren. Wir aßen Fischbrötchen am Stand einer der Teichwirtschaften und vergaßen darüber die Angst.

Im September 2011 schien die Stadt aus ihrer selbst gewählten Amnesie zu erwachen. Ein paar Kameras hatten sich in Stellung gebracht. Der Bürgermeister enthüllte eine kleine Stele. Ihre Aufschrift erinnerte an die *extremistischen Ausschreitungen* – als wären es Extreme gewesen, die den Steinewerfern vor der *Polenmauer* applaudiert hatten.

Währenddessen standen zwei Männer vor einem Hauseingang in der Schweitzerstraße. Hier hatten sie gewohnt, bevor die Steine und Brandsätze der *Glatzen* und der Beifall der Anwohner sie aus der Stadt gejagt hatten. Sie waren aus Mosambik angereist. Nicht die Stadtoberen von Hoy, sondern eine Berliner Initiative hatte sie eingeladen.

Vor genau zwanzig Jahren hatten sie oben hinter der Rhombengardine gestanden, während unten die Menge grölte.

Die neuen Hausbewohner beobachteten die Mosambikaner von der Grünfläche aus. Sie erstreckte sich dort, wo einmal Häuser waren. Dahinter hatte mal unsere Schule mit dem Relief von Albert Schweitzer gestanden. Nun wuchs dort ein Wald.

Die Männer auf der Grünfläche trugen Jogginghosen und hielten Bierbüchsen in den Händen. Wer 2011 noch in der *Polenmauer* wohnte, konnte es sich meist nicht leisten, in die Altstadt oder einen der Vororte zu ziehen. Und er wurde nicht zu einem Festakt auf den Lausitzer Platz geladen. Wo der Bürgermeister vor der Stele posierte und wo die Auslöser klickten.

Vor der *Polenmauer* näherten sich die Männer den Besuchern aus Mosambik: »Meine Scheiße sieht so aus wie du.« »Mach dich auf nach Afrika, du Buschvogel.« »Geh zurück in den Busch, du Bimbo!«

Der Bürgermeister spach derweil in die Kameras auf dem Lausitzer Platz: »Wir sind jetzt anders.« Dann verschwanden die Reporter eilig in ihren Autos.

Sie hatten den Parkplatz kaum verlassen, als der Bürgermeister die Stele wieder einpackte. Hilfsbereit assistierten ihm ein paar ältere Herrschaften. Ein Schild, das sie vor sich postiert hatten, wies sie aus als Vertreter vom »Bund der Vertriebenen und Spätaussiedler«. Dieser würde bald ein eigenes Museum in der Stadt bekommen.

Am nächsten Tag empfing der Bürgermeister die Mosambikaner Manuel Nhacutou und Emanuel Gärtner im Rathaus. Sie fragten ihn, warum nichts in der Stadt an sie erinnere und ob man so etwas nicht einrichten könne. Der Bürgermeister erwiderte, dass er ihren Wunsch zur Kenntnis nähme.

Drei Jahre später, im Jahr 2014, würde man an einem Kreisverkehr neben dem Stadtzentrum ein unscheinbares Tor aus grauem Stein aufstellen. Die Initiative um Hanni und die Punk-Kinder aus dem Dock, die sie »Pogrom 91« nennen, hatte erbittert dafür gekämpft. In den oberen Balken des Tors würde ein Regenbogen aus buntem Glas eingelassen sein. Darüber würde stehen: »HOYERSWERDA VERGISST NICHT – WIR ERINNERN«. Woran allerdings, würde nur erfahren, wer einen am Rand versteckten QR-Code scannte. *Wir lieben Ideen.* Zur Einweihung des Tors würde sich der Bürgermeister wieder der Presse präsentieren, während ein paar schwarz gekleidete Gestalten im Hintergrund Schilder in die Höhe halten würden: »NEIN ZUM DENKMAL!!! Hoyerswerda Bleibt Deutsch!«

Als der Bürgermeister im September 2011 den Mosambikanern die Hände schüttelte, war sein Blick in die Kamera gerichtet. Stolz präsentierte er eine Broschüre, bevor er sie Manuel Nhacutou überreichte: »Lust auf Hoyerswerda.«

David Viele von uns sind schon tot, zum Beispiel der Manuel Nhacutou. Er war acht Jahre in der DDR, fünf in Hoyerswerda. In den letzten Monaten hatte er überhaupt kein Geld. Da mussten wir sammeln, dass er etwas Reis hat. Dann wurde er krank und konnte nicht ins Krankenhaus gehen. Das hätte ihm vielleicht das Leben gerettet.

Seit wir zurückkamen nach Mosambik, sitzen wir auf der Straße. Weil die von der FRELIMO sagen: »Ihr habt uns damals im Stich gelassen, ihr seid Verräter.« Ich bin als Meister ausgebildet. Aber die Betriebe sind angewiesen von der Regierung, dass ich nicht bei ihnen arbeiten darf. Raus!

Seit 1991 habe ich keine Arbeit. Ich bin jetzt über sechzig, habe eine Familie gegründet. Aber wie lebt meine Familie? Wie studieren meine Kinder? Haben sie etwas zu essen? Ich versuche, durch eine kleine Schweißmaschine meine Familie zu ernähren. Kleine Sachen schweißen, für einen Euro oder einen halben. Man hat von unserem Lohn in der DDR sechzig Prozent einbehalten. Und wir haben immer noch das Geld nicht bekommen. Der deutsche Botschafter hat gesagt: »Nein, wir haben alles nach Mosambik überwiesen.« Unsere Regierung sagt: »Die DDR hat das einbehalten. Staatsschulden.«

Ich habe noch meine Lohnabrechnungen. Was wir im Betrieb gezahlt haben, monatlich. Krankenkasse: 101,21 Mark. Rentenversicherung 147,06 Mark. In meinem grünen Ausweis steht: dreißig Prozent Bergbaurente. Aber wo ist meine Rente? Gewerkschaft: vierzehn Mark jeden Monat. Aber die Gewerkschaft hilft uns bis heute nicht. Und jeden Monat Marken für die Solidarität, so viele. Miete, ein Zimmer, drei Betten oder vier: jeder dreißig Mark, monatlich. Und jeder zehn Mark für Licht. Haben die Deutschen auch so viel gezahlt? Arbeitslosenversicherung: vierunddreißig Mark, monatlich ab 1990. Wir hätten ein Jahr lang Arbeitslosengeld kriegen müssen. Und mir wurde 91 einfach gekündigt. Ich habe gerne gearbeitet, und ich hatte einen Vertrag bis 92. Der wurde nicht erfüllt. Also müsste es eine Abfindung geben. Wo ist unser Geld? Was haben wir falsch gemacht?

Ehe Manuel Nhacutou im September 2011 zurück nach Maputo gefahren war, hatte er eine einstige Grube besucht, die sich anschickte, ein See zu werden. Weit in das Restloch ragte eine schmale, an einen überdimensionalen Steg erinnernde Stahlkonstruktion, die von einem Mast und Stahlseilen gehalten wurde. Als hier noch Kohle gefördert wurde, war sie der *Ausleger* eines riesigen Baggers, der Abraum bewegt hatte, gewesen. Wenn das Loch sich mit Wasser gefüllt hätte, würde das Baggerteil eine Seebrücke sein.

Auf ihr stand Nhacutou jetzt und erzählte einer Kamera von der Arbeit im Tagebau. Es mache ihn traurig zu erfahren, dass seine ehemaligen Kollegen jetzt arbeitslos seien, sagte er. Er wisse, wie das ist. »Keine Sonne, kein Licht«. Dann hatte er das Steigerlied angestimmt. *Glück auf, Glück auf …*

Fast dreißig Jahre nachdem die Mosambikaner Hoy verlassen hatten, sitzen wir an derselben Stelle, wo Nhacutou vor dem Restloch stand, auf der Seeterrasse. Wir trinken Wein, der mittlerweile hier an den Hängen wächst. Sein Name ist »Solaris« – wegen der Sonne, die sich auf der einstigen Grubenböschung fängt. Unter der Seebrücke schimmert blau das Wasser, nebenan haben Boote angelegt. Wir haben jetzt ein »Seenland« – da, wo die Kumpel einst den Abraum verkippten.

Hanni Dass uns niemand unterstützt hat, hat bei uns dafür gesorgt, dass wir das wirklich alles zum Kotzen fanden. Diese ganze Stadt. Dass offensichtlich niemand von denen daran interessiert ist, diese Dinge aufzuarbeiten. Und dass eine junge Generation, die sagt »Das können wir nich so stehen lassen!« es so schwer hat, Unterstützung zu bekommen. Von Instanzen und Orten, die man dafür braucht als junger Mensch. Und wir haben das halt auf die ganze Stadt bezogen. Wir haben einfach nie'ne bessere Erfahrung gemacht.

Es musste nur genug Zeit vergehen. Dann würden sich die dunklen Massen, die man abgetragen und verkippt hatte, setzen und Gras darüber wachsen. Hatten wir nicht unser Leben lang im Knappensee gebadet und an seinen Ufern gezeltet? Seine Flutung war so lange her, dass auch von den Älteren in der Umgebung sich kaum noch jemand daran erinnerte: 1945.

Fast siebzig Jahre später, 2014 – und im selben Jahr, da man in Hoy das Regenbogen-Tor einweihte – sperrte die Bergbaubehörde den Knappensee auf unbestimmte Zeit. Das gesamte Gelände wurde mit Bauzäunen abgesperrt und von Videokameras überwacht.

Sämtliche Ferienanlagen an den Ufern des Sees wurden stillgelegt, abgebaut oder dem Verfall überlassen. Man könne Sicherheit nicht mehr gewährleisten, hieß es. Ein Gutachten stellte fest, dass eine lange Liegezeit des verkippten Abraums die Gefahr einer Rutschung nicht verringere.

Im März 2021 bricht bei Sanierungsarbeiten dann eine Uferböschung ab. Erdreich in der Größe von sieben Fußballfeldern rutscht in den See.

Direkt daneben hatten einst die Dauercamper im Sommer

ihre Zelte aufgeschlagen. Nachts hatten wir hier durch die dünne Leinwand den See plätschern gehört. Jetzt knicken die Bäume des angrenzenden Walds, in dem wir Verstecken gespielt hatten, um wie Grashalme. Inmitten gewaltiger Erdmassen treiben sie auf den See. Ein Tsunami rollt ans gegenüberliegende Ufer und schiebt dort drei Bungalows vor sich her. Spätestens jetzt wissen wir, dass auch der Dreck, den unsere Großeltern verkippt haben, irgendwann nach oben kommt.

Als sich das Erdreich am Knappensee in Bewegung setzt, sind die wütenden Kinder aus dem *Dock* schon lange nicht mehr in *Destroyerswerda*, wie sie die Stadt auf ihren Partys genannt hatten. Hanni und die Jungs von *PlaRo* haben eine neue Band gegründet. Ihr Name: »Pisse«. Alles, was die Öffentlichkeit von ihnen weiß: Sie kommen aus Hoyerswerda und heißen alle Ronny.

Epilog

in zeiten der dürre zieht sich das leben zurück
in stabile biotope, betreibt arterhaltung, austausch,
bereitet den ausbruch vor,
die nächste expansion gegen die wüste,
die beginnen wird,
wenn sich der schatten einer regenwolke zeigt.

(Gundi, in einer Grußbotschaft zum Ladenschluss)

An diesem Augustabend am Rand des Stadtzentrums ist es ein bisschen wie vor fast dreißig Jahren, als Hoy am Vorabend der Währungsunion den letzten *Tag des Bergmanns* gefeiert hatte.

Damals hatten die Maggi-Stände noch neben denen der Betriebskantine von *Pumpe* gestanden. Jetzt sind hier, am Rand einer Senke neben den Hochhäusern, Döner- und Bratwurstbuden aufgebaut. Die Wohnungsgesellschaft hat zur *Mitsingnacht* eingeladen.

Als es dämmert, kommen die Hoyerswerdschen mit ihren Klappstühlen. Die gehören in einer Stadt der Dauercamper und Kleingärtner zur Grundausstattung eines jeden Haushalts. Viele nehmen einfach auf der Sitzfläche des Rollators Platz. *Rollator City.*

Schnell hat sich die kleine Wiese mit Menschen gefüllt. Vorn steht André, der auch den Bürgerchor dirigiert. Mit der Gitarre gibt er die Melodie vor, und alle halten sich ihre Textbücher dicht vors Gesicht. Seite um Seite singen wir uns hindurch. Die gesammelte Kraft der Betriebschöre und Singeklubs. *Gelernt is gelernt.*

David Ich erinnere mich an die Musik. Karat, Elefant, Puhdys. Die Erinnerung macht uns viel Spaß mit meinen Freunden, wenn wir zusammen sind. Weil, das war schön und am Ende sehr schlimm. Vergessen werd' ich nie. Die wollen uns vergessen.

Ich war noch einmal in Hoyerswerda, zwei Tage, im Jahr 2019. Es gab eine Veranstaltung. Da sind viele gekommen, es war voll. Aber die haben alle nur gesagt: »Wir haben gar nichts mitgekriegt.« »Ich habe das nicht gehört.« »Ich habe das nicht gewusst.« Der Bürgermeister war nicht da. Er hätte mich einladen können, an die Stelle mit dem Regenbogen. Und wir hätten Bilder gemacht, als Erinnerung. »Wir haben euch nicht vergessen.« Das wäre schön. Nur das Symbol. Dann hätte ich das mitgenommen und hätte das den anderen in Mosambik gezeigt. Aber jetzt kann ich nur sagen: »Keiner hat Entschuldigung gesagt.«

Inzwischen ist es dunkel geworden. Das Tor mit dem Regenbogen, das eben noch zu sehen war, wird von der Nacht geschluckt. In der anderen Richtung öffnet sich der Horizont zum Himmel, auf dem langsam die ersten Sterne erscheinen. Noch vor ein paar Wochen hat die *Polenmauer* den Blick zu einer Seite begrenzt. Aber sie hat diesen Sommer nicht überlebt. Wo sie sich einst erstreckte, sprießen schon jetzt – da die Bagger gerade weg sind – die ersten Grashalme.

Schon sind wir auf der letzten Seite unserer Textbücher. Hier ist alles immer vorbei, wenn es gerade gut zu werden beginnt. Alle bleiben sitzen, und André fragt, ob man noch etwas singen wolle. Es müsste nur etwas sein, dessen Text alle auswendig kennen. Nur ein Lied kommt in Frage. Es tönt aus tausend Kehlen über die Wiesen. Dort, wo einst unsere Häuser standen.

Glück auf, Glück auf / der Steiger kommt / und er hat sein helles Licht bei der Nacht / und er hat sein helles Licht bei der Nacht / schon angezünd't / schon angezünd't.

Schudi Letztendlich isses nüscht anderes als das Geborgenheitsgefühl, was andre haben, wenn'se auf'm Dorf aufgewachsen sind. Wo man alles kennt: jeden Baum und jeden Strauch, jede Entfernung, jeden Teerstreifen auf der Betonplatten-Straße. In jedem Bewusstseinszustand, ob sturzbetrunken oder sonst wie diese Straßen langgelaufen, mit'n Fahrrad langgefahren, mit'n Moped …
Unser Haus gibt's nich mehr. Meine Eltern haben tatsächlich vom Erstbezug bis zum Abriss drin gewohnt. Bis zur letzten Minute, fast fünfunddreißig Jahre. Die eene aus'n Erdgeschoss links schneidet meiner Mutter immer noch die Haare.

Pfeffi Wir ham uns nich zuhause verkrochen und lamentiert, wie schlecht der Sozialismus is. Sondern wir ham gesagt: Wir machen was draus. Wir gehen bis an die Grenze des Machbaren. Und die Grenze hat sich eben verschoben, immer weiter.

Beate Beim Schulabschluss gibt's immer ein Foto von jeder Klasse in der Zeitung. Man könnte sich die Namen von denen nehmen und gleich aus dem Leserverzeichnis der Stadtbibliothek streichen. Die sind fort. Dabei ist es doch frappierend: Wir haben diese tolle Kulturhalle. Wir haben ein Schwimmbad. Wir haben eine sehr, sehr gute Bibliothek. Wir haben Sportvereine. Wir haben einen Indoor-Spielplatz, wir haben

Sportplätze, wir haben sehr gute Spielplätze. Wir haben ein Einkaufszentrum. Wir haben die Kufa. Es werden Konzerte gegeben, es wird Theater gespielt. Im Grunde genommen um auf Frau Reimann zurückzukommen: Es ist alles da. Die damals hergezogen sind, so in der Generation von der Reimann, und die gefordert haben: Kino und dies und das … Jetzt haben sie's. Und sie nutzen's nicht. Weil sie's nicht mehr können, weil sie zu alt sind. Und die, die es nutzen könnten, sind weg. Das ist doch irre!

Gabi Das war schon 'n seltsamer Ort. Mit diesen Mondlandschaften zur einen Seite hin. Überall Sand. Rundherum alles Tagebaue und das Grundwasser sonst wo – das war 'n ziemlich trostloser Wald. Aber ich konnte selbst diesem trockenen Kiefernwald was abgewinnen. Wenn du im Frühling draußen bist und hörst die Lerchen singen, es ist schon warm, du kannst dich in das Gras vom Vorjahr legen und siehst den Huflattich blühen … Das ist karg, aber das hat seinen eigenen Reiz. Das ist einfach 'ne Frage der Haltung. Wir ham uns hier alle wohl gefühlt.

Yvonne Ich bin nach Griechenland gezogen und hab festgestellt: Das Leben da is wie früher bei uns. Mangelwirtschaft, das System funktioniert nur über Beziehungen, man muss aufeinander zugehen. Und es geht nich um Karriere oder Geld. Wenn mich jemand fragt, woher ich komme, sag ich immer: aus dem netteren Teil von Deutschland.

Hanni Ostsachsen, das is einfach'n super-trauriger Landstrich. Aber bei all der Traurigkeit lernt man eben: Du musst die Dinge selber in die Hand nehmen. An Orten, die so'ne depressive Ausstrahlung haben – da muss man seinen Blick schärfen. Und dann sieht man diejenigen, die dagegenhalten. Die wird es immer geben.

Spätnachts sitzen wir im Garten und lauschen dem Klacken der Würfelbecher. Sämtliche Rentner von Hoy scheinen in ihren Gärten zu würfeln. Es ist der neue Soundtrack der Stadt, die ihren alten verloren hat.

Anderthalb Kilometer in die eine Richtung plätschert der Scheibesee. Als wir hierherzogen, stand an seiner Stelle noch ein Dorf. Aus dem kamen die sorbischen *Matkas* auf ihren *Scheesen* ins WK IX und holten aus den *Schweinchentonnen* Abfälle zum Verfüttern.

Später hatte Gundi dort auf dem Bagger gesessen. Jetzt liegt er, anderthalb Kilometer in die andere Richtung, auf dem Waldfriedhof.

Dorthin zieht es die Hoyerswerdschen tagsüber. Kolonnen von Rollatoren schieben sich durch das schmiedeeiserne Tor. Man trifft sich unter den großen Bäumen und *illert*, was heute *so los is*.

Am Totensonntag sitzen wir an langen Tischen im Hof der Friedhofsgärtnerei Schulze. Hoy trinkt den ersten Glühwein des Jahres. Den Tod, den die Stadt anfangs verbannt hatte, hat sie nun in ihr Leben gelassen. Und irgendwann haben die Eltern von Hoy beschlossen, die Ewigkeit so zu verbringen, wie sie gelebt haben: in Hochhäusern. Wie diese erheben sich Stelen aus Gemeinschaftsgräbern, darauf Namen wie Klingelschilder.

Anderthalb Kilometer in die dritte Richtung des Bermudadreiecks steht in der Thomas-Müntzer-Straße immer noch die Aula. Tagsüber laufen hier statt aufgeregter 14-Jähriger im *Jugendmode*-Anzug dunkelhäutige Kinder die große Treppe rauf und runter. Frauen in langen Gewändern tragen Einkäufe ins Haus. Junge Männer mit schwarzen lockigen Haaren, in glänzenden Jogginganzügen und Badelatschen, stehen am Zaun, der das Gelände vom Rest der Stadt trennt. Hier, immer noch ganz am Rand von Hoy, wohnen wieder jene, die Asyl suchen.

Wir sitzen im Garten und haben ein Feuer gemacht. Über uns schwebt eine endlose Reihe heller Punkte in schnurgerader Formation durch die Nacht. Von der Altstadt kommend, über WK II und VIII, Richtung Scheibesee. Wie immer ist Hausi der Einzige, der *Bescheed weeß*. Ein Milliardär aus Amerika, so erzählt er, habe dutzende von Satelliten auf ihre Umlaufbahn – die direkt durch Hoy führt – geschossen. Tausende würden folgen.

Der bestirnte Himmel, den wir im Planetarium, *nullte Stunde* WK VI, gesehen hatten, wird nicht mehr der gleiche sein. Von fern klacken die Würfel.

Die Personen

Beate

1953 in Dessau geboren, Abitur, Studium an der Fachschule für Bibliothekare in Leipzig, danach Bibliothekarin bei den Verkehrsbetrieben Dresden. 1977 Umzug nach Hoyerswerda, Leiterin der Gewerkschaftsbibliothek im Wohnungsbaukombinat Hoyerswerda. Nach 1989 arbeitslos, dann in der Weiterbildungsberatungsstelle Hoyerswerda tätig, 1995 Projektleitung Öffentliche Bibliotheken und Schulen der Bertelsmann Stiftung in Hoyerswerda, ab 1999 Leiterin der Stadtbibliothek »Brigitte Reimann«. Seit 2012 im Ruhestand, engagiert im Bürgerbündnis »Aktives Hoyerswerda« und im Seniorenbeirat der Stadt. Drei Kinder.

Claudia

1968 in Hoyerswerda geboren, Abitur, Praktikum im Tagebau mit Ausbildung zum Wirtschaftskaufmann, Studium der Arbeitsökonomie (abgebrochen). 1990 Umzug nach Berlin, Studium der Sozialwissenschaft. Arbeit in der Familien- und Einzelfallhilfe, Weiterbildung zur Gesundheitsökonomin. IHK-Ausbildung zur Luftverkehrskauffrau, Ramp Agent auf dem Flughafen Tegel. Seit 2015 Teamleiterin im Landesamt für Flüchtlingsangelegenheiten Berlin. Ein Kind.

David

1959 in Chidenguele/Gaza (Mosambik) geboren, Primär- und Sekundarschule in Maputo, daneben Arbeit für den Familienunterhalt. Ab 1979 auf Grundlage eines Vertrags zwischen Mosambik und der DDR in Hoyerswerda, Ausbildung zum Facharbeiter für Instandhaltungsmechanik/Schweißer, Arbeit als Schweißer im BKW Welzow, Meister für Metallbau, Studium Marxismus-Leninismus. 1991 auf Grund des Pogroms vorzeitige Beendigung des Arbeitsvertrags und

Rückkehr nach Mosambik, seitdem arbeitslos in Maputo. Engagiert in der Protestbewegung der *Madgermanes*. Drei Kinder.

Gabi

1964 in Görlitz geboren, 1967 Umzug nach Hoyerswerda, zehn Klassen Schule, Lehre und Arbeit als Forstfacharbeiter/Mechanisator, Forstfachschule für Ökonomie, Abschluss mit dem Dienstgrad Revierförster, bis 1990 Leiterin für Materialwirtschaft im Staatlichen Forstwirtschaftsbetrieb Hoyerswerda. Danach Kurzarbeit null und Kündigung, verschiedene Weiterbildungsmaßnahmen, Arbeit als Jugendsozialarbeiterin bei der Mobilen Jugendarbeit. 1995 Umzug nach Berlin, Arbeit als Einzelfallhelferin und in der Familienhilfe. Umschulung zur Ergotherapeutin, danach Tätigkeiten in Arbeitstherapie, Suchthilfe, Jugendhilfe, Kochschule und Bioladen. Heute im Führungsteam einer Bioeinkaufsgemeinschaft in Berlin. Ein Kind.

Grit

1965 in Spremberg geboren, 1970 Umzug nach Hoyerswerda, zehn Klassen Schule, Lehre zum Baufacharbeiter mit Abitur, danach Veranstaltungsorganisation im Haus der Berg- und Energiearbeiter Hoyerswerda. Studium der Kulturwissenschaft/Ethnologie/Literaturwissenschaft in Leipzig, Promotion Europäische Ethnologie in Berlin. 1992 Umzug nach Leipzig. Freie Autorin, Kuratorin und Regisseurin. Arbeit für verschiedene Filmfestivals, bis 2016 beim Internationalen Leipziger Festival für Dokumentar- und Animationsfilm Leiterin des Filmprogramms, beim FilmFestival Cottbus Leitung der deutsch-sorbischen Sektion. Kuratierung zahlreicher Filmreihen im In- und Ausland. Veröffentlichungen zum Dokumentarfilm, Mitwirkung an Dokumentarfilmen als Autorin und Dramaturgin. 2019 Regie »Gundermann Revier«, Grimme-Preis-Nominierung. Lebt in Berlin und zeitweise Hoyerswerda, engagiert in verschiedenen Initiativen sowie im Kulturfabrik Hoyerswerda e. V. Zwei Kinder.

Hanni

1988 in Hoyerswerda geboren, Abitur, aktiv in Bands und subkulturellen Zusammenhängen. Seit 2008 in Berlin, Musiker, zahlreiche Veröffentlichungen mit verschiedenen Bands und Projekten. Ein Kind.

Hausi

1963 in Greifswald geboren, ab 1964 in Hoyerswerda, zehn Klassen Schule, Lehre als Instandhaltungsmechaniker für technologische Ausrüstungen des Industriezweiges Bergbau. Danach in der Zentralen Reparaturabteilung Tagebaue und Grundwehrdienst. Seit 1989 im Haus der Berg- und Energiearbeiter bzw. Lausitzhalle Hoyerswerda als Haustechniker, Klempner, Veranstaltungstechniker. Fortbildung zum Verantwortlichen für Veranstaltungstechnik. Mitwirkung in zahlreichen Theaterprojekten und Musikproduktionen. Engagiert im Kulturfabrik Hoyerswerda e. V. Ein Kind.

Karsten

1962 in Bad Saarow geboren, 1972 Umzug nach Hoyerswerda, zehn Klassen Schule, Lehre Industriekaufmann. Studium an der Fachschule für Staats- und Rechtswissenschaft Weimar, danach Abteilung Finanzen beim Rat des Kreises Hoyerswerda. Grundwehrdienst, ab 1988 und bis zu dessen Auflösung Mitarbeiter im Jugendklub »Konrad Wolf« (Laden) und im Soziokulturellen Zentrum Hoyerswerda, seit 2011 Mitarbeiter im Kulturfabrik Hoyerswerda e. V. Ein Kind.

Maura

1972 in Cottbus geboren, zehn Klassen Schule, Lehre als Baufacharbeiter, danach als Maurergeselle auf der Walz. Später sesshaft im Hunsrück, selbständig als Maurer bei der Sanierung historischer Bausubstanz sowie im Ofen- und Lehmbau, ab 2012 wechselnde Jobs, u. a. als Hausmeister und in der Forstwirtschaft sowie Baumpflege/Baumfällung, seit 2015 in Berlin.

Micha

1951 in Papitz, Kreis Cottbus, geboren, zehn Klassen Schule in Burg/Spreewald, Lehre als Chemiefacharbeiter mit Abitur, Studium an der Fachschule für Bibliothekare in Leipzig. Danach Bibliothekar im Literaturzentrum »Johannes R. Becher« des Gaskombinats Schwarze Pumpe und Grundwehrdienst. 1977 Umzug nach Hoyerswerda. Stellvertretender Klubleiter in der Kultur- und Sporthalle »Alfred Scholz«, Fernstudium Kultur- und Kunstwissenschaft in Leipzig, ab 1984 Abteilungsleiter Veranstaltungen im Haus der Berg- und Energiearbeiter Hoyerswerda. Nach 1989 Direktor, Gründungsgeschäftsführer und Geschäftsführer der Lausitzhalle Hoyerswerda GmbH. Seit 2012 im Ruhestand, engagiert für das Bürgerbündnis »Aktives Hoyerswerda« als Stadtrat bzw. beratender Bürger sowie in den Vorständen der Kulturfabrik Hoyerswerda e. V. und des Lion Club Hoyerswerda. Drei Kinder.

Pfeffi

1950 in Böhlen bei Leipzig geboren, 1961 Umzug nach Hoyerswerda, zehn Klassen Schule, Lehre als Betonfacharbeiter, Grundwehrdienst. Fachschule für Klubleiter Meißen, danach Kreiskabinett für Kulturarbeit Hoyerswerda, ab Anfang 1989 Bezirkskabinett für Kulturarbeit Cottbus (jeweils als Verantwortlicher für Jugendklubarbeit). Nach 1990 Jobs bei der Stadtinformation Hoyerswerda, als Jugendsozialarbeiter, im Organisationsbüro Tag der Sachsen und als Schulsozialarbeiter. Seit 2014 im Ruhestand. Seit 2004 verantwortlich für die Gundermann-Sammlung in der Kulturfabrik Hoyerswerda.

Röhli

1963 in Schlema geboren, ab 1965 in Hoyerswerda, zehn Klassen Schule, Lehre als Instandhaltungsmechaniker für technologische Ausrüstungen mit Abitur, Wehrdienst/Unteroffiziersausbildung. Studium der Verfahrens- und Silikattechnik an der Bergakademie Freiberg. Nach 1989 Kohlebodenfahrer in Schwarze Pumpe, später Fachingenieur in der Formzeugwirtschaft. Ab 1993 Projektingenieur für Automotiv-, Extrusion- und Anlagentechnik in verschiedenen

Firmen. Vorstandsmitglied bzw. -vorsitzender des Kulturfabrik Hoyerswerda e. V. Lebt in Spohla bei Hoyerswerda, ein Kind.

Rottl

1968 in Hoyerswerda geboren, zehn Klassen Schule, Lehre als Maschinist für Wärmekraftanlagen, danach wechselnde Jobs. Aktiv im Arbeitskreis für Umwelt und Frieden, nach 1989 Aufbau der Umweltbibliothek Hoyerswerda. 1992 Umzug in den Hunsrück, Tischlerlehre, seit 2010 als Hausmeister in Bad Muskau. Mehrere Lyrik-Veröffentlichungen.

Schudi

1965 in Hoyerswerda geboren, zehn Klassen Schule, Lehre als Maschinen- und Anlagenmonteur mit Abitur. Studium Klima- und Kältetechnik in Karl-Marx-Stadt, danach Betriebsingenieur VEB Kühlbetrieb Berlin. Nach 1989 Vertriebsingenieur, arbeitslos, Projekt- und Montageleiter, Filmstatist, Altbau-Sanierer, Schlosser, Kalkulator, Banjo- und Tenorhornspieler u. v. a. m. Ingenieur und Weltmusiker in Hoyerswerda und Berlin.

Uwe

1961 in Elsterwerda geboren, 1969 Umzug nach Hoyerswerda, zehn Klassen Schule, Lehre als Maschinist für Großgeräte. Danach Arbeit im Tagebau, als Kulturhausleiter in Wittichenau und Mitarbeiter im Jugendklubhaus Hoyerswerda. Ab 1984 Mitarbeiter und bis zu dessen Auflösung Leiter des Jugendklubs »Konrad Wolf« (Laden). Fernstudium an der Fachschule für Klubleiter Meißen und später Kulturmanagement in Dresden. Mitarbeiter Kulturbüro Stadt Hoyerswerda/Geschäftsführer des Kulturfabrik Hoyerswerda e. V. Ein Kind.

Yvonne

1966 in Mirow an der Müritz geboren. 1969 Umzug nach Hoyerswerda, zehn Klassen Schule, Lehre als Elektriker, danach Arbeit an der Schule für Körperbehinderte Hoyerswerda und Ausbildung zur Erzieherin für körperbehinderte Kinder sowie als Lehrerin für Konzertgitarre. 1990 Wohnungsbesetzung in Berlin, Straßenverkauf von Schmuck und Tüchern, Reisen. Seit 2000 auf Kreta, bis 2010 parallel in Berlin, dort temporär als Erziehungsbeistand für körperbehinderte Kinder tätig, mit ihrem italienischen Mann Maroni-Verkauf und Cocktailbar auf Weihnachtsmärkten und Festivals. Führt seit 2005 ein italienisches Strandlokal auf Kreta. Zwei Kinder.

Danksagung

Kinder von Hoy ist eine kollektive, unsere Geschichte. Ohne das Kollektiv hätte ich sie nicht erzählen können. An erster Stelle danke ich allen Freundinnen und Freunden, die ihre Erinnerungen und ihre Zeit mit mir geteilt haben. Ihr macht es *ganze vier Grad wärmer, gleich hinter dem Ortseingangsschild*!

Besonderer Dank gilt Torsten Hauser, der mein erster Leser war, mich unermüdlich ermutigt und Recherchen beigetragen hat. Sabine und Uwe Proksch danke ich für ihre Gastfreundschaft und Uwe für die Einblicke in sein Archiv, wichtige Hinweise zu *Laden* beziehungsweise *Kufa* und ständigen, hilfreichen Austausch. Danke an Jens-Uwe Röhl für die Beratung in technischen Details rund um Tagebau und Energiewirtschaft. Des Weiteren gilt mein herzlicher Dank:

- meiner Agentin Aenne Glienke und der Lektorin Rebecca Casati für ihr Vertrauen in mich und das Projekt
- Gerd Fügert, dessen wunderbare Fotos aus seiner Zeit als Fotoreporter in Hoyerswerda eine wichtige Quelle der vorliegenden Erinnerungen waren
- Eberhard Nahly, der mich stets mit Berichten aus der Lokalpresse versorgt hat
- Julia Oelkers für die Überlassung eines Interviews
- Annekatrin Hendel für die dramaturgische Beratung
- Christof, Conny und Katja für ihre Unterstützung
- Janso, ohne den es dieses Buch nicht gäbe und der sein Erscheinen nicht mehr erleben kann
- und schließlich meinen Söhnen Oskar und Gustav, für die ich diese Geschichte auch geschrieben habe.

Literaturverzeichnis

Biernath, Peter, *architektour. stadt – bau – kunst*, Hoyerswerda 2005

Biernath, Peter, *Hoyerswerda im Wandel*, Hoyerswerda 2019

Biernath, Peter, *Kunstwerke der Neustadt – Stadtansichten von Hoyerswerda*, Hoyerswerda 2017

Kulturbund Hoyerswerda (Hg.), *Erkundungen in Hoyerswerda. Altstadt und Neustadt*, Hoyerswerda 2011

Reimann, Brigitte, *Ankunft im Alltag*, Berlin 1961

Reimann, Brigitte, *Franziska Linkerhand*, Berlin 1974

Richter, Felix, *Das neue Hoyerswerda. Ideenhaushalt, Aufbau und Diskurs der zweiten sozialistischen Stadt der DDR*, Berlin 2020

Richter, Herbert, *Lose Blätter. Visionen und Realitäten*, Schkeuditz 2004

Roschmann, Elke/Wirth, Ingrid, *Bilder aus der DDR*. Hoyerswerda, Erfurt 2003

Roschmann, Elke, *Chronik zur Geschichte der Stadt Hoyerswerda*, in: Neue Hoyerswerdaer Geschichtshefte Nr. 13 (2010)

Schmidt, Martin (Redaktion), *Lebensraum Stadt: Aspekte städtebaulicher Entwicklung*, Hoyerswerda 2009

Skoddow, Waltraut, ESPAG. *Geschichte eines Unternehmens*, Bautzen 1993

Taverne, Ed: »*Eine Stadt ohne Zäune. Die Neustadt von Hoyerswerda*«, in: Neue Hoyerswerdaer Geschichtshefte Nr. 8 (2005)

Traditions- und Förderverein »Glückauf Schwarze Pumpe e. V.« (Hg.), *1955–2020 Industriestandort Schwarze Pumpe und Hoyerswerda/Neustadt. 65 Jahre ein gemeinsamer Weg*, Hoyerswerda 2020

Wowtscherk, Christoph, *Was wird, wenn die Zeitbombe hochgeht? Eine sozialgeschichtliche Analyse der fremdenfeindlichen Ausschreitungen in Hoyerswerda im September 1991*, Göttingen 2014

www.hoyerswerda-1991.de
www.pogrom91.tumblr.com

Zitatnachweise

Prolog

Ludwig van Beethoven (Musik), Friedrich Schiller (Text), »Freude schöner Götterfunken«

Wer möchte nicht im Leben bleiben

Wera Küchenmeister (Text), Kurt Schwaen (Musik), »Wer möchte nicht im Leben bleiben«, aus dem Soundtrack von: »Sie nannten ihn Amigo«

Kanimambo Frelimo

»Kanimambo FRELIMO«, Lied der mosambikanischen Befreiungsbewegung, Autor/-in unbekannt

Country Roads, Take Me Home

John Denver, »Take Me Home, Country Roads«

Hippie-Brigade

Gerhard Gundermann, »Hoy Woy«

Distanzieren Sie sich von Dada

Richard Huelsenbeck, »En avant Dada, Geschichte des Dadaismus«

Richard Huelsenbeck, »Dada Manifesto«

Albert Einstein Bizottság, »Szerelem szerelem«

Die Entdeckung der Gallone

»Kleiner Pfennig heiße ich«, Lied aus der Kindersendung »Aus dem Butzemannhaus«, Waltraut Kramm zugeschrieben

Kurt-Adolf Thelen, »Wir tragen unser Schicksal mit Geduld«

Blasse Blume

Gerhard Gundermann, »Hoy Woy«

Ladanier aller Länder, vereinigt euch!

Maik Hölzel/Grit Lemke, »Nationalhymne Ladanien«

Gegen alles. Links und rechts

Gerhard Gundermann, »Hoywoy II«

Gerhard Gundermann/Tamara Danz, (Text), Rüdiger Barton/Tamara Danz (Musik), »Verlorene Kinder«, von dem Album »Februar« von Silly

Zwanzig Pfennige

Ursula Werner-Böhnke, »Bummi in Afrika. Ein Bilderbuch mit Musik«, VEB Deutscher Verlag für Musik, 1967

Fuß inner Tür. Zecken

Matthias Matussek, »Jagdzeit in Sachsen«, in: DER SPIEGEL Nr. 40/1991

Ich male alles grau

Pisse, »Scheiß DDR«, von dem Album »Mit Schinken durch die Menopause«

Richard Leue, »Die Tunnel von Hoyerswalde«, Hörspiel

Danksagung

Gerhard Gundermann, »Hoywoy II«